KB048429

SHOW ME THE STARCRAFT

쇼 미 더 스타크래프트
스타크래프트로 배우는 군사·경제·정치

초판 1쇄 펴낸날 2018년 5월 18일
초판 3쇄 펴낸날 2021년 8월 20일
지은이 이성원
펴낸이 한성봉
편집 안상준 · 하명성 · 이동현 · 조유나 · 이지경 · 박민지
디자인 전혜진
마케팅 박신용 · 강은혜
기획홍보 박연준
경영지원 국지연
펴낸곳 도서출판 동아시아
등록 1998년 3월 5일 제1998-000243호
주소 서울시 중구 소파로 131 [남산동 3가 34-5]
페이스북 www.facebook.com/dongasiabooks
전자우편 dongasiabook@naver.com
블로그 blog.naver.com/dongasiabook
인스타그램 www.instagram.com/dongasiabook
전화 02) 757-9724, 5
팩스 02) 757-9726

ISBN 978-89-6262-229-4 03300

이 도서의 국립중앙도서관 출판예정도서목록(CIP)은
서지정보유통지원시스템 홈페이지(http://seoji.nl.go.kr)와
국가자료공동목록시스템(http://nl.go.kr/koilsnet)에서
이용하실 수 있습니다.(CIP제어번호: CIP2018014661)

만든 사람들
편집 하명성
표지 디자인 전혜진
본문조판 김경주
본문 일러스트 양혜림 hn_oo@naver.com

SHOW ME THE STARCRAFT

스타크래프트로 배우는 군사 · 경제 · 정치

이성원 지음

동아시아

들어가는 말

〈삼국지〉, 〈수호지〉, 〈임꺽정〉 등을 만화로 남긴 고우영 화백은 만화를 '당의정糖衣錠'이라고 표현했다. 진리라는 쓴 약을 달콤한 설탕으로 덮어 독자가 쉽게 복용할 수 있도록 해준다는 의미이다.

비슷한 이유로 나는 이 책이 '누에고치'가 되었으면 했다. 군사학, 경제학, 안보 현안이라는 뻣뻣한 뽕잎을 씹어 '〈스타크래프트〉(이하 〈스타〉)'라는 익숙한 비단으로 뽑아낼 요량으로 글을 쓰기 시작했다. 그 비단이 얼마나 잘 쓰이는지는 전적으로 독자들의 몫이다. 누에는 지가 좋아서 뽕잎을 씹듯이, 나는 이미 연구하고 집필하는 과정에서 충분한 보람과 재미를 느꼈기 때문이다.

제목이 말해주듯이, 이 책의 목적은 전장, 시장, 현장의 소음들을 〈스타〉라는 전혀 새로운 악기로 연주하는 데 있다. **책은 세 파트, 군사·전략, 경제·경영, 정치·외교 순으로 펼쳐지며, 마지막에 다양한 이슈를 다룬 보너스 장으로 막을 내린다.** 때론 웅장하게, 때론 가볍게, 그리고 때론 부드럽게 최대한 객관적이면서도 참신한 악보를 연주하려 했다.

재미를 위해 중간중간에 프로게이머들의 경기, 병법서, 영화 등 잡다한 분야의 이야기를 가미했다. 또한 도움이 될 만하다고 판단한 그림이나 도표를 추가해 이해를 돕고자 했다. 아무쪼록 이 책을 계기로 지금까지 〈스타〉를 사랑해온 독자들은 한층 더 높은 안목을 가지고 게임을 즐기며, 〈스타〉를 몰랐던 독자들은 관심을 가질 수 있었으면 좋겠다.

성경에는 "낙타가 바늘귀를 통과하는 것이 부자가 하느님의 왕국에 들어가는 것보다 쉽다"라는 유명한 구절이 있다. 왜 비유를 들어도 하필 그런 쌩뚱 맞은 비유를 들었는지 어렸을 때부터 내심 의아했다. 일설에 의하면 옛 경전 해석자들이 'kamilos'(밧줄)라는 히브리어를 'kamelos'(낙타)로 오역하면서 발생한 해프닝이라고 한다. 뭐, 그럴 수도 있었겠구나 싶었다.

오역은 원작자의 의도를 잘못 해석하면서 발생한다. 그리고 나는 〈스타〉를 만든 블리자드Blizzard 개발자들의 의도를 알지 못하기 때문에 엄밀히 말하면 이 책 전체를 하나의 거대한 오역으로 볼 수 있을지도 모른다. 책을 넘기기 전에 독자들께 부탁드리고 싶은 바는 이 책에서만큼은 〈스타〉를 원전元典이 아닌, 복잡한 사회과학 현상을 분석하는 도구로 봐달라는 것이다.

사실 나는 〈스타〉를 기가 막히게 잘하는 편도 아니고, 사회과학 분야에 박사학위가 있는 것도 아니다. 배틀넷 승률은 겨우 60퍼센트를 웃돌고, 학점은 선동열 선수의 전성기적 방어율 빰친 적도 있다. 그렇기 때문에 재주와 학식이 풍부한 독자들의 눈에는 이 책의 내용이 당연한 논리의 귀결로 보이거나 불필요한 알레고리의 점철로 여겨질 수도 있을 것이다. 이러한 위험은 충분히 감안하고 탈고를 결정했다. 더 많은 채찍(과 당근)이 날아와 이 책을 건설적으로 비판해주기를 바라면서, 이제는 한 입을 막고 두 귀를 열어 경청하고자 한다.

기본적으로 〈스타〉를 아는 사람을 주 독자층으로 상정하고 쓴 책이지만, 게임에 대한 아무런 배경 지식이 없는 사람도 복잡한 사회과학의 이론과 현실을 이해할 수 있도록 최선의 노력을 기울였다. 가령 난해한 군사전략이라든지 복잡한 경제 원리들을 설명할 때는 역사나 일상의 예시를 추가해 이해를 도우려 했다. 군사이론과 사상을 종합적으로 훑고자 하는 '밀덕('밀리터리 덕후'의 준말)' 입문자, 경제·경영에 흥미를 갖고 있는 직장인, 한국의 정치·외교를 이끌어가는 정치인을 포함해 모든 〈스타〉 팬들이 거침없이 책장을 넘길 수 있기를 기대한다. 아울러 게임의 순기능도 부각되어 한국 게임 산업의 미래를 짊어진 이들이 승승장구하는 데 도움이 되기를 바란다.

이 책을 펴내는 데 정확히 20년이라는 시간이 걸렸다. 〈스타〉라는 게임을 처음 접하고 즐기는 데 18년, 게임에서 특별함을 발견하고 연구하는 데 1년이 걸렸다. 연구 결과를 나 같은 사람들을 위해 글로 옮기는 데 6개월이 걸렸고, 책으로 출판하는 데 6개월이 걸렸다. 그런 의미에서 나의 지난 20년을 즐겁게 해주고 결국 이 책이 존재할 수 있게 해준 '블리자드'사, 졸작을 역작으로 바꿔주신 동아시아출판사 한성봉 사장님 이하 식구들, 책을 쓸 용기를 심어주신 훈식 삼촌, 그리고 부족한 책을 시간 내어 읽어주신 독자분들께 진심으로 고개 숙여

감사드린다.

또 이름을 다 적지는 못하지만 지금의 나를 있게 해준 친구들, 아들이 방황할 때도 변함없이 격려해주신 어머니, 영원한 나의 우군이자 배틀넷 2:2 동료인 우리 형에게 무한한 감사를 보낸다. 그리고 지금도 닿지 않는 곳에서 말없이 허허 웃으며 날 응원하고 계실 아버지께 그리움 가득한 절을 올린다. **마지막으로 배틀넷에서 스쳐 지나간 수만의 이름 모를 인연에 감사의 말씀을 드린다.**

2018년 봄

이성원

차례 BLACK SHEEP WALL

4장 스타크래프트, 정치·외교의 참고서

보너스 장 THERE IS NO COW LEVEL

이 책을 읽는 방법- OPERATION CWAL

① 구성

이 책은 총 네 개의 장으로 구성되어 있다.

1장 ‘〈스타〉 전격 해부’에서는 〈스타〉가 성공한 배경과 〈스타〉의 기본 원리인 ‘3의 법칙’을 조명한다. 2장 ‘군사·전략’ 편에서는 〈스타〉를 통해 동서고금의 전략사상 및 다양한 전사戰史를 살펴본다. 3장 ‘경제·경영’ 편에서는 〈스타〉를 통해 경제의 기본적인 원리·원칙과 다양한 경제이론들을 풀어본다. 4장 ‘정치·외교’ 편에서는 오늘날 당면한 안보 현안들을 비롯해 다양한 이슈를 분석하고, 마지막 보너스 장, ‘THERE IS NO COW LEVEL’에서는 〈스타〉의 세계관과 각 종족의 스토리를 통해 4차 산업혁명, 종교, 진화에 대해 논한다. 이 외에도 중간중간 ‘FOOD FOR THOUGHT’에서는 〈스타〉에 대한 다양한 이야기를 살펴본다.

② 난이도

이 책의 주 독자층은 ‘〈스타크래프트 1〉’을 알고, 군사·경제·정치에 관심이 있는 모든 연령과 성별의 사람이다. 〈스타〉를 잘 알수록 책의 내용을 쉽게 소화할 수 있겠지만, 〈스타〉를 전혀 모르는 사람도 따라올 수 있도록 최대한 배려했다. 1장을 제외하고 〈스타〉와 관련된 내용은 파란색으로 표시해 가독성을 높였고, 〈스타〉와 관련된 용어는 해설을 붙여 게임을 모르는 독자도 따라올 수 있도록 했다. 또한 다양한 게임 화면, 삽화, 이미지를 추가해 독자의 전반적인 이해도를 높이고자 했다. 책을 읽는 순서는 크게 상관없지만, 이해를 돕기 위해 가급적 순서대로 읽을 것을 권유한다.

③ 내용

이 책에 나오는 내용은 전적으로 저자의 개인적인 의견이며, 저자가 현재 속하거나 과거에 속했던 기관 및 단체, 그리고 블리자드의 입장과는 무관함을 밝힌다.

SHOW ME
THE
STARCRAFT

2016년 11월 캘리포니아. 블리자드와 구글 딥마인드 팀은 2017년 1분기에 〈스타〉 API를 공개하겠다고 발표했다. 알파고가 이세돌을 4 대 1로 꺾은 지 8개월 만이자, 〈스타 1〉이 출시된 지 18년 만이었다.

2017년 7월 부산. 〈스타 1〉을 최신 그래픽과 인터페이스로 구현한 〈스타크래프트 리마스터〉 발매 축포가 〈스타〉 프로리그의 메카 광안리에서 울려 퍼졌다. 〈스타 1〉 프로리그가 막을 내린 지 5년 만이자, 〈스타 1〉이 출시된 지 19년 만이었다.

근 20년간 〈스타〉는 게임으로서 누릴 수 있는 최상의 지위를 누렸다. 출시 당시 20대였던 1970년생부터 현재 고등학생인 2000년생까지, 이 게임은 두 세대를 관통해 하나의 시대를 만들었고, 현재도 많은 게이머의 향수를 불러일으키고 있다. 그리고 이제는 인간 고유의 영역이었던 e스포츠에 인공지능이 도전장을 내밀고, 새로운 그래픽을 입어 재탄생함으로써 다시금 시대의 부름을 받은 것이다.

게임은 인공지능과 그래픽뿐 아니라 과학, 사회학, 심리학 등 수많은 분야가 융합된 결과물이다. 그렇기에 군사, 경제, 사회 현안의 영역까지 설명하는 유용한 도구가 된다. 지금이야말로 〈스타〉의 작동 원리와 그 함의에 대한 재조명이 필요한 시점이다.

우리는 왜 이 게임에 주목해야 하는가? 우리는 이 게임에 대해 얼마나 알고 있는가? 우리는 이 게임을 통해서 무엇을 배울 수 있는가?

1장

스타크래프트 전격 해부

★

〈스타〉와 한국

1998년, 한국 게임 역사상 가장 오래, 가장 널리, 가장 징하게 사랑받을 게임이 탄생한다. 인간, 외계인, 괴물이 우주를 배경으로 펼치는 삼파전이라는 웅장한 세계관을 지닌 이 게임은 'Starcraft'라는 이름으로 전격 출시된다. 그 후 20년 가까이 e스포츠의 산파이자 국민게임으로서 군림하며 게임의 역사에 큰 획을 그었다.

〈스타〉는 숱한 우여곡절을 이겨내고 출시되었다. 1990년대는 〈스타〉의 선배 격인 〈워크래프트 1〉이 대히트를 치고, 다른 수많은 게임 회사들이 앞다투어 **실시간 전략시뮬레이션**Real-time Simulation, RTS **게임**을 내놓던 시기였다. 잔뜩 기대에 부풀어 있던 블리자드 팬들은 〈스타〉의 베타 버전을 보고 '우주판 워크래프트'에 불과하다며 큰 실망감을 드러냈지만, 블리자드

실시간 전략시뮬레이션 게임

적군과 아군이 동시에 용병술을 활용해 승패를 가르는 컴퓨터 게임의 한 종류이다.

는 뼈를 깎는 수정 작업을 통해 전혀 새로운 게임을 내놓았다.

치열했던 전략시뮬레이션 게임의 전국戰國시대에서 〈스타〉가 살아남아 독보적 게임으로 자리매김할 수 있게 된 원동력은 한국에서의 흥행이다. 한국은 〈스타〉를 사랑했고, 〈스타〉는 한국을 사랑했다. 이 둘이 손을 잡고 전례 없는 e스포츠 문화를 낳았고, 그 문화는 현재까지 이어지고 있다.

하지만 정작 〈스타〉는 2012년 〈스타 1〉 프로리그 종료를 마지막으로 지난 6년간 내리막길을 걸었다. 이제는 PC방에서 〈스타 1〉을 하는 아재들을 보면 반가움마저 느껴질 정도로 플레이어 수도 급감했다. 화려했던 그 시절은 이제 지난 세대의 추억으로만 남아 있는 듯하다. 한국에서 〈스타〉가 성공하고 몰락한 이유는 무엇인가? 과연 〈스타〉는 다시 화려하게 부활할 수 있을까?

〈스타〉의 성공 배경

① 블리자드의 차별화 전략

〈스타〉 성공의 첫 번째 요인은 기존 전략시뮬레이션 게임의 패러다임에서 탈피하고자 하는 블리자드의 차별화 전략이다. 동시대에 등장한 전략시뮬레이션 게임들은 그래픽 향상에 매진한 대가로 게임 자체의 인터페이스는 최대한 단순화했다. 이를 증명하듯, 대부분의 게임은 두 종족(혹은 세력) 간의 대결 구도를 바탕으로 구성되었으며, 자원도 두 종류로 제한되어 있었다. 한때를 풍미한 〈**다크 레인**〉, 〈**토탈 어나힐**

'2'에 기초한 게임들. 전략시뮬레이션의 획을 그었으나, 이분법적 구조로 인한 전략의 한계 때문에 곧 게임시장에서 퇴출되었다.

레이션〉, 〈**커맨드 앤 컨커: 레드 얼럿**〉 모두 '2'에 기초한 게임이었다.

이러한 게임 시장에 처음으로 '3'이라는 패러다임을 들고 나타난 게임이 〈스타〉이다. 이 책에서 수도 없이 언급하겠지만, 〈스타〉가 선보인 '3'의 패러다임은 게이머들에게 최초로 선택의 자유를 제공하는 동시에, 균형, 즉 한쪽으로 치우치지 않은 '밸런스'의 매력을 알게 해주었다. 가위와 바위의 싸움에서 진정한 가위바위보로 진일보한 것이다. 단지 하나를 더했을 뿐이었지만 그 덕분에 전략의 나무는 수십 개의 가지를 뻗치기 시작했으며, 이는 곧 **'상성'**이라는 새로운 개념을 탄생시켰다. 가위로 바위를 부수거나 바위로 보자기를 뚫어야 하는 투박하고 고전적인 방식으로부터 탈출하는 길을 〈스타〉와 '3'의 패러다임이 연 것이다.

상성
두 유닛 간의 천적관계.

② 한국시장의 특이성

그렇다면 〈스타〉는 왜 유독 한국에서만 크게 성공했을까? '3'에 기반을 둔 게임 자체의 매력이 성공의 척력이었다면, 한국이라는 시장의 특이성은 강력한 인력으로 작용했다. 먼저 한국인의 국민성이 한몫했다. 한국인만큼 경쟁과 조화를 동시에 추구하는 민족은 없을 것이다. 배고픔보다도 배 아픔을 괴로워할 만큼 상대적 행복과 승리에 집착하는 것도 한국인이요, 자신보다도 더 배고픈 이웃에게는 정이라는 이름으로 밥 한술 더 떠주는 것도 한국인이다. 참 희한한 민족이 아닐 수 없다. 대륙의 이웃은 태어나는 순간부터 20억 대 1의 싸움을 시작하니 경쟁적일 수밖에 없고, 섬나라 이웃은 싸움이 나면 도망칠 곳이 없으니 싸움 자체를 피하기 위해 조화和에 힘을 싣는 게 당연해 보이지만, 반도 겨레인 한국인은 이 둘을 절충해야 하는 운명이었기 때문이 아닐까? 이렇듯 경쟁적이면서도 조화를 중시하는 민족 정서는 병력과 자원의 내적 조화를 이루어 외부의 적을 제압해야 하는 전략시뮬레이션 게임이라는 장르가 뿌리내리기에 더할 나위 없이 좋은 토양이었을 것이다.

군대문화 또한 게임의 성공에 일조했다. 군대에서의 집단생활 경험은 가장 시크했던 아웃사이더 새내기를 눈치도 없이 MT에 따라오는 복학생 선배로 변화시키는 힘을 갖는다. 행군과 족구로 다져진 팀플레이의 습성은 전역 후에도 사라지지 않고, 여러 명이 함께 즐길 수 있는 〈스타〉 같은 게임으로 예비역들을 이끌었다. 게이머의 대다수가 남성인 현실을 고려할 때, 〈스타〉만큼 군대스러운 게임도 없었다. 이처럼 한국시장만이 갖는 여러 특성이 골고루 작용해 〈스타〉를 한국시장에 정착시켰다.

③ 문화화 노력

하지만 정작 〈스타〉가 급성장하게 된 가장 주된 요인은 앞서 언급한 수요적이거나 공급적인 것이 아닌 자생적 성장 그 자체에 있다고 봐야 할 것이다. 〈스타〉가 일단 한국에 뿌리를 내리기 시작하자, 게임의 발전을 가속화시키는 여러 인프라가 생겨났다. 그중 한 예가 세계 최초로 생긴 PC방이라는 공간이다. 단돈 1,000원으로 한 시간을 보낼 수 있는 이 신개념 공간은 침체되고 암울했던 IMF 시기에 직장인들에게는 도피처가, 나를 비롯한 학생들에게는 새로운 놀이터가 돼주었다.

이후 PC방에서 열린 크고 작은 〈스타〉 대회들을 시작으로, 세계 최초로 프로게이머라는 직업이 나타났으며, 게임만을 위한 'Only Game' 방송, '온게임넷'이 설립되었다. 머지않아 선수와 방송사가 갖춰지자 프로리그가 개설되었고, 프로게임단이 창단되었다. 이러한 선순환은 게임 자체의 매력이나 한국시장의 특이성 어느 한쪽 덕분이 아니라, 이 둘이 같은 시간, 같은 공간에 존재했기 때문에 가능했다. 이후 〈스타〉 인프라는 자생적으로 성장하기 시작했고 e스포츠라는 혁신적인 문화를 추동했다. 비로소 한 게임의 문화화가 시작된 것이다.

〈스타〉 성공의 의의

① 게임의 외연 확대

〈스타〉의 문화화가 진행되면서 많은 변화가 일어나기 시작한다. 먼저 사회 및 산업과 접목되면서 게임이 게임 이상의 문화로 정착하는 데 성공한다. e스포츠 산업은 결코 작지 않은 자본시장을 형성했으며 이를 유지하기 위한 인프라와 인력에 대한 수요도 급증했다.

e스포츠의 발전사에 있어 가장 기념비적인 사건으로 e스포츠계의 상무, **공군ACE**의 창단을 들 수 있다. 한때는 그저 인기 좀 있는 게임에 지나지 않았던 〈스타〉의 영향력이 기업을 넘어 공적 영역에도 지각변동을 일으키기 시작한 것이다. 좁게는 게임이 오락의 기능을 넘어 현실에 접목되기 시작한 첫 사례였으며, 넓게는 게임이라는 장르가 다양한 산업 및 사회 분야와 상호 협력할 수 있음을 확인한 계기였다. 물론 지금은 공군ACE라는 팀이 없어진 지 오래되었지만, 점차 사이버화·무인화되어가는 무기체계를 고려할 때, 머지않은 미래에 프로게이머에 대한 수요가 다시 군에 제기될 가능성이 높다. 〈스타〉가 아니라도 워게이밍wargaming이나 드론 조종 같은 분야에서 말이다.

공군ACE
ACE는 'Airforce Challenge E-Sports'의 약자로, 대한민국 공군의 브랜드 혁신, 신세대 병사들의 정서 함양, 그리고 국민에게 한발 더 다가갈 수 있는 군 이미지 부각을 위해 창단된 공군 프로게임단이다.

② e스포츠 해외 진출과 국위선양

〈스타〉가 한국사회에 정착하며 이뤄낸 또 하나의 쾌거는, 한국이 명실공히 e스포츠의 종주국으로 자리매김하게 되었다는 것이다. 한국e스포츠협회KeSPA가 발족된 1999년부터 한국은 내로라하는 세계적인 게임 대회를 유치하는 데 성공했으며 한국 선수들의 실력에 힘입어 거의 모든 대회에서 압도적인 성적을 거두었다. 이러한 약진 뒤에는 e스포츠라는 새로운 스포츠 분야를 이끌어나가는 데 필수적인 기업체들 및 협회의 후원과 한국이 앞서나갈 수밖에 없는 사회문화적 토양이 있었다. 많은 선진국에서 단순한 오락으로 치부한 e스포츠 산업이 한국에서는 국가의 위상을 드높이는 역군 노릇을 지금도 톡톡히 해내고 있다.

이제는 〈스타〉뿐만 아니라 〈리그 오브 레전드〉, 〈오버워치〉 같은 게임을 포함한 유수의 국제대회에서 한국의 우승이 당연시된다. 오죽하면 한 해외 누리꾼은 2016 〈오버워치〉 월드컵에서 또다시 한국 팀이 우승하자 "한국이 〈오버워치〉 월드컵에서 우승을 차지했다. 다음 소식을 전한다. 하늘은 파랗고, 물은 습하며, 풀은 푸르다South Korea won Overwatch World Cup. In other news, sky is blue, water is wet, and grass is green"라고 SNS에 올렸을까. 아마 e스포츠는 양궁과 함께 한국이 적어도 향후 몇십 년 동안은 독보적인 위치를 차지할 종목이 아닌가 싶다.

③ 건전한 여가 문화로 정착

무엇보다도 〈스타〉의 성공이 낳은 가장 큰 결실은 새롭고 건전한 여가 문화의 도입이라고 할 수 있겠다. 프로야구, 프로농구, 프로축구에 이어 다음 세대의 요구를 반영하는 새로운 프로스포츠 산업이 들어선 것이다. 점차 사행성이 강해지고 한정되어가는 여가 문화 풍토에 반가운 단비가 내린 셈이다. 바둑판이나 장기판에서나 볼 수 있는 치열한 두뇌싸움, 야구장이나 축구장에서나 즐길 수 있는 박진감과 스릴, 그리고 놀이공원 이상으로 건전한 여가공간을 모두 충족시키는 곳이 e스포츠 관람석이다. 빈자리를 찾기 힘든 e스포츠 관람석은 게임이

e스포츠의 성지라고 불리는 부산 광안리에서 열린 2003-2004 SKY프로리그 결승 무대. 10만여 관중이 몰려 동시간 대에 사직구장에서 열린 프로야구 올스타전의 1만 5,000 관중을 압도하는 진풍경이 벌어졌다.

여가 문화의 한 축으로 자리매김했음을 여실히 보여준다.

이제는 온 가족이 함께 게임 경기를 구경하러 가는 장면을 심심치 않게 볼 수 있다. 〈스타〉와 함께 자란 1세대 게이머들이 어른이 되고 가정을 이루어 어린 아들, 딸을 목마 태워 놀러 오는 장면을 보노라면 묘한 동질감이 느껴진다. 게임 해설가로 유명한 엄재경 씨가 얘기했듯이, 〈스타〉는 어느덧 인생의 반을 함께한 "자식 같은 존재"가 된 것이다. 그런데 안타깝게도 그 자식은 19세의 젊은 나이에 요절하는 듯했다.

〈스타〉의 위기

요즘은 좀처럼 〈스타〉를 보기 힘들다. TV에서 〈스타〉 대회가 사라진 지 오래이고, PC방에서는 〈리그 오브 레전드〉, 〈오버워치〉, 〈배틀 그라운드〉가 대세이다. 몇몇 프로게이머만이 개인 방송에서 게임을 중계함으로써 〈스타〉의 명맥을 겨우 유지하는 중이다. 〈스타〉가 한국에 상륙하여 젊은이들을 요동치게 한 지 20년 만의 일이다. 그 많던 팬들은 다 어디로 갔는가? 무엇이 〈스타〉라는 귀한 자식을 죽였는가?

〈스타〉의 위기에는 여러 원인이 복합적으로 작용했다. 가장 먼저 세대교체를 들 수 있다. 게임문화의 중심은 언제나 학생 세대였다. 〈스타〉의 전성기를 함께한 당시 학생들은 이제 나처럼 직장인이 되어 자연스레 PC방과 멀어지게 되었다. 다만 수많은 40~50대 아재와 아지매들이 '응답하라' 시리즈에 열광한 것처럼, 이제는 30~40대가 〈스타〉라는 게임에 막연한 노스탤지어를 지니고 있을 뿐이다.

더 근본적인 원인으로 시스템적인 문제를 꼽을 수 있다. 〈스타 1〉은 2010년 발생한 프로리그 승부조작 사건으로 심각한 내상을 입고, 2년 뒤 게임 방송의 양대산맥 가운데 하나였던 MBC게임이 폐국하면서 결정적인 외상을 입었다. KeSPA와 블리자드 간의 지적재산권 침해 논쟁은 안 그래도 취약해진 시스템을 허물어버리기에 충분했다. 그렇게 〈스타 1〉 리그는 2012년을 마지막으로 역사의 뒤안길로 사라졌다.

일단 방송 인프라가 하나둘씩 붕괴되자 〈스타 1〉의 인기는 순식간에 사그라들었다. 게이머와 PC방, 팬과 프로게이머, 프로구단과 방송사들이 〈스타〉라는 게임을 구심점 삼아 구축했던 선순환 구조는 속절없이 무너져 내렸다. 블리자드와 KeSPA, 그리고 방송사들은 팬들이 〈스타 1〉에서 〈스타 2〉로 순조롭게 갈아타는 연착륙을 기대했으나 이마저도 여의치 않았다.

AOS 게임
전략 게임의 일종. 서로 다른 두 개 진영의 플레이어들이 각각 캐릭터 하나를 조종해서 전투를 벌이고, 상대방 진영의 타워와 본진의 건물을 파괴하면 승리하는 게임이다.

〈스타 2〉가 실패한 이유는 크게 두 가지이다. 첫째, 타이밍을 놓쳤다. 〈스타 1〉이 강제 종료된 해는 2012년, 〈스타 2〉 완결판인 '공허의 유산'이 출시된 해는 2015년이다. 그 3년 사이에 〈도타 DOTA〉나 〈리그 오브 레전드〉 등 **AOS** Aeon of Strife **게임**이 〈스타〉에 질린 젊은 층을 중심으로 치고 올라오기 시작했다. 〈스타 2〉는 2015년에 시리즈의 완결판인 '공허의 유산'으로 재기를 꿈꿨으나, 이미 골든타임을 놓친 뒤였다.

둘째, 〈스타 2〉는 〈스타 1〉의 완벽한 밸런스에 익숙해져 있던 게이머들을 만족시키는 데 실패했다. '자유의 날개', '군단의 심장', '공허의 유산'을 순차적으로 발표하면서 종족 간 밸런스가 계속 변해왔다는 점이 가장 큰 문제였다. 또한 게임의 박진감과 속도감을 지나치게 강조한 나머지, 경기가 너무 일방적으로 끝나는 경우가 많았다. 전투는 너무 빨리 끝났으며, 한번 전투에서 지면 좀처럼 역전하기 힘들었다.

여러 불만의 목소리에도 불구하고 뚜렷한 해결책은 나오지 못했고, 〈스타 2〉는 탄탄한 그래픽과 스토리로 무장했지만 한국 내에서는 다소 인색한 평가를 듣게 되었다. 결과적으로 〈스타 2〉 프로리그가 채 3년을 못 가고 막을 내림으로써 모든 공식 〈스타〉 프로팀들도 해체되는 비운을 맞았다.

만약 〈스타 2〉가 〈스타 1〉만큼의 인기를 누렸다면, 적어도 2020년까지는 〈스타 2〉 리그가 지속되었을 것이고, 이를 바탕으로 무궁무진한 콘텐츠가 파생되었을 것이다. 하지만 혼란의 시기에 태어난 이 유약한 차남은 왕재王才가 되지 못했으니 안타까운 일이라 하겠다.

가장 안타까운 점은 가장 큰 피해를 본 것이 다름 아닌 〈스타〉 팬들과 프로게이머들이라는 점이다. 그나마 위안이 되는 점은 아직까지도 소위 '아재' 세대들은 틈틈이 이 게임을 즐긴다는 것과, 전직 프로게이머들이 운영하는 개인 방송 채널의 약진으로 〈스타 1〉의 불씨가 희미하게나마 타고 있다는 것이다.

〈스타〉의 부흥

2017년 7월 30일 광안리 해수욕장. 2004년 10만 관중이 운집했던 바로 그곳에 〈스타〉의 추억이 리콜되었다. **〈스타크래프트 리마스터〉**의 출시를 기념하는 'GG투게더' 행사가 열린 것이다. 0세대 프로게이머 **국기봉**, **기욤 패트리**Guillaume Patry부터, 〈스타〉의 주인공이라 할 수 있는 **임요환**, **홍진호**, 그리고 최종병기라 불리는 **이영호**까지, e스포츠에 한 획을 그은 전·현직 프로게이머들이 한자리에 모였다. 이날 준비됐던 5,000석은 개장과 동시에 만석이 되었으며, 1만 명 이상이 자리한 것으로 추산되었다. 온라인으로는 세계적으로 50만 명이 동시 시청한 것으로 집계되었다. 〈스타〉의 인기를 재확인할 수 있는 순간이었다.

2012년 마지막 〈스타 1〉 리그가 끝날 때, 이런 날이 오리라고 예상한 사람은 많지 않았다. 〈스타 1〉이 재미없어서라기보다 게임이 패션이나 대중음악처럼 유행에 따라 명멸하는, 수명이 있는 분야라는 생각이 지배적이었기 때문이다. 다들 "이제는 망할 때도 되었지…"라고 생각했을 것이다. 그 생각에 〈스타크래프트 리마스터〉는 정면으로 도

전장을 내밀었다. 마치 게임도 '클래식'의 반열에 오를 수 있음을 증명이라도 하고 싶다는 듯이 말이다.

하지만 아직 넘어야 할 산이 많다. 첫 번째 산은 추억팔이의 한계이다. 비록 크게 흥행하는 데는 실패했지만, 〈스타 2〉가 기대를 한껏 받았던 이유는 〈스타 1〉에 식상함을 느끼기 시작한 게이머들에게 완전히 새로운 〈스타〉로 신선하게 다가왔기 때문이다. 반면 리마스터는 확장팩이 아니라 단순히 그래픽과 인터페이스에 변화를 준 '패치'일 뿐이라고 볼 수 있다. 리마스터가 〈스타 1〉에 대한 추억을 리콜하는 데는 성공했을지 몰라도, 이전처럼 새로운 선순환 구조를 불러올 수 있을지는 의문이다. 당장에 프로리그만 놓고 보더라도 KeSPA가 리마스터를 정식 종목으로 승인해야 출범할 수 있는데, 한국에서 〈오버워치〉의 종목 신청도 포기한 블리자드가 이제 와서 〈스타〉 리마스터를 새로 신청할 가능성은 매우 낮다. 행정적으로 봤을 때 기존 종목에 대한 재지정이 이루어질 가능성도 매우 낮다. 그런 전례도 없을뿐더러, 〈스타 1〉과 리마스터가 완전히 동일한 게임임을 인정하는 꼴이기 때문이다.

두 번째 산은 e스포츠 사업 구조의 변화이다. 바야흐로 1인 방송 시대가 되었다. 인터넷 방송국의 위상은 날이 갈수록 높아지고 있으며, 이영호 등 한 시대를 풍미했던 프로게이머들이 개인 방송을 통해 작게나마 게임 중계를 이어가고 있다. 이들을 비롯한 대부분의 전현직 프로게이머들은 굳이 구단에 몸담을 필요성을 느끼지 못할 것이다. 나이도 있고 방송을 통해서도 이미 충분한 돈을 벌기 때문이다. 더 큰 이유는 당시 게임을 가장 많이 하고 방송도 가장 많이 본 세대,

즉 〈스타크래프트 리마스터〉의 타깃 고객층이 이제는 3040세대가 되어 직장인이 되었다는 것이다. 자연히 게임을 실제로 즐기는 시간보다는 출퇴근할 때나 퇴근 후에 게임 경기를 시청하는 경우가 많을 텐데, 블리자드 입장에서 이는 그리 수익을 낼 수 있는 대상이 아니다.

결론적으로 말하자면 〈스타크래프트 리마스터〉가 갑자기 새로운 시장으로 급부상해서 예전의 영광을 되찾기란 쉽지 않을 것이다. 그렇지만 이렇게 많은 사람이 리마스터에 열광하는 것은 〈스타〉라는 콘텐츠에 대한 수요와 열정이 여전히 건재함을 보여준다고 하겠다. 그들의 열정으로 〈스타〉가 게임계의 클래식으로 재조명받을 날이 오기를 팬의 한 사람으로서 기대한다. 이 책 또한 그 르네상스를 앞당기기 위한 작은 불쏘시개 중 하나이다.

〈스타 1〉이라는 죽은 자식의 불알을 열심히 주무르다 보니 기적적으로 자식이 되살아났다. 이제는 되살린 자식을 어떻게 다시 건강하게 키울 것인지를 생각할 필요가 있다. 나는 그 해답이 융합에 있다고 믿는다.

21세기는 바야흐로 '융합'의 시대이다. 양자역학을 사회학에 접목시키고자 한 **알렉산더 웬트**Alexander Wendt 국제정치학 교수의 시도부터, 안전한 자율주행자동차를 개발하기 위해 윤리학자를 고용한 테슬라사의 노력까지, 융합은 많은 분야에서 유의미한 모멘텀을 추동하고 있다.

〈스타〉를 융합에 활용하고자 하는 시도 또한 이전부터 존재해왔다. 한때는 미국 버클리대학교에서 **〈스타〉 관련 강의**가 열리기도 했고, 의학계에서는 프로게

〈스타〉 관련 강의
2009년에 '게임이론의 〈스타크래프트〉 적용(Game Theory with Application in Starcraft)'이라는 과정으로 개설되었다.

이머와 일반인의 뇌를 조사해 그 차이를 확인하는 연구도 이루어졌다. 바로 지금도 구글 딥마인드는 이 게임을 인공지능의 영역과 융합하려고 시도하고 있다. 역사란 과거와 오늘을 견주어 더 나은 내일을 추구함이라 했던가. 이제는 이 역사적인 게임을 어떻게 미래를 위한 자양분으로 쓸 수 있을지를 진지하게 고민해볼 시기이다.

'3'의 게임

〈스타〉로 듣는 군사·경제·정치의 심포니를 본격적으로 즐기기에 앞서 먼저 이 게임의 가장 중요한 원리를 짚고 넘어갈 필요가 있다. 바로 '3'이다.

'3'이라는 숫자는 자연계에서 가장 안정적인 수 가운데 하나이다. 삼각형의 가장 긴 변의 길이는 절대 다른 두 변의 합을 능가할 수 없듯이, 붕괴 가능성이 낮고 균형이 잘 맞는 상태에는 대부분 '3'이라는 숫자가 포함되어 있다. 삼국지의 제갈공명도 이러한 이치를 일찍이 꿰뚫어 보고 세 발 달린 솥鼎을 가리키며 천하삼분지계天下三分之計를 제안했을 것이다. 그래서인지 〈스타〉를 삼국지에 빗대곤 한다. 세 종족이 서로 물고 물리며 싸우는 모습과, 그 싸움 속에서 찾아볼 수 있는 균형이 위·촉·오의 형세와 묘하게 닮아 있기 때문이리라.

〈스타〉는 '3'의 요소를 상당히 많이 내포하고 있다. 아니, 아예 '3'으로 점철되어 있다고 표현하는 편이 옳겠다. 앞서 언급했듯이, 〈스타〉의 차별화는 근본적인 패러다임을 송두리째 바꾸는 것에서 시작되었다. 즉, '2'가 지배하던 전략시뮬레이션 게임 시장에 '3'의 패러다임을 도입한 것인데, 이는 단지 종족의 수, 자원의 종류에 국한된 것이 아니라 게임의 모든 부분을 관통한다. 구체적으로 어떤 의미에서 〈스타〉가 게임계의 '삼국지'가 되었는지 여기서 짚고 넘어가도록 하자.

인터페이스

① 종족: 저그, 프로토스, 테란 세 종족을 선택할 수 있다

어떤 종족을 택하느냐는 플레이어의 개인적인 성향에 상당한 영향을 받는다. 마치 혈액형에 따라 A형은 소심함, B형은 쿨함, AB형은 똘끼 있음, O형은 우유부단함으로 성격을 나누고, 사상의학에서 체질에 따라 태양인, 태음인, 소양인, 소음인으로 나누듯이, 진취적이고 공격

적인 사람은 저그를, 창의적이고 전략적인 사람은 프로토스를, 안정적이고 보수적인 사람은 테란을 주 종족으로 선택할 확률이 높다. 일반적으로 저그는 프로토스에게, 프로토스는 테란에게, 테란은 저그에게 강한 모습을 보인다. 그 이유는 잠시 뒤에 자세히 다루겠다.

② 자원: 미네랄, 가스, 인구의 세 가지 자원이 존재한다

화면 오른쪽 상단에 표시되는 이 세 가지 자원은 〈스타〉 속 경제지표이다. 승리를 위해서는 이 자원들을 효과적으로 획득하고 소모하는 것이 가장 중요하다. 미네랄은 기반시설 및 멀티기지를 확보하기 위해, 가스는 고급유닛을 생산하기 위해, 인구는 유닛을 추가적으로 확보하기 위해 필수적인 자원이다. 혹자는 인구는 자원에 포함되지 않는다고 생각할 수도 있다. 하지만 발전을 위해서는 인구를 지속적으로 '획득'해야 한다는 점, 그리고 다른 자원과 마찬가지로 인구도 '소모'된다는 점을 볼 때 인구도 엄연히 자원의 하나라고 할 수 있다.

③ 지형 : 〈스타〉의 유닛들은 지상, 공중, 또는 지하에 머물 수 있다

육지는 다시 평지, 언덕, 장애물(나무, 가리개 밑 등)로 나눌 수 있으며 각 상황에 따라 유닛이 공격당할 확률이 변한다. 공중유닛은 지상유닛에 비해 대체로 가격이 비싼 편이지만 여러 기가 뭉쳐 다닐 수 있고 지형을 무시하며 기동성을 발휘할 수 있다는 장점이 있다. 지하에 숨을 수 있는 유닛들은 위급한 상황에 몸을 숨기거나 매복 후 기습 공격을 가할 수 있다는 이점을 가진다. 이처럼 지형 또한 세 가지로 나뉘어 있기 때문에 전술적 가능성이 다양해진다.

지형에 따른 공격 성공 확률(%)

평지	언덕(아래→위)	장애물(밖→안)
100	50	50

④ 이동 방식 : 모든 유닛은 걷거나 뜨거나 날아다닐 수 있다

대부분의 지상유닛은 뛰어다니고 공중유닛은 날아다니지만, 일꾼유닛과 테란의 벌처, 프로토스의 아콘과 다크아콘은 특이하게도 땅 위를 '떠'다닌다. 이러한 특성 때문에, 이들은 지상유닛임에도 불구하고 지상유닛의 움직임에만 반응하는 테란의 스파이더마인을 피해 다닐 수 있다.

⑤ 유닛 크기와 공격 형태: 소형·중형·대형, 일반형·진동형·폭발형

모든 유닛은 크기에 따라 소형, 중형, 대형으로 구분되며, 공격 형태에 따라 다시 일반형, 진동형, 폭발형으로 나뉜다. 각각의 공격은 상대 유닛의 크기에 따라 입히는 데미지가 다음과 같이 달라진다.

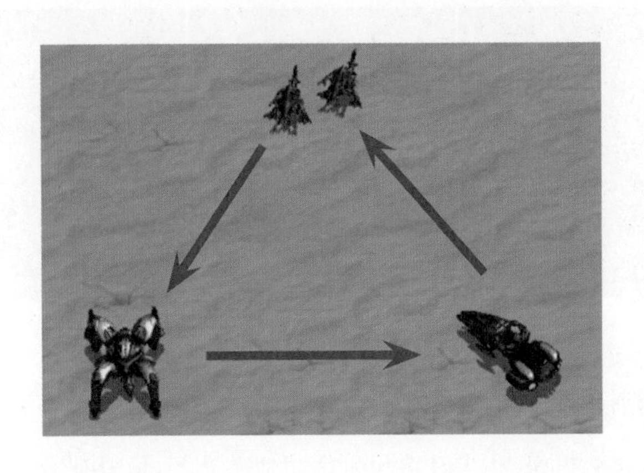

유닛 크기 및 공격 형태에 따른 피해(%)

공격 형태 \ 유닛 형태	대형	중형	소형
기본형	100	100	100
폭발형	100	75	50
진동형	25	50	100

이러한 공격 특성은 결정적으로 유닛 간의 상성으로 이어져 전반적인 병력 구성 및 전략에 영향을 미치게 된다. 가령 폭발형 공격 형태를 지닌 드라군은 소형유닛에게 50퍼센트의 데미지만 입히기 때문에 소형유닛인 저글링에게 취약하다. 반면 진동형 공격 형태를 지닌 벌처는 대형유닛에게 25퍼센트의 데미지만 입히기 때문에 대형유닛인 드

라군에게 취약하지만, 소형유닛에게는 100퍼센트의 데미지를 입히기 때문에 저글링에게는 대단히 강하다.

⑥ 타격 범위: 타격 범위에 따라 일반, 광역, 특정 광역의 세 가지 공격이 존재한다

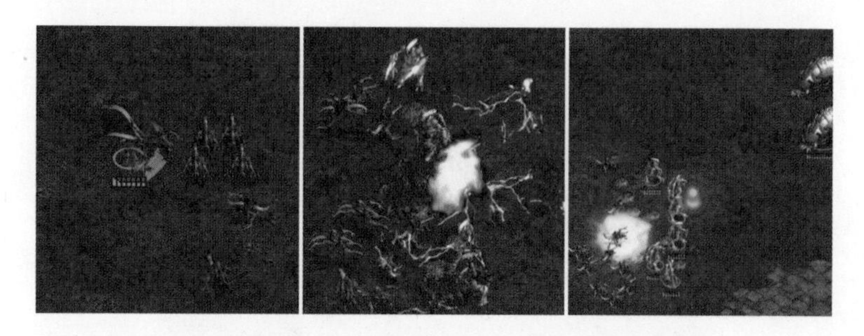

공격 범위 또한 3의 법칙에서 예외가 아니다. 대부분의 유닛들은 한 번의 공격으로 한 기의 적 유닛에게 피해를 입힌다. 어떤 유닛들은 적군과 아군을 가리지 않고 광역 데미지를 입히고, 어떤 유닛들은 적군에 한해서 광역 데미지를 선사한다. 따라서 유닛과 상황에 맞게 최적의 공격 범위를 설정해주는 것이 중요하다. 가령 대규모 전투를 벌일 경우 광역 데미지를 주는 하이템플러를 대동하는 것이 유리하지만, 몰래 적진으로 침투해 적의 일꾼을 타격하고자 할 경우 조용히 일격에 암살할 수 있는 다크템플러를 기용하는 편이 낫다.

지금까지 본 요소들은 〈스타〉라는 게임에 '선천적'으로 내장되어 있는 부분이기 때문에 플레이어가 '수동적으로' 주어진 조건들을 어떻게 조율하느냐가 중요하다면, 지금부터 볼 요소들은 사용자가 '후

천적'으로 정할 수 있는 능동적인 '스타일'에 관련된 부분이다.

스타일: 공격, 운영, 전략

〈스타〉 게임 중계를 보면, 해설자들이 선수들을 스타일에 따라 공격형 혹은 방어(운영)형으로 나누는 것을 볼 수 있다. 물론 편의상 그러한 분류가 시청자들의 이해에 도움이 될 수 있을 수 있다. 하지만 '3'의 게임인 〈스타〉의 경우 이러한 이분법적 분류가 가장 효과적인지 의문이 든다. 기발한 전략·전술과 끈질긴 견제 등을 공격이나 방어로 뭉뚱그리기에는 무리가 있기 때문이다. 그래서 나는 여기에 새로운 스타일 하나를 추가하고자 한다. 바로 전략형이다(이 책에 등장하는 '전략형 게이머schemer'라는 표현은 일반적 의미의 '전략strategy'과는 다름을 미리 밝힌다). 전략형이라는 제3의 스타일이 존재함으로써 비로소 스타일 간의 상성과 균형이 완성된다는 것이다.

독자들이 이를 나의 지나친 '3 사랑'으로 오해할까 봐 다시 한 번 확실히 하고 넘어간다. 스타일을 분류하는 방식에는 이분법, 사분법, 팔분법 등 수도 없이 많은 견해가 있을 수 있다. 이러한 구분법이 잘못됐다는 말이 아니다. 단지 내 주관적인 견해로는 〈스타〉라는 게임을 분석할 때 삼분법이 가장 효과적일 수 있다는 것이다.

삼국지의 유비, 관우, 제갈량의 관계를 보면 이해하기 쉽다. 방어형 인간의 면모를 잘 보여주는 유비는 무의 상징인 관우에게서 형님 소리를 듣지만, 전략의 귀재 제갈량 앞에서 얼마나 작아지던가? 반대로 그러한 제갈량은 관우를 라이벌로 인식하며 내심 불편해한다. 과연 이 묘한 삼각관계는 우연의 산물일까? 지·덕·체智德體 또는 공·방·략攻防略의 윤환에 본래부터 내재되어 있는 상성의 사슬은 아닐까?

간단한 예를 하나 더 들어보자. 당신 회사에 사람 좋기로 유명한 이 상무, 성격 급하고 걸걸한 김 과장, 비상하지만 꼼수에 능한 박 부장이 있다. 김 과장은 언제나 자신에게 너그러운 이상무를 곧잘 따른다. 헌데 박 부장은 다르다. 그는 자신의 앞길을 위해 이 상무를 교묘하게 음해하고 사람'만' 좋은 이 상무는 늘 무방비로 당하기 일쑤이다. 결국 뚜껑이 날아간 김 과장은 자신의 상관인 박 부장을 들이받으며 할 말 못할 말을 다 쏟아내는데…

어디서 많이 본 듯한 장면이다 싶으신 분들! 본격적인 〈스타〉의 세계에 들어오신 것을 환영한다. 이러한 상성은 가위바위보 싸움을 그대로 재현한 것이다. 즉, 강함剛은 부드러움柔을, 부드러움柔은 날카로움銳을, 날카로움銳은 강함剛을 이기지 못하는 원리이다. 이를 〈스타〉에 그대로 적용시켜보자.

같은 조건에서 두 세력이 싸울 경우, 유리한 포진을 짜고 상대가 쳐들어오기를 기다리는 쪽이 이길 확률이 훨씬 높다. 잘 준비된 테란 본진을 향해 질럿과 드라군을 쏟아붓는 꼴이요, 주먹을 보자기로 감싸는 꼴이다. 하지만 아무리 포진을 잘 짜더라도, 만약 상대가 정면으로 쳐들어오지 않고 힘

유비, 관우, 제갈량의 삼각관계.

을 집중시켜 의표를 찌른다면 속절없이 무너지게 된다. 상대적으로 방비가 약한 테란의 멀티를 셔틀-리버로 견제하는 꼴이요, 보자기를 가위로 뚫는 꼴이다. 그러나 빈틈을 찌르기 위해 병사를 재정비하는 중에 정면에서 기세 좋게 일격이 들어온다면 차마 찔러보기도 전에 궤멸당할 것이다. 셔틀-리버를 준비하는데 상대가 3 팩토리 벌처로 진출하는 꼴이요, 가위를 바위로 부수는 꼴이다. 이는 위의 세 가지 스타일 간의 상성을 보여주는 단적인 예이며 실제로 프로게이머들 간의 상성을 규명하는 데 훌륭한 가늠자로 쓰일 수 있다.

프로토스의 무명 신예 **김택용**과 당시 〈스타〉계의 본좌 **마재윤**이 2007 곰TV MSL 결승전에서 격돌했다. 그때 방송사가 계산한 김택용이 승리할 확률은 2.67퍼센트로 누가 봐도 마재윤의 우세가 점쳐지는 상황이었다. 김택용이 3:0으로 '마본좌'를 셧아웃시키기 전까지는 그랬다. 이 경이로운 기록으로 김택용은 '기적의 혁명가'라는 별명을 얻으며 일약 스타로 급부상한다. 신기한 점은 김택용이 세 경기 모두 비슷한 방식으로 이겼다는 것이다. 이 기적적인 혁명을 스타일이라는 측면에서 분석해보자.

당시 마재윤의 스타일은 운영형이었다. 신묘한 방어 능력으로 상대의 공격을 막아내며 판을 크게 읽고 유리하게 이끌어나가는 능력이 발군이었다. 반면 당시 김택용이 선택한 스타일은 전략형이었다. 상대의 빈틈을 찌르는 전략과 상성을 이용한 병력 조합을 바탕으로 기술적으로 게임을 풀어나갔다. 결국 김택용은 세 판 모두 다크템플러와 커세어를 활용해, 전면전에 대비한 방어 위주의 플레이를 펼치던 마재윤의 허를 찌르며 세 판을 내리 이기는 혁명을 일으켰다. 과연 이것이 기적이며 혁명이었을까? 글쎄. 그 2.67퍼센트에 판돈을 걸었던 한 사람으로서 그 결과가 그렇게까지 놀라운 일은 아니었다.

선수 간, 종족 간 스타일에 대해서는 뒤에 이어질 '군사·전략' 편에서 더 자세히 언급하기로 하고, 이 세 가지 스타일을 최대한 효율적으로 활용하기 위해 게이머가 어떠한 방식으로 경기를 풀어나가야 하는지 알아보자.

스타일별 우선순위: 병력, 자원, 기술

스타일에 따라 플레이어가 추구해야 할 가치의 우선순위priority가 달라지기 마련이다. 다시 말해 플레이어의 스타일에 따라 강력한 군대를 먼저 확보할 것인지, 원활한 자원 채취를 우선시할 것인지, 기술과 질의 향상을 도모할 것인지가 판가름된다. 그렇다면 앞에서 분류한 세 가지 스타일과 이 세 가지 우선순위의 상관관계는 어떻게 나타날까?

우선 공격형의 경우, 전략적 우선순위를 병력에 둔다. 여차하면 상대에게 맹공을 퍼부어 복구 불가능한 피해를 입히기 위해서는 무엇보

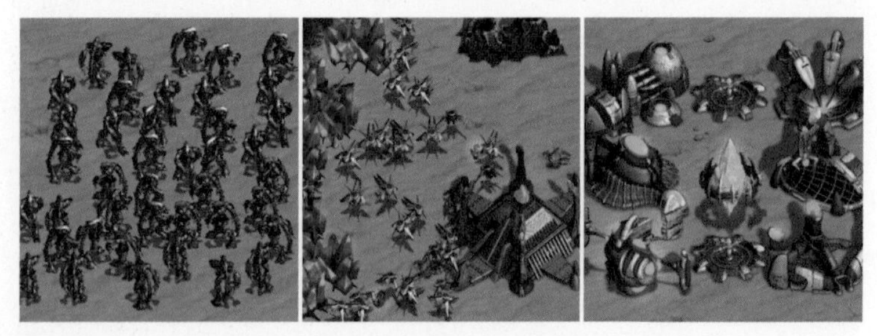

공격형은 병력, 운영형은 자원, 전략형은 기술에 우선순위를 둔다.

다 공격을 감행할 군세를 병력이 받쳐줘야 하기 때문이다. 하지만 이러한 스타일의 약점은 무조건 공격을 통해 이득을 봐야 한다는 것이다. 강한 군사력에 치중한 나머지 자원력과 기술력 확보는 상대적으로 뒤처질 수밖에 없고, 시간이 지날수록 허점이 드러나기 때문이다. **선군**先軍**사상**을 바탕으로 강한 군대를 유지하려 했으나, 결과적으로 기아에 허덕였던 북한이 이러한 약점의 산 증인이다.

선군사상
군대가 국가의 기본이라는 북한의 정치사상으로, 1990년 말부터 김정일이 주장했다.

운영형의 경우 우선순위를 자원의 확보에 둔다. 지킴으로써 이긴다는 논리에 따라 확장기지를 바탕으로 수성에 공을 들이고, 지리적 이점을 활용해 교두보를 마련한다. 가장 안정적으로 보일 수도 있는 이 스타일의 약점은 상대가 기발한 전략이나 견제 공격으로 의표를 찌를 경우 속절없이 당할 수 있다는 것이다. 유리한 고지를 선점하고 들이닥치는 적을 막아내는 데는 더없이 효율적일 수 있으나, 후방과 측면에 존재하는 약점을 찔릴 경우 넓은 방어선에 들인 자원은 낭비가 된 셈이다.

마지막으로 전략형의 경우, 우선순위를 기술력과 질의 향상에 둔다. 획득한 자원을 고급 **테크트리**, 유닛의 업그레이드, 비대칭전력으로 환원시켜 소수정예의 군대와 탄탄한 인프라를 갖추려 한다. 앞선 기술력과 테크는 우직하게 방어만 하는 상대를 견제하기에 적절할 수 있으나, 적을 단번에 무너트리고 **GG**를 받아내는 데는 적합하지 않다. 또한 완성된 기술력을 확

테크트리
게임에서 어떠한 기술이나 건물에 '포인트'를 투자하거나 배우는 것을 나무 형태의 '계통도'로 나타낸 것. 더 강하고 높은 수준의 유닛을 확보하기 위해서는 먼저 그에 상응하는 고급 테크트리를 확보해야 한다.

GG
'Good Game'의 약자로, e스포츠계에서 게임의 패배를 인정하고 포기할 때 패자 쪽에서 쓰는 항복 선언이다.

보하기 전에 치고 들어오는 상대의 강한 공격을 막아내는 데도 어려움이 있다. 기술 발전을 위해 경제력과 군사력을 내려놓은 대가인 셈이다.

동등한 조건으로 경기를 시작하는 〈스타〉에서는 위의 세 가지 가치를 모두 충족하기란 매우 어렵다. 설사 완벽한 경영으로 이를 실현한다 치더라도 상대방이라고 두 손 놓고 구경할 리 만무하기 때문이다. 결국 게임의 승자가 되기 위해서는 상대방보다 상성상 우위에 있는 스타일을 택하는 것이 중요하다고 볼 수 있다. 그렇다면 종족은 이러한 스타일과 무관할까? 앞서 잠시 언급한 종족 간 상성을 들어 이를 파헤쳐보자.

스타일별로 적합한 종족: 저그, 프로토스, 테란

플레이어는 게임이 시작되기 전에(랜덤을 선택하지 않는 한) 종족을 자유롭게 선택할 수 있다. 하지만 옷을 살 때도 자신에게 맞는 옷을 골라야 하듯이, 종족 자체에 내재된 특성 또한 자신의 스타일에 맞게 고르는 것이 유리하다. 결론부터 말하자면 과감한 공격을 즐기는 플레이어에게는 저그, 안정적인 운영을 고수하는 이에게는 테란, 창의적인 전략을 중시하는 사람에게는 프로토스라는 옷이 가장 잘 맞는다. 그 이유를 제대로 이해하기 위해서는 각 종족의 정체성에 대해 고민해볼 필요가 있다.

우선 우주 괴물인 저그는 값싸고 기동성이 뛰어난 유닛과 타 종족에 비해 월등한 생산력을 지닌 반면, 상대적으로 유닛 하나하나가 약하고 마법 계열 특수유닛을 확보하기 어렵다는 단점이 있다. 따라서 한 번에 휘몰아치는 공격력과 유닛 충원 속도의 우위를 살려 적에게 기습적으로 피해를 입히는 데는 적합하나 잘 방비된 군세를 상대로는 힘을 쓰기 어렵다.

지구인인 테란은 수성에 유리한 병력 구성과 건물 구조로 인해 안정적인 확장력과 강력한 한 방을 갖고 있지만, 상대의 기술적인 견제에 대응하기 위해 고려해야 할 전략적 경우의 수가 많다는 단점이 있다. 따라서 상대의 공격을 막아내고 우위를 유지하여 경기의 주도권을 잡는 데는 강하지만 기술적 약점을 파고드는 전략에는 쉽게 피곤해질 수 있다.

외계 지적 생명체답게 프로토스는 뛰어난 기술과 조합을 바탕으로 화려하고 전략적인 수를 두는 데는 적합하지만 강하고 값비싼 조합을 갖출 때까지 상대를 끊임없이 견제해야 하는 악조건을 지니고 있다. 이로 인해 적의 빈틈을 찾아내어 비대칭적 기술력으로 피해를 입히기엔 좋으나 준비 기간에 들이닥치는 상대에게는 쉽게 약점을 노출한다.

끝없이 휘몰아치는 저그 군단. 프로토스와 저그의 싸움은 양 대 질의 싸움으로 귀결되는 경우가 많다.

세 종족의 특성을 종합해보면 저그는 공격에, 테란은 운영에, 프로토스는 전략에 어울리는 종족이라는 얘기가 된다. 또 저그는 프로토스에게, 프로토스는 테란에게, 테란은 저그에게 강하다는 결론이 나온다(정확히 말하면 각 종족 간의 유불리는 경기 내내 지속되는 것이 아니라, '유리한 시간' 대비 '불리한 시간'의 비율로 결정된다). 실제로 역대 프로게이머들의 종족전별 전적을 보면 이러한 분석이 어느 정도 사실임을 알 수 있다.

또, 〈스타〉 만렙의 경지에 도달했다고 평가받는 프로게이머들을 보면 각 종족의 밑그림을 가장 잘 이해하고 이를 자신만의 스타일로 채색한 경우가 많다. '폭군' **이제동**의 저그는 과감한 공격성에 기반을 두고, '최종병기' **이영호**의 테란은 지지 않는 운영에서 출발했으며, '혁명가' **김택용**의 프로토스는 전략적 플레이에 신호탄을 쏘았다. 물론 유닛 컨트롤, 수읽기, 심리전 능력 등 개인적인 기량의 차이가 가장 크겠지만, 종족과 플레이 스타일의 조화에서 오는 이점도 무시할 수 없는 것이다.

〈스타〉의 정점을 찍은 '택뱅리쌍'. 왼쪽부터 김택용(P), 송병구(P), 이영호(T), 이제동(Z).

지금까지는 본격적인 이야기를 시작하기에 앞서 〈스타〉의 흥행 비결과 기본 원리를 구체적으로 살펴보았다. 이제 '〈스타〉 전격 해부'를 마치고, 본 게임을 시작해보자.

〈스타〉는 '전략시뮬레이션' 게임이자 군사전략적 원리에 의해 작동하는 '전쟁시뮬레이션' 게임이다. 엄밀히 말하면 상대의 세력을 궤멸시키고 무조건적이고 일방적인 승리를 추구하는 가차 없는 워게임War Game이다. 어쩌면 평화를 당연시하는 현대인의 관념에는 어울리지 않는, 잔혹한 사이버 콜로세움이라 할 수 있겠다.
하지만 아직까지는 인류가 평화 수호라는 명목 아래 총검을 맞대야만 하는 것이 슬픈 현실이다. 약한 것은 곧 죄악이라는 생각을 하루아침에 제거하기에는 우리네 유전자에 밴 혈흔이 너무나도 짙다. 이는 국가적인 차원에서도 마찬가지이며, 1950년에 하필 우리 민족이 그러한 비극의 증인이 되었다. 여전히 평화라는 꽃은 승리라는 토양 위에서만 핀다.
이 장에서는 '승리는 무엇인가'라는 물음에서 시작해 진정한 승리로 통하는 공식을 살펴본다. 이어 〈스타〉에서 찾아낼 수 있는 동서고금의 군사전략 및 법칙을 이해하고, 더 나아가 이러한 원리들이 국가안보를 수호하는 데 어떻게 적용될 수 있는지를 탐구하겠다.

2장

스타크래프트, 군사·전략의 교과서

<스타>로 보는 승리와 스타일

승리라는 개념만큼 상대적인 것이 또 있을까? 남자는 키 180센티미터 이하면 패배자가 되는 더러운 세상이라지만 나는 왜 스스로 패배를 인정한 기억이 없을까? 모두가 기적이며 '인간 승리'라고 얘기해주던 내 대학 졸업은… 진정한 승리였을까?

전쟁도 마찬가지이다. 소위 2차 세계대전의 승전국으로 분류되는 영국, 러시아, 프랑스는 진정으로 승리한 것일까? 그렇다면 그들은 매우 값진 승리를 얻은 셈이다. 100만 명 이상의 희생자를 낸 베트남전은 미국의 입장에서 승리한 전쟁이었을까? 우리가 말하는 승리의 기준이 무엇인지는 도무지 모르겠지만 군사전략 차원의 승리와 〈스타〉에서의 승리는 꽤 명확하다.

〈스타〉로 보는 승리의 정의

① 승리의 상대성

승리는 상대적인 것이다. 내가 아무리 싸움을 잘해도 상대가 효도르라면 나는 질 수밖에 없다. 내가 아무리 〈스타〉를 못해도 상대가 나보다 더 못하면 나는 이길 수 밖에 없다.

만약 내게 남은 값비싼 울트라리스크 한 기를 상대의 가장 싼 유닛과 맞바꾼다면 패배할 것이다. 하지만 만약 그 가장 싼 유닛이 상대의 마지막 남은 일꾼이라면 승리가 나에게 올 수도 있다. 이는 곧 적과 나의 입장에 따라 승리 기준이 다를 수도 있음을 의미하며 상대와 나의 기준을 알고 싸워야 한다는 얘기이기도 하다. 이와 관련된 예시는 3장 '〈스타〉로 보는 경제이론: 소모전으로 보는 환율'에서 중점적으로 다루기로 한다.

② 승리의 궁극성

군사학에서 정의하는 승리는 적 제압이라는 최종 상태endstate를 의미한다. '서양의 『손자병법』'이라 불리는 **카를 폰 클라우제비츠**Carl Von Clausewitz의 『**전쟁론**』에서는 승리를 "내가 상대를 완벽히 무저항의 상태로 만들어 제압하는 것"이라고 정의하고 있다. 폭력에 폭력으로 대응해 평화를 유지하는 방법이 전쟁이라고 볼 수 있는데, 동서고금을 막론하고 전쟁의 궁극적인 목적은 상대방의 전쟁 의지를 말살시켜 굴복하게 만드는 것이라는 데 큰 이견이 없어 보인다.

이러한 정의는 〈스타〉에서도 그대로 적용된다. 상대방이 GG를 치고 나가는 순간까지 군사적·경제적·기술적으로 압도하는 것이 궁극적으로 승리하는 방법이다.

③ 승리의 기본 원칙

승리의 상대성과 궁극성을 종합해보면 아주 간단한 결론을 도출해낼 수 있다. 상대가 나보다 약하면 당장 싸워서 이기고, 상대가 나보다 강하면 일단 피하고 나의 힘(병력, 자원, 기술)을 기른 후 싸워 이기라는 것이다. **와신상담**臥薪嘗膽의 고사에 이러한 원칙이 잘 나타난다. 춘추시대에 월나라가 오나라와의 전쟁에서 지자, 월왕 구천은 오왕 합려에게 한껏 머리를 조아리며 안심케 만든 후, 월나라의 힘이 오나라보다 강성해지자 곧바로 보복을 가해 끝내 오나라를 멸망시킨다. 비열하다느니 구차하다느니 하는 말은 내일 하라. 전쟁과 〈스타〉는 오늘의 승리만 기억한다.

승리의 궁극적인 정의에 대해서는 별 이견이 없지만, 동양과 서양, 예와 지금에 따라 각각의 저명한 군사학자들이 제시하는 승리를 일구는 '방법'에는 차이가 난다. 앞서 '〈스타〉 전격 해부'에서 소개한 삼분법에 여러 역사적인 예시를 접목해, 승리를 보는 세 가지 시각에 대해 정리해보자.

〈스타〉로 보는 세 가지 스타일

앞서 살펴본 공격, 운영, 전략의 세 가지 스타일이 정확히 어떤 개념인지 아직 감이 잘 안 잡히는 독자가 많을 것이다. 그래서 각 스타일별로 승리를 일구는 방식에 대해 조금 더 자세히 살펴보고 넘어가겠다.

공격, 운영, 전략의 특징은 각각 3공, 3유, 3기로 설명할 수 있다. **'공유기'**만 외우자.

① "공격은 최선의 방어다": 선즉제인先則制人

공격적인 스타일의 사람들이 가장 선호할 만한 방식이다. **진시황**始皇帝, **나폴레옹**Napoleon Bonaparte, **에르윈 롬멜**Erwin Rommel 등의 인물이 이 그룹에 포함된다고 볼 수 있다. 이들 모두 선제공격을 감행해 상대의 교전의지를 꺾거나, 빠른 기동을 통해 요충지를 선점해 전술적 우위를 달성하는 데 능한 인물이었다. 이 스타일은 크게 '3공'을 특징으로 한다.

i) 공격적이다: 일단 기회가 왔다고 판단하거나 상대의 빈틈을 포착하면 선제공격을 통해 이득을 취함으로써 전술적·전략적 우위를 점한다. 상대가 빠른 리버를 가고 있다는 판단이 서면 벌처와 탱크로 바로 진출해서 주도권을 잡는 격이다. 이러한 예시는 전쟁사에서도 쉽게 찾아볼 수 있다. 가령 3차 중동전쟁 발발 직전 이스라엘의 **모세 다얀**Moshe Dayan 장군은 이집트 공군에 기습적인 선제공격을 가해 사실상 아랍권의 전투 의지를 꺾어놓았고, 손쉽게 승리를 가져갈 수 있었다.

ii) 공부한다: 얼핏 보면 물불 안 가리고 돌격하는 스타일로 오해할 수 있지만, 공격적인 스타일의 소유자들은 상대를 끊임없이 연구해 아군의 전력이 우위에 있다는 확신이 서기 전에는 절대 공격하지 않는다. 따라서 그 기회를 포착하기 위해 상대에 대해 끊임없이 연구하고 공부하며 집요하리만치 정보에 집착하는 모습을 보인다. 끈질기게 일꾼으로 적진을 정찰하면서 공격 타이밍을 재는 것이다.

iii) 공교롭다: 공교롭게 느껴질 만큼 타이밍 계산, 즉 시간 싸움에 능하다. 상대의 전열이 일순간이라도 흐트러지면 바로 그때 틈을 비집고 든다. 상대의 셔틀-리버가 본진을 떠나자마자 쳐들어가는 것이다. 당연히 당하는 상대 입장에서는 "하필 지금 들어오다니"라며 자신의 불운을 탓하지만, 이는 매의 눈을 가진 공격가들이 치밀하게 계산한 결과이다. 눈 깜짝할 사이에 얻은 전과를 확대해 승전을 쟁취하는 이들이야말로 최적의 병력을 적시에 배치할 줄 아는 야전사령관 같은 인물이다.

② "싸우지 않고 이기는 것이 최선이다": 부전이굴不戰而屈

운영형 스타일의 사람들이 가장 새겨듣고 싶을 어구이다. 『손자병법』의 저자 손무孫武가 가장 공감할 만한 스타일이다. 공격가들은 상대에게 타격을 입힘으로써 상대적 우위에 서고자 한다면, 운영가들은 자신의 내실을 꾀함으로써 피아의 격차를 벌리고 전투 없이도 상대를 굴복시킬 수 있다고 믿는다.

『손자병법』 제3편 '모공謀攻'에서 이러한 점이 가장 극명하게 드러난다.

무릇 전쟁하는 방법은 적국을 온전히 두는 것이 최상이고, 적국을 파괴하는 것은 차선次善이다. … 이런 까닭으로 백번 싸워 백번 이기는 것이 최선의 방법이 아니요, 싸우지 않고서 적군을 굴복시키는 것이 최선의 방법이다.

운영가 스타일의 특징은 '3유'에 있다.

i) 유지한다: 유지maintenance를 기본 철학으로 한다. 상대의 허점을 파고들려는 공격가들과는 반대로, 자신의 허점을 돌아보고 변수를 최소화하며 주도권을 유지하려는 성향이 강하다. 『손자병법』 제4편 '군형軍形'에는 이런 대목이 나온다.

전쟁을 잘하는 자는 먼저 적이 이기지 못하도록 여러 조건을 이루어놓고, 그다음 적을 이길 수 있게끔 해놓고 기다린다. 적이 나를 이길 수 없는 것은 내게 달렸고, 내가 적을 이길 수 있는 것은 적에게 달린 것이다.

같은 맥락에서 운영가들은 보수적인 성향이 강하며, 공성보다는 수성에 두각을 나타낸다. 치고 또 쳐도 무너지지 않는 테란의 방어진을 떠올리게 한다.

ii) 유기적이다: 『손자병법』 제11편 '구지九地'를 보면 중국의 오악五嶽 가운데 하나인 '상산常山'에 사는 전설의 뱀 솔연率然에 대한 언급이 나온다. 날카로운 독니와 독침으로 무장한 솔연은 꼬리를 공격하면 머리가 물고, 머리를 공격하면 꼬리가 쏘며, 허리를 치면 머리와 꼬리가 동시에 공격한다. 손자는 군대를 솔연에 비유하며, 상하 간의 유대, 진영 간의 소통, 문무文武와 민군民軍의 단결이 중요함을 강조한다. 즉, 승리하는 군대가 되려면 상대의 공격에 유기적으로 대응해야 한다는 말이다. 운영형, 혹은 방어형으로 분류되는 이 스타일은 지켜야 할 곳이 많다는 단점을 솔연과 같은 유기적인 대처를 통해 극복할 수 있다. 멀티 곳곳에 나이더스 커널을 뚫어놓은 저그를 떠올리게 한다.

iii) 유보적이다: 일단 내실을 기하며 상대가 공격을 퍼붓다가 제풀에 지치거나 실수하도록 유도한 뒤 유리한 상황을 전개해 격차를 벌리고자 한다. 하지만 일단 때가 왔다고 판단되면 일거에 모든 군세를 결집해 밀고 나가는 테란처럼 한 방이 있는 스타일이다. 나는 이종격투기 팬이기도 한데, 오래전 K-1의 한 대회에서 '흑표범' 레이 세포Ray Sefo가 '무관의 제왕' 제롬 르 벤너Jerome Le Banner를 단 한 차례의 훅으로 KO시킨 장면을 잊지 못한다. 강한 맷집을 바탕으로 쏟아지는 벤너의 공격을 견뎌내던 세포는 한순간 카운터를 작렬하며 경기를 마무리지었다. 유보적이지만 그렇기에 더 무서운 운영형 경기 스타일을 단적으로 보여주는 예라 하겠다.

③ "이겨놓고 싸우는 것이 최선이다": 선승구전先勝求戰

전략적인 스타일의 사람들이 가장 좋아할 말이자, 대한민국 해병대의 표어 가운데 하나이기도 하다. 삼국지의 **제갈량**이나 카르타고의 **한니발**Hannibal 등이 이 그룹을 대표한다. 이들이 보여준 공통점은 가급적 적군과의 직접적인 교전을 피하되 상대의 예상을 뛰어넘는 전략과 전술로 이길 수밖에 없는 상황을 만들어놓았다는 점이다. 삼국지의 제갈량은 항상 본격적인 전투에 임하기 전에 적의 보급로나 외교 채널부터 봉쇄해 취약하게 만들어놓은 뒤 공격했다. **포에니전쟁** 당시 카르타고의 한니발은 로마군의 예상 진로를 완전히 우회해 로마 본국으로 진군함으로써 로마를 패망 직전까지 몰아갔다. 전략가들의 특징은 '3기'로 압축된다.

포에니전쟁
기원전 3세기 중엽부터 기원전 2세기 중엽까지 지중해 패권을 둘러싸고 로마와 카르타고가 벌인 전쟁.

i) 기만한다: 전략과 전술의 기본이 **허허실실**虛虛實實에 있다고 본다. 따라서 상대를 속이고 이득을 얻기 위해 기만전술을 주로 활용한다. 이러한 예는 수도 없이 찾아볼 수 있는데, 대표적으로 성동격서聲東擊西형 공격을 들 수 있다. **아덴만의 여명 작전** 당시 피랍된 삼호쥬얼리호 선원들을 구출하기 위해 청해부대도 기만전술을 펼쳤고, 2차 세계대전 당시 노르망디상륙작전을 위장하기 위해 실행된 **포티튜드 작전** 또한 적을 기만하기 위해 치밀하게 고안되었다. 상대의 멀티로 빈 오버로드를 던지면서 본진으로 폭탄드롭을 가는 것과도 같은 이치이다. 이처럼 상대의 정보를 왜곡시키거나 제한해놓은 후 전략적 우위를

허허실실
적의 강점은 피하고 약점은 노리는 계책.

아덴만 여명 작전
2011년 1월 소말리아 인근 아덴만 해상에서 해적에게 피랍된 삼호쥬얼리호를 구출한 작전.

점하는 방식은 전략가들에게 널리 애용되었다.

포티튜드 작전

북포티튜드(Operation Sky)와 남포티튜드(Operation Quicksilver) 작전이 감행되었는데, 북포티튜드는 노르웨이를 침공하는 것처럼, 남포티튜드는 노르망디가 아닌 파 드 칼레(Pas-de-Calais)를 침공하는 것처럼 위장한 작전이었다. 이 작전을 위해 연합군은 유령부대를 편성하고 독일군의 암호장치 이니그마(Enigma)를 역이용하는 등 치밀하게 준비했으며, 이 덕분에 성공적으로 적을 기만할 수 있었다.

ii) **기묘하다:** 전략사상가 **리델하트**Basil Henry Liddell Hart의 『전략론』에 따르면, 상대를 속인다는 것은 결국 상대의 심리적 최소저항선line of least resistance과 최소예상선line of least expectation을 공략함을 의미한다. 그러기 위해서는 상대의 주의를 돌리는 기만전술도 효과적이지만, 애초에 상대의 사고 범위를 벗어나는 기묘함을 발휘하는 것도 간과할 수 없는 전략의 핵심이다. 카르타고의 한니발이 코끼리 부대를 앞세워 알프스를 넘을 것을 누가 알았을 것이며, 2,000년 뒤 나폴레옹이 똑같은 길을 걸으리라고 또 누가 생각했을까? 이처럼 전략형 스타일은 발상의 전환을 통해 사고의 사각지대를 기묘하게 찌름으로써 상대를 견제하고 승리를 이끌어내는 방식을 선호한다. 이기석의 **배럭 날리기**부터 임요환의 **얼라이 마인**까지, 지금까지 수많은 기묘함이 우리의 감탄을 자아냈다.

배럭 날리기

테란의 건물들이 날아갈 수 있다는 점을 이용하여, 상대편 기지 뒤편의 언덕으로 배럭을 날린 후 그곳에서 마린을 생산해 언덕 밑에서 일하는 일꾼을 공격하는 전술.

얼라이 마인

적과 동맹을 맺으면 아군의 스파이더 마인이 적 유닛에 반응하지 않는다는 점을 이용하여, 적과 동맹을 맺고 적 병력이 지나갈 만한 길목에 마인을 매설한 후 적 병력이 지나갈 때 동맹을 풀어 일격에 몰살시킨 전술.

iii) **기술적**high-tech**이다:** 순전히 군사적인 측면에서 볼 때 전략·전술만큼이나 승리에 중요한 것이 무기체계이다. 아니, 오히려 확연한 무기 수준의 차이는 전력이나 전략을 상쇄하고도 남음을 우리는 역사를 통해 알고 있다. 유럽인의 총포 앞에 얼마나 많은 남미 원주민이 쓰러졌으며, 북한의 핵 위협 앞에 얼마나 많은 국민이 떨었는가? 비대칭적 무기체계는 엄청난 전략적 격차로 환산된다. 전략적인 스타일을 고수하는 이들은 이 사실을 인지하고 상대보다 뛰어난 기술력을 바탕으로 애당초 싸움이 될 수 없는, 속된 말로 '짜바리도 안 되는' 상황을 조성한다. 컴샛 없는 테란 진영에 난입한 다크템플러처럼 말이다. 싸우기 전에 이미 이기는 것이다.

군사전략의 변증법

지금까지 언급한 세 가지 스타일은 서로 물고 물리며 다양한 전략을 파생시켰다. 재미있는 점은 아무리 훌륭한 전략이라도 완벽할 수는 없으며, 게이머들의 연구와 경험을 바탕으로 늘 새로운 파훼법이 등장한다는 것이다. 즉, 영원하고 절대적인 전략은 없다. 시대와 상황에 따라 더 나은 전략이 있을 뿐이다.

군사전략도 예외가 아니다. 무기의 발전은 수백 번에 걸친 창과 방패 간 싸움의 결과요, 전략·전술의 발전은 수천 번 거듭된 전투의 결과이다. 하지만 군사전략의 발전이 아무런 규칙성 없이 무작위로 진행되는 것은 아니다. 정치철학처럼 일련의 논리체계에 입각해서 변증법적으로 계승·발전된다. A와 B의 경쟁으로 말미암아 새로운 C가 파생되는 정반합 과정의 반복인 것이다. 예를 들어 고대 그리스의 팔랑크스전술은 로마의 레기온전술에, 레기온전술은 기병을 활용한 스텝Steppe 유목민의 기동전술에, 그리고 기동전술은 사거리 무기에 자리를 내주었다.

현재도 전략의 변증법적 발전은 계속된다. 21세기 초까지 정밀타격무기Precision Guided Munitions는 미국의 독점적 권리나 마찬가지였다. 미국은 이를 기반으로 **공지작전교리**Airland Battle Doctrine를 비롯한 공세적이고 일방적인 작전개념을 도입할 수 있었고, 덕분에 걸프전에서 너무나 손쉽게 승리했다.

하지만 중국을 위시한 신흥 기술 강국의 추격과 급격한 세계화·인터넷화를 통한 정보의 무분별한 유출은 정밀타격기술의 확산으로 이어졌다. 이윽고 미국의 적성국들도 미국에 버금가는 정밀타격무기를 개발해냈고, 이를 바탕으로 **A2/AD**Anti-Access/Area Denial(반접근/지역 거부) 능력을 완성하기에 이르렀다. 미국은 이를 자국의 안보 이익에 대한 심대한 침해로 간주하고, 최근 그 타개책으로 인공지능과 무인체계의 기술 발전을 골자로 하는 **제3차 상쇄전략**Third Offset Strategy이라는 해결책을 채택했다. 또한 A2/AD 위협에 대한 더 전술적인 해결책으로 공해작전교리Air-Sea Battle Doctrine와 해상 공격 능력의 전방분산배치작전Distributed Lethality Operations을 들고 나오기 시작했다.

이렇듯 무기체계와 전략, 전술도 끊임없이 유전流轉한다. 〈스타〉에서도 마찬가지 현상을 관찰할 수 있다. 1998년에 등장한 프로게이머의 시조새 격이자 당시 최강자였던 **이기석**의 경기와 10년 뒤 나타난 '최종병기' **이영호**가 보여준 경기는 비교조차 할 수 없을

공지작전교리
공군 부대와 지상 부대가 전투력을 최대로 활용하기 위하여 통합적으로 수행하는 작전 방식으로, 화력과 기동을 통해 적을 제압한다.

A2/AD
해양력이 열세한 쪽이 우세한 쪽을 상대로 사용하는 전략으로, 사정거리가 긴 대함 유도미사일 등을 배치해 적의 접근을 차단하고 근해와 도서 지역의 자유로운 활용을 거부한다.

제3차 상쇄전략
무기, 인공지능 등의 과학기술 발전을 통한 군사력 우위 유지를 골자로 한다.

정도로 현격한 수준 차이를 보인다. 〈스타 1〉이 뜨고 진 19년이라는 세월 동안 게임 자체에 일어난 변화는 미미했으나, 경기 속에서 나타난 프로게이머와 플레이의 변화는 블리자드 개발자들조차 상상하지 못했을 정도로 파격적이었다. 하나의 훌륭한 전략이 정석으로 자리매김하면 얼마 되지 않아 이를 파훼하는 새로운 전략이 등장했다.

테란에 대한 저그의 상대적 열세를 이겨내고자 뮤탈 뭉치기라는 전술적 해법이 등장했고, 뮤탈 뭉치기를 상쇄하기 위해 빠른 공1업 머린을 활용한 **일점사**라는 작전적 해법이 등장했으며, 공업 머린에 대비한 전략적 선택으로 러커 방어에 이은 빠른 4가스 확보라는 전략적 해법이 등장한 것과 같은 이치이다.

일점사
여러 유닛이 하나의 유닛을 집중 공격하는 행위.

혹자는 〈스타 1〉에 너무나 많은 전략이 나온 탓에 더 이상 새로운 전략이 나올 여지가 없다는 '특이점'에 봉착했다고 얘기한다. 어지간히 오랫동안 인기를 누렸고, 이제는 망할 때가 되었다는 결정론이 그러한 주장의 기저에 자리한다. 그들의 논리대로라면 축구, 바둑, 체스 모두 오래전에 끝났을 것이다. 전쟁도 사라졌을 것이다. 어지간히 오래했고, 이제는 그만할 때라는 걸 알았다면 말이다.

〈스타〉에 새로운 맵, 새로운 선수들, 새로운 스폰서만 꾸준히 유입되었더라면 지금까지도 국민게임으로 남을 수 있었으리라 생각한다. 게임을 부흥시키는 힘이 유저들의 관심이라면, 게임을 사장시키는 힘은 유저들의 무관심이다. 관심이 계속되는 한, 게임도 계속될 것이다.

〈스타〉로 보는 싸움의 기술

많은 독자들이 〈스타〉에서 한 판이라도 더 이길 수 있는 방법을 배우기 위해 이 책을 구매했을지도 모른다. 그리고 지금까지 책을 읽으면서 "클라우제비츠, A2/AD… 이게 도대체 무슨 뚱딴지같은 소리야? 그래서 어떻게 해야 이길 수 있는 건데?"라고 불평을 늘어놓고 있을 수 있다. 이 책이 〈스타〉를 잘하기 위한 매뉴얼은 아니지만, 그래도 어느 정도 실용적인 내용도 담겨 있어야 한다고 보기에 '싸움에서 이기는 방법'에 대해 간단히 설명하겠다.

〈스타〉는 싸움의 연속이다. 경기가 시작하는 순간부터 끝나는 순간까지 치열한 눈치싸움, 머리싸움, 유닛싸움이 이어진다. 싸움에서 이겨야 최종적으로 승리를 거머쥘 수 있다. 이 세상도 싸움의 연속이다. 태어나는 순간부터 떠나는 순간까지 치열하게 경쟁하지 않으면 도태되는 것이 냉엄한 현실이다. 〈스타〉와 현실의 싸움은 상당히 비슷하고, 이를 승리로 이끄는 방법 또한 놀랍도록 닮아 있다. 이제 싸움의 기술을 배워보자.

〈스타〉로 보는 전투와 전쟁, 전술과 전략

지금까지 살펴본 승리를 향한 세 가지 접근 방법은 현실에서도 그대로 적용된다. 권투에서 이기려면 마이크 타이슨Mike Tyson처럼 상대를 일거에 쓰러뜨릴 정도로 빠르고 강한 공격력, 칠전팔기의 신화 홍수환처럼 상대의 공격을 받아낼 수 있는 맷집과 정신력, 그리고 무하마드 알리Muhammad Ali처럼 상대를 지치게 만들고 급소를 노리는 전략과 노련함이 필요하듯이 말이다. 벤처 전선이라는 전쟁터에서도 남들보다 빨리 특허를 출원하거나, 기막히게 창의적인 아이템을 내놓거나, 오랜 기간 끈덕진 연구를 바탕으로 더 좋은 상품을 개발한 기업이 살아남고 성공한다. 공격, 전략, 운영 모두 승리의 확실한 재료임에는 틀림이 없다.

하지만 이를 반대로 해석하면 궁극적이고 이상적인 형태의 승리란 존재하지 않으며, 선천적인 스타일을 얼마나 상황에 알맞게 발휘하느냐가 승리의 열쇠라는 말도 된다. 더불어 단 한 번의 승리에 그치지 않고 얼마나 지속 가능한 승리를 얻는지가 중요해진다. 즉, 일회적이고 미시적인 승리와 항구적이고 거시적인 승리를 구분할 필요가 생기는 것이다. 권투에서의 승리는 한 라운드가 아닌 열두 개의 라운드로 이루어진 시합을 이기는 것이고, 벤처 사업의 승리는 하나의 아이템 대박이 아닌 더 크고 건실한 회사로의 발돋움인 것처럼 말이다.

이를 군사적으로 표현하면 전투와 전쟁, 그리고 전술과 전략으로 구분 지을 수 있다. 수많은 전투를 통해 전쟁의 승자가 판가름 나고, 수많은 전술이 모여 전략이라는 큰 그림이 그려진다. 따라서 모든 전투에서 승리하면 자연히 전쟁에서 승리하게 되고, 모든 전술이 효과적이면 전략 또한 효과적이게 된다. 그러나 11라운드까지 몰아붙이다가 마지막 12라운드에서 KO패를 당할 수 있고, 대부분의 아이템이 흑자를 보는 기업도 단 하나의 실패로 말미암아 부도가 날 수 있듯이, 각각의 전투와 전술은 그 중요도에 비례해 최종 승리에 기여한다.

종합해보면, 많이 이길수록 좋지만 반드시 그렇지 않을 수도 있다는 괴상한 결론에 도달했다. 숲속에 나무가 있느냐, 나무가 모여 숲이 되느냐는 물음과 흡사한데, 얘기를 꺼낸 이상 이 두 가지 관점 모두 살펴봐야 하겠다. 즉, 모든 전투를 승리로 이끌기 위해 기본이 되는 전술과, 전체적인 전쟁을 승리로 종결짓기 위해 필요한 전략을 면밀히 검토해보자.

〈스타〉로 보는 전투를 이기는 법: 란체스터의 법칙

전투에서 최고의 전술은 의외로 간단하다. 나의 힘은 모으고 상대의 힘은 분산시키는 것, 즉 각개격파를 하는 것이다. 『손자병법』 제6편 '허실虛實'에서 그 효용에 대해 명확하게 언급한다.

> 형形을 잘 운용하는 자는 아군의 형세가 없는 듯하여 아군을 하나로 만들고 적은 흩어지도록 한다. 아군은 하나로 모으고 적은 열로

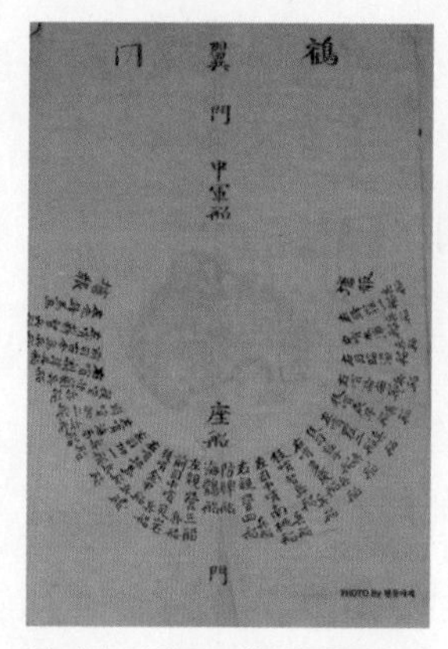

학익진 진형도. 선봉의 중군선만 보고 돌진하는 왜선을 후방의 판옥선들이 넓게 덮치는 형태로 공격할 수 있다.

나뉘도록 하면 10배의 힘으로 하나의 적을 공격하는 셈이다. 즉, 아군은 많고 적은 적어지는 것이다. 많은 병력으로 적은 적과 싸운다면 쉽게 이길 수 있다.

손자孫子의 후예 **손빈**孫臏이 창시한 팔괘진八卦陣 가운데는 안행진雁行陣이 있는데, 이 또한 많은 적을 순차적으로 격파하는 각개격파형 진법이었다. 이순신 장군이 한산대첩에서 선보인 학익진도 이와 유사하게 좁은 통로로 진격하는 왜선을 넓게 펼친 함대로 각개격파하는 진법이었다.

걸프전 당시 미국의 작전개념이었던 공지전투Airland Battle도 크게 다르지 않다. 다른 점이 있다면 미국은 빵빵한 항공력을 바탕으로 적 지상병력의 발을 묶은 후, 지상군을 투입해 산개된 적 병력을 순차적으로 격파했다는 것이다.

이렇게 다양한 방법을 통해 상대방을 각개격파하는 방식은 동서양을 막론하고 예로부터 숭상받은 전술이다. 크게는 각개격파가 그렇고 작게는 일점사와 다구리가 여기에 속한다.

뜬금없지만 문제를 하나 풀어보자.

동등한 상황에서 나에겐 레이스 5기, 상대에겐 3기가 있다고 가정해보자. 두 세력 간에 전

투가 벌어져 어느 한쪽이 궤멸당할 때까지 싸운다면, 당연히 나의 레이스가 살아남을 것이다.

질문: 몇 기가 남겠는가?

아마 〈스타〉를 즐겨하지 않은 독자라면 2기라고 대답할 것이다. 나의 종이비행기 3기와 상대의 3기가 동시에 격추되고, 남은 2기가 최후의 승리를 만끽할 것이라고 생각하겠지만 그렇지 않다. 정답: 4기가 남는다. 산술적으로 계산을 해보면 분명 2기만 남아야 될 터인데… 이상한 노릇이다. 귀찮지만 실제로 전투를 재현해보면 다음과 같이 진행된다.

	나	상대
전투 전	5기(120)	3기(120)
1회전 결과	4기(120)+1기(60)	2기(120)+1기(20)
2회전 결과	4기(120)	1기(120)+1기(40)
3회전 결과	3기(120)+1기(80)	1기(80)
4회전 결과	3기(120)+1기(60)	0기
전투 후	4기 생존	0기 생존

* 양측 모두 체력 120, 공격력 20의 레이스로 일점사한다고 가정한다.
** 괄호 안 숫자는 잔여 체력을 나타냄.

이러한 원리를 설명해주는 법칙이 영국인 **란체스터**F. W. Lanchester가 주장한 **란체스터 제2법칙**(리베르타 법칙이라고도 함)이다. 요점만 간단히 짚으면, 두 세력 간의 전투 후 살아남는 전력은 각 세력의 차가 아닌 루트 제곱의 차라는 것이다.

그렇다면 란체스터의 논리가 실제 게임 상황에서 어떻게 적용되는지 살펴보자.

① "나의 살을 주고 상대의 뼈를 부순다": 육참골단肉斬骨斷과 탱커의 활용

제동이의 병력이 택용이보다 우세한 상태. 하지만 확고한 방어벽을 쳐놓아 제동이도 쉽사리 공격을 하지 못한 채 병력을 택용이의 기지 앞에 주둔시키며 시위를 하고 있다. 택용이는 몰래 소수의 질럿과 다크템플러를 보내서 제동이의 중요 멀티 한 곳을 공략한다. 놀란 제동이의 주력 병력이 택용이의 별동대를 섬멸하기 위해 회군한다. 택용이는 고민에 빠진다. 멀티를 파괴하지 않은 상태에서 튀자니 이미 벌어진 전력 차를 다시는 좁히지 못할 것 같고, 멀티를 파괴하자니 그동안 회군할 제동이의 주력 병력에 별동대를 잃을까 두렵다.

아마 이런 경우는 많이들 겪어봤을 것이다. 우선 택용이의 목표는 (1) 제동이의 멀티를 턴다, (2) 별동대를 무사히 회군시킨다이고, 목표 달성의 제한 사항은 '촉박한 시간'이다. 그렇다면 택용이가 두 목표를 모두 이룰 수 있는 방법은 무엇일까? 그렇다. 최대한 시간을 버는 것이다. 이런 경우 테란이라면 적의 회군 경로에 마인을 심어놓을 것이고, 저그라면 드문드문 러커를 배치해서 상대가 빨리 회군할 수 없도록 막겠지만, 이런 방법을 쓸 수 없는 택용이의 경우에는 다른 수를 강구해야 한다. 여기서 쓸 수 방안이 바로 **탱커**의 활용이다. 다크템플러에 비해 공격력은 떨어지지만 맷집이 좋은 질럿들을 빼내어 의도적으로 회군하는 적군에게 던져주는 것이다. 그 질럿들이 적의 주력 부대에 공격당하거나 그들의 시선을 뺏는 사이 **딜러** 역할을 하는 '칼잡이' 다크템플러들은 마음 놓고 적의 멀티를 유린한 후 무사히 회군할 수 있는 것이다. 결론적으로 택용이는 질럿이라는 유닛, 또는 미네랄 100이라는 자원을 팔아 자신에게 필요한 '시간'을 샀다고 해석할 수 있다. 그 결과 자신이 노린 목표 (1)은 성공시켰고, 투자한 자원(질럿 몇 기)에 비해 얻어낸 상대적 이득(제동이의 멀티 파괴)이 크다는 점에서 목표 (2) 또한 성공을 거두었다.

탱커
주로 〈리그 오브 레전드〉 등의 AOS 게임에서 쓰이는 용어로, 강한 맷집을 바탕으로 적의 공격을 받아내는 역할을 하는 캐릭터를 뜻한다.

딜러
탱커와는 반대로 강한 화력을 바탕으로 적을 공격하는 역할을 하는 캐릭터를 뜻한다.

이처럼 나의 살을 내주고 상대의 뼈를 부수는 고육지책苦肉之策은 상당히 효과적일 수 있다. 하지만 이 계책의 성공 뒤에는 그것을 가능케 한 몇 가지 전제 조건들이 숨어 있다.

i) 내가 부수자고 하는 것이 상대의 뼈가 맞다: 만약에 택용이가 공략한 멀티가 제동이에게 꼭 사수해야만 하는 요충지가 아니었다면, 제동이는 되레 택용이의 병력이 빠진 틈을 타 본진으로 총공격을 감행했을

수도 있다. 아까운 내 살을 내주고 상대의 구레나룻 정도만 취한다면, 그보다 손해 보는 장사가 어디 있겠는가. 그렇기 때문에 이러한 전략이 실효를 거두기 위해서는 우선 상대의 약점이 무엇인지 철저하게 조사할 필요가 있다.

ii) 나의 살을 '조금' 내주고 상대의 뼈를 부순다: 제동이의 회군이 예상외로 빨랐다면, 택용이는 멀티를 공략해서 얻는 이득 이상의 병력 손실을 입었을 것이다. 살도 어느 정도 내줘야지, 지나치게 내주면 오히려 골절보다 더 뼈아픈 고통을 겪게 된다. 따라서 먼저 자신이 가진 자원을 얼마만큼 투자할 값어치가 있는 목표인지를 계산한 후 공략하는 것이 옳다.

iii) 나는 상대의 뼈를 부술 만한 힘이 있다: 택용이가 제동이의 멀티를 성공적으로 공략할 수 있던 가장 큰 이유는 그 정도의 병력을 투입하면 제동이의 멀티를 반드시 깰 수 있다는 확신이 있었기 때문이다. 만약 전력 측정을 잘못해서 탱커 역할을 한 질럿들이 추가적으로 번 시간 내에도 멀티를 완파하지 못했다면, 결과적으로 자신의 살을 내줬으나 상대의 뼈에 금을 내는 정도에 그쳤을 것이다. 따라서 이러한 전략을 펼치기 전, 나의 힘으로 목표를 확실히 이룰 수 있다는 확신이 전제되어야 한다.

〈스타〉를 해본 독자들은 이러한 전제 조건을 충족시키지 못한 채 전략을 실행에 옮겼다가 낭패를 본 경우가 분명히 있을 것이다. 예를 들어 상대의 사이오닉 스톰이 무서운 나머지 적의 하이템플러를 암살하기 위해 소수의 히드라리스크 특공대를 조직해 투입했는데, (1) 정작 상대는 리버도 갖추고 있었거나, (2) 하이템플러를 죽이는 데 지나치게 많은 히드라를 소모했거나, (3) 결국 하이템플러를 죽이지 못한 것이다. 세 경우 모두 마우스를 던져버리고 싶게 만드는 상황이다.

② "난 무조건 한 놈만 패": 각개격파各個擊破와 스테이시스 필드의 활용

이번에는 상대가 레이스 7기를 보유하고 있고, 나는 6기밖에 없다. 이럴 땐 어떻게 싸워야 할까? 일단 아군 1기를 출격시켜 적군 4기를 유인해 달아난다. 남은 적기 3기를 남은 아군 5기로 격추시킨다. 자, 이제 란체스터의 법칙에 따라 살아남은 나의 4기로 적의 남은 4기를 쳐도 최소한 비기는 싸움이 된다.

하지만 비기는 것에 만족하기 싫다면 여기서 아까 썼던 전략을 다시 한 번 사용한다. 나의 1기가 적군 2기를 끌고 달아나 장렬한 최후를 맞이하는 동안, 남은 3기는 적군 2기에 비참한 최후를 안긴다. 그 후 돌아오는 적군 2기 역시 아군 3기로 반갑게 맞이한다.

각개격파의 가장 좋은 예는 역시 아비터의 기술인 **스테이시스 필드**를 활용하는 것이다. 〈스타〉 초기에는 이 기술의 실효성에 대한 의문이 자주 제기되었다. 사이오닉스톰처럼 상대 유닛에게 직접적인 데미지를 입히는 것도 아니고, 그렇다고 해서 마엘스트롬처럼 적군을 마비시켜놓고 때릴 수 있는 것도 아닌데 굳이 얼릴 필요가 있냐는 것이었다. 이를 비웃기라

스테이시스 필드
특정 범위 내의 유닛을 1분 동안 얼려서 공격을 하지도 받지도 못하게 만드는 아비터의 마법 기술.

도 하듯이 2005년 So1 스타리그에서는 **박지호** 선수가 스테이시스 필드를 활용해 적 전력의 일부를 무력하게 만든 후 각개격파하는 모습을 보여줬고, 그때부터 스테이시스 필드는 프로토스 유저들에게 필수 마법으로 자리매김하고 있다. 이 기술을 당하는 입장에서는 자신보다 적은 규모의 병력을 눈앞에 두고도 란체스터 법칙의 희생양이 되는 아군을 보고만 있어야 하니 답답한 노릇이다.

이는 기세 면에서도 상당한 영향을 미친다. 아무리 강한 병력을 이끌고 진출하더라도 병력의 반이 얼어붙는 상황이 발생하면 일단 움츠러들 수밖에 없다.

흔히들 〈스타〉에는 사기士氣의 개념이 적용되지 않는다고 생각한다. 물론 모든 유닛은 죽을 때까지 용맹하게 싸우도록 프로그래밍되어 있다. 하지만 플레이어의 사기는 분명히 존재한다. 성적이 안 좋은 중견 프로게이머가 한참 상승세인 신예의 심리전에 걸려 어이없이 패배하는 것도 이 때문이요, 충분히 싸울 만한 상황에서도 무모하다 싶을 정도로 덤벼드는 상대 앞에서 꼬리를 말고 퇴각하는 것 또한 이 때문이다. 〈스타〉에서의 사기는 결국 총지휘관인 플레이어의 능력 중 하나인 것이다.

③ "뭉치면 살고 흩어지면 죽는다": 단생산사團生散死와 공중유닛의 이점

〈스타〉에서 공중유닛이 큰 힘을 발휘하는 이유에도 각개격파의 원리가 숨어 있다. 이를 가장 잘 설명해주는 것이 뮤탈리스크 뭉치기, 일명 '뮤짤'이다. 〈스타〉 경기를 즐겨 보는 독자라면 언제부턴가 저그 유저들이 뮤탈리스크를 뭉쳐 테란과 프로토스의 진영을 유린하는 모습을 봤을 것이다. 분명히 공습에 철저하게 대비한 듯 보였는데, 어느 순간 한 부분만 집요하게 파고드는 뮤탈리스크의 공격에 본진은 쑥대밭이 되고 수비 병력은 당나라군대마냥 개박살이 난다. 공중유닛의 특성상 뭉쳐 다니기 쉽고 기동력이 우수하기 때문에 상대적으로 분산되어 있는 지상병력에 비해 강한 전투력을 발휘할 수 있는 것이다.

병력을 한곳에 집중시키는 행위는 전투력뿐 아니라 병력 하나하나의 생존율도 높여준다. 장기에서는 독졸獨卒 단명斷命이라 하여 졸병을 모으는 수를 방어의 기본으로 친다. 고대 그리스의 팔랑크스phalanx 진형과 로마의 테스투도testudo 진형이 뭉쳐야 살 수 있음을 보여주는 좋은 예이다. 영화 〈300〉에서 스파르타군이 방패와 장창으로 적

팔랑크스 진형을 잘 묘사한 장면. 혼자 드는 방패는 정면만을 보호해주지만, 모두의 방패는 측면까지 보호해준다.

의 대부대를 수도 없이 막아냈던 위용을 기억하는가? 이는 각각의 병사가 자신을 보호하는 데 그치지 않고, 하나의 진영을 구성해 서로가 서로를 보호하는 시너지 효과를 발휘했기에 가능한 장면이었다. 특별한 경우를 제외하면 병력을 집중시키는 것이 전투에 이롭듯이, 위태로울 때 손과 마음을 뭉쳐 서로 돕는 것이 검증된 미덕이다.

공격자 대 방어자의 딜레마

지구라는 계界는 경쟁과 약육강식이라는 두 가지 방정식의 지배를 받는다. 즉, 살아남으려면 경쟁해야만 하고, 경쟁에서 이기는 쪽은 강자이다. 살아남기 위해서는 강해야 한다.

하지만 역사를 들여다보면 약자가 강자를 이기는 경우도 있다. 어린 트리케라톱스의 뿔에 대퇴골이 찔려 죽은 티라노사우루스부터, 이순신의 전함 열두 척에 뼛속까지 발려버린 일본의 133척 함대까지, 약자가 승리하는 장면은 심심찮게 발견되어 우리를 놀라게 한다. 이러한 **언더독**underdog의 승리에는 '전설', '대첩', '기적' 등의 수식어가 붙고 오래도록 회자된다. 그만큼 승리는 약자에게 더욱 값지고, 패배는 강자에게 더욱 뼈아픈 법이다.

강자와 약자가 싸우는 방식은 어떻게 다른가? 또, 어떻게 달라야 이길 수 있는가? 전투의 기술에 이어, 전쟁의 기술에 대해 알아보도록 하자.

현실에서는 강자한테 약하고 약자한테 강한 사람을 비굴하다고 욕하지만, 사실 냉정한 게임의 세계에서는 그런 사람이야말로 뭘 좀 아는 사람이다. 내가 강할 때 상대의

언더독
스포츠에서 이길 확률이 적은 팀이나 선수를 일컫는 말.

싹을 짓이겨버리고, 내가 약할 때 반격의 싹을 키워나가는 것만큼 정확한 승리의 공식은 없기 때문이다. 강자는 어떻게 하면 확실히 이길 수 있을지를, 약자는 어떻게 하면 내가 강자가 될 수 있을지를 고민한다.

공격과 방어는 이 고민에서 상당히 중요한 변수이다. 강자는 어떻게 공격할지, 약자는 어떻게 방어할지를 최우선적으로 생각할 수밖에 없기 때문이다. 그래서 강자는 일단 공세적인 입장을, 약자는 일단 방어적인 입장을 취하기 마련이다.

방어하는 쪽은 방어에 유리한 위치를 선점할 수 있고, 보급로가 짧다는 이점이 있다. 즉, 상대가 쳐들어올 만한 곳을 미리 점령해 지리적 이점을 살리고, 신속히 병력을 충원할 수 있다는 말이다. 반면 공격하는 쪽은 공격에 유리한 시간을 선택할 수 있고, 적지를 전장으로 강요할 수 있다는 장점이 있다. 즉, 내가 원하는 순간에 공격하면 상대는 무조건 막아야 하고, 좋든 싫든 본진에서 막아야 하기 때문에 부수적 피해를 입힐 수 있다는 뜻이다.

하지만 무엇보다도 공격하는 쪽이 유리한 이유는 주도권을 가져간다는 것이다. 공격하는 쪽은 공격하는 대신에 확장을 늘리거나, 병력을 우회해 적의 약점을 찌르거나, 적진을 봉쇄하는 등 여러 가지 옵션을 선택할 수 있다. 반면 방어하는 쪽은 공격하는 쪽이 취하는 행동에 수동적으로 대응할 수밖에 없다. 주도권을 빼앗기는 것이다.

주도권이 있다는 것은 상당히 큰 어드밴티지이다. 이런 비유를 들어보자. 누가 2 더하기 3이 뭐냐고 물어본다면 초등학생도 답을 할 수 있다. 하지만 누가 5는 몇 더하기 몇이냐고 물어본다면 아인슈타인이와도 답할 수 없을 것이다. 정답은 출제자의 머릿속에만 들어 있기 때문이다. 마찬가지로 공격자는 자신이 원하는 전략만 세우고 실행하면 되는 반면(2+3=5), 방어자는 모든 경우의 수를 염두에 두고 방어해야 하기 때문에(5=1+4, 2+3, -4+9, …) 불리할 수밖에 없다.

순전히 전투의 측면에서 보았을 때 공격자는 앞서 본 란체스터의 법칙 덕분에 '수적 우위에 의한 이득'을 얻게 된다. 반대로 방어자는 수적으로는 불리하지만, 유리한 지형을 통해 방어자만의 이점을 얻을 수 있다. 따라서 공방전의 승패는, 결국 공격자의 이점과 방어자의 이점 중에 어느 쪽이 더 크냐에 따라 결정되기 마련이다. 나는 수학을 극히 혐오하지만, 이해를 돕기 위해 잠시 수학의 힘을 빌려 설명해보겠다.

앞서 설명했듯이 란체스터의 법칙은 두 세력 간의 전투에서 승리하는 쪽의 잔여 병력은 두 세력 간 병력의 차가 아닌 병력의 루트 제곱의 차라는 것이다. 복기하자면, a의 쪽수가 b보다 많을 경우, a와 b가 전면전을 펼칠 시 a측의 남는 병력(X_a)은 다음과 같다.

if $a>b$, then:

$$X_a=\sqrt{a^2-b^2}$$

그런데 방어자, 즉 b는 쪽수는 부족하지만 지형의 이점을 통해 전력승수효과force multiplier effect를 얻을 수 있다. b측이 지형을 통해 얻게 되는 이점, 즉 **전력승수**를 p라고 표현해보자. 가령 지형을 통해 두 배로 잘 싸운다면 p는 2가 되는 것이다. b

전력승수

기존의 전력에 더하기(+)가 아닌 곱하기(x)가 되는 요인.

가 지형의 이점을 이용해 쪽수가 더 많았던 a를 전멸시킬 경우, b측의 남는 병력(X_b)은 다음과 같다.

if $pb>a$ and $p>0$, then:

$$X_b=\sqrt{(pb)^2-a^2}$$

여기까지 봤을 때, X_a는 공격자가 가져가는 '수적 우위에 의한 이득(을 잔여병력으로 수치화한 것)', X_b는 방어자가 가져가는 '질적 우위에 의한 이득(을 잔여병력으로 수치화한 것)'으로 볼 수 있다. 따라서 공격자인 a가 b의 방어진을 뚫기 위해서는 a의 수적 우위가 b의 질적 우위를 능가해야 한다. 다시 말해 다음과 같은 공식을 만족해야 한다.

$$X_a > X_b$$

$$\sqrt{a^2-b^2} > \sqrt{(pb)^2-a^2}$$

$$a > b \times\sqrt{\frac{p^2+1}{2}}$$

$$\frac{a}{b} > \sqrt{\frac{p^2+1}{2}}$$

이를 쉬운 말로 바꾸면, 질적으로 우위에 있는 b 한 마리를 상대하기 위해서는 a를 최소한 $\sqrt{\frac{p^2+1}{2}}$ 마리를 보유해야 한다는 것이다. '양 대 질'의 간단한 환산 공식이라고 할 수 있다.

〈스타〉에서 언덕 위에 위치한 유닛이 언덕 아래에 위치한 유닛에게 피격당할 확률이 50퍼센트로 줄어드는 것을 예로 들어보자. 이 경우 언덕 위에 위치한 유닛은 언덕 아래에 위치한 유닛에 비해 두 배의 체력을 갖게 된다고 생각할 수 있다. 즉, 'p=2'인 셈이다. 언덕 아래에 위치한 a의 히드라 10기가 언덕 위에 위치한 b의 히드라 6기를 상대로 싸울 경우 뚫을 수 있을까?

산술적으로 따져보면 b의 히드라가 지형에 힘입어 두 배로 강해져서 12마리의 역할을 하기 때문에 b가 방어에 성공할 것처럼 보인다. 하지만 이러한 계산은 '질적 우위에 의한 이점'만 생각하고 '수적 우위에 의한 이점'은 간과했을 때의 얘기이다. 앞의 공식에 의하면 b의 히드라 한 기를 이기기 위해서는 a의 히드라 1.58 기가 필요하다. b의 히드라 6기를 이기기 위해서는 a의 히드라 9.49기가 필요한데, a는 10기로 공격했으므로 a가 이긴다는 계산서가 나온다. 이를 더 알기 쉽게 풀어보기 위해 p에 다른 숫자들을 대입해보자.

- P가 3일 경우 2.24배의 병력이,
- P가 4일 경우 2.92배의 병력이,
- P가 7일 경우 정확히 5배의 병력이 필요하다.

- P가 10일 경우 7.10배가,
- P가 100일 경우 70.71배가,
- P가 1000일 경우 707.1배가,
- P가 10000일 경우 7071배의 병력이 필요하다.

이를 통해 수알못(수학을 알지 못하는 사람)인 나도 알 수 있는 것은 양 대 질의 중요성은 대략 10 대 7의 비율로 나타난다는 것이다. 즉, 일반 히드라보다 4배 강한 히드라를 잡는 데는 일반 히드라 4기가 아닌 3기면 충분하고, 10배로 센 히드라를 잡는 데는 8기면 충분하다는 것이다.

물론 이 공식은 란체스터의 법칙을 응용해 단순화한 모델로, 실제 '양 대 질'의 싸움에는 너무나 많은 변수가 작용하기 때문에 10 대 7 비율이 고정적인 것은 아니다. 내가 이 모델을 소개한 이유는 우리가 너무나 당연하다고 느낀 법칙과 셈법들이 게임, 나아가 현실에서는 전혀 예상치 못한 결과를 낳을 수 있음을 보여주기 위함이다.

〈스타〉로 보는 현대전의 두 가지 접근법

협객에도 정파와 사파가 있고 당구에도 정공법과 야매가 있듯이, 현대전에도 크게 두 가지 전략적 접근법이 있다. 하나는 '맞다이'류의 직접접근이고, 다른 하나는 '아웃복싱'류의 간접접근이다.

직접접근 전략은 물러설 수 없는 두 군대가 회전會戰을 벌여 전투의 승리가 전쟁의 승리로 직결되는 가장 일반적이고 고전적인 양상이라고 볼 수 있다. 6·25전쟁 당시 고지전과 헌터에서 벌어지는 밀고 밀리는 힘 싸움이 직접접근의 예시이다. 반면 간접접근 전략은 결전을 피하면서 상대의 약점을 우회 공격해 전쟁을 승리로 이끄는 양상이라고 볼 수 있다. 6·25전쟁 당시 인천상륙작전과 본진에 떨어지는 폭탄 드롭이 간접접근의 예시이다.

두 접근법을 명명하고 처음으로 구분한 이는 영국의 군사 사상가인 리델 하트 경이다. 그는 저서 『전략론』에서 고금에 이르는 열 여덟 개의 전쟁을 살펴본 후, 승리의 비결은 '간접접근 전략'에 있다고 주장했다. 적의 최소 예상선과 최소 저항선을 공략해야 한다는 것이 간접접근의 핵심이라고 할 수 있는데, 이는 『손자병법』에서 언급하는 '**공기무비**攻其無備'와 '**출기불의**出其不意'의 논리와 유사함을 알 수 있다(실제로 리델 하트는 『손자병법』 덕후로 알려져 있다).

공기무비
적이 준비되지 않은 곳을 공격하라.

출기불의
적이 예상하지 못한 곳으로 진출하라.

여기서 알 수 있듯이, 직접접근과 간접접근이라는 개념은 이미 오래전부터 존재해왔다. **손자**의 『손자병법』, 플라비우스 **베게티우스**Flavius Vegetius의 『군사학논고』, **클라우제비츠**의 『전쟁론』, 앙투안 앙리 **조미니**A. H. Jomini의 『전쟁술』 등 동서고금을 막론한 대표적인 전략사상에도 두 개념이 모두 나타나며 현대전장에서도 두 개념은 혼재되어 나타난다.

직접접근 전략은 클라우제비츠가 추구하는 절대적 승리를 목표로 한다. 통상 강자가 약자를 상대하는 방법으로 많이 쓰이며, 대전투나 결전에 집착하는 경향을 보인다. 반면 간접접근 전략은 효과의 달성이라는 상대적 승리를 목표로 한다. 통상 약자가 강자를 상대하기 위한 접근법이며, 최소비용으로 최대효과를 거두기 위한 효과중심작전 Effects-Based Operation과 적과의 결전을 회피하기 위한 기동전을 선호한다.

	직접접근 전략	간접접근 전략
전략 목표	절대적 승리(굴복/파괴)	상대적 승리 (효과달성)
전략 수단	물리적 파괴	심리적 충격
일반적 활용	강자가 약자를 대상으로	약자가 강자를 대상으로
주요 전쟁양상	섬멸전, 소모전	게릴라전, **마비전**
작전 형태	결전	효과중심작전
주요 사상가	클라우제비츠, 마한 등	조미니, 하트 등

현대전의 추세는 간접접근임을 부정할 수 없다. 냉전 이후 지속된 미국의 단극적 패권 질서로 인해 어느 누구도 감히 미국 또는 미국의 동맹을 상대로 직접접근 전략을 시도할 수 없게 되었고, 전쟁 양상은 점차 일방화, 소규모화, 비대칭화되었기 때문이다. 인권과 윤리관의 발달로 더 이상 섬멸전이나 무차별 폭격 등의 직접접근 방식을 쓸 수 없게 되었다는 이유도 있었다.

간접접근 전략이 대세로 인정받으면서 전력 구성도 기동전에 적합한 형태로 바뀌기 시작했다. 가장 두드러진 특징은 보병의 기계화이다. 어감상 사이보그를 떠올리게 하는 기계화 보병(기보) 부대는, 사실 장갑차로 이동하고 내려서 전투하는 보병일 뿐이다. 중세 말엽에 등장한 **용기병**dragoon처럼 말이다. 기보 부대

마비전
적의 군사력이 아닌 지휘체계를 파괴하여 전투력 발휘를 불가능하게 하는 전쟁 방식.

용기병
16세기 프랑스에서 등장한 총기병의 일종으로, 이동 시에는 말을 타고, 전투 시에는 말에서 내리는 것이 특징이다.

는 장갑차를 이용해 기동성과 생존성을 높이고, 전차, 자주포 등 기타 기계화 전력과 보조를 맞추며 화력 지원도 받을 수 있기에 일반 '알보병' 부대보다 훨씬 강한 전투력을 발휘한다(보통 전투시뮬레이션을 실시할 때 일반 보병부대 전투력의 세 배 값을 설정한다). 하지만 일반 보병부대보다 비싸고, 지형의 영향을 많이 받으며, 유류(가스)가 많이 든다는 단점이 있다. 벌처, 탱크와 머린이 함께 다니는 바카닉(바이오닉+메카닉) 병력 구성의 장단점과 똑같다고 보면 된다.

최근에는 간접접근 전략이 한 단계 더 진화하여 전력 구성뿐만 아니라 부대 전술까지 바뀌고 있다. 그 결과 **분산작전**Distributed Operations, **스워밍전술**Swarming Tactics처럼 비선형적non-linear인 소부대 전술이 대세로 떠오르고 있다. 평상시에 소부대별로 임무를 수행하다가 공격 목표가 정해지면 사방에서 포위해 섬멸한 후 다시 산개하는 전투 방식이다. 마치 여기저기서 난전을 펼치던 머린-메딕 부대가 갑자기 뭉쳐서 적 멀티 한 곳을 깬 후 바람처럼 흩어지는 모습을 연상시킨다. 전장의 민주화라고도 할 수 있겠다.

앙드레 **보프르**André Baufre는 하트보다 한발 더 나아가 군사전략military strategy 수준이 아닌 **대전략**grand strategy 수준에서도 간접접근이 필요하다고 역설했다. 그는 하트의 간접접근 전략도 결국 군사전략의 일부임을 강조하며, 전쟁에서 궁극적으로 이기기 위해서는 군사력 외에 정치, 외교, 경제, 심리를 포함한 제 분야의 노력이 필요하다고 주장했다. 그는 군사적 노력

분산작전

미국 해병대의 전투수행개념(warfighting concept) 가운데 하나이다.

스워밍전술

갑자기 떼거지(swarm)로 나타나 공격한다는 의미에서 붙은 이름이다.

대전략

국가 목표의 달성, 특히 전쟁의 정치적 목표를 달성하기 위해 국가의 전 자원 또는 국가군의 전 자원을 조정하고 통제해서 가장 효과적으로 사용하는 방법.

을 중시하는 접근법은 '직접전략', 그 외의 노력을 중시하는 접근법은 '간접전략'으로 구분해 하트의 '간접접근 전략'과 차별화했다. 보프르의 구분법은 냉전기 핵억지력 모델 완성에 큰 영향을 미쳤고, 현재는 DIME Diplomatic-Informational-Military-Economic 조치라는 이름으로 여전히 영향을 미치고 있다.

DIME

외교-정보-군사-경제의 두문자어로, 통상 직접적인 군사적 작전 외의 모든 접근법을 뜻한다. 트럼프가 보여준 대북 압박 전략이 DIME 조치의 전형이다.

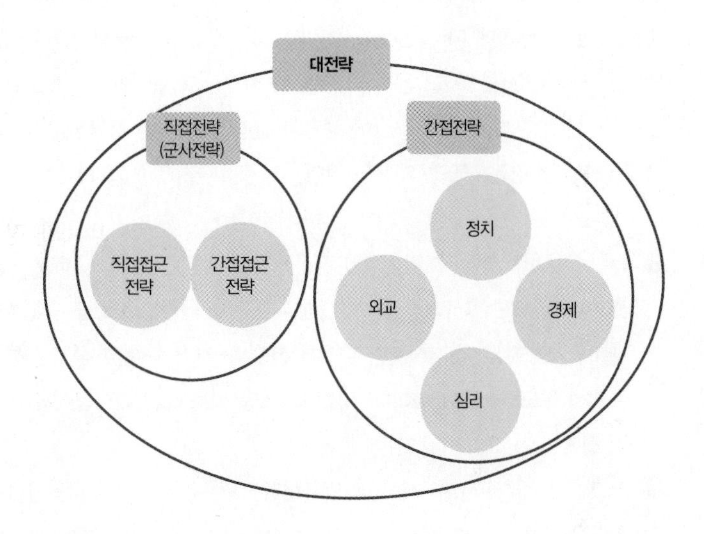

FOOD FOR THOUGHT 세 개의 종족, 여섯 개의 종족전

〈스타〉 일대일 경기는 총 여섯 가지 종족전이 가능하다. 테저전, 저프전, 프테전의 이異족전과 저저전, 프프전, 테테전의 동同족전이 그것이다. 이족전의 경우, 종족에 따라 상성이 갈린다. 테저전에서는 '테란 공격 - 저그 방어', 저프전에서는 '저그 공격 - 프로토스 방어', 프테전에서는 '프로토스 공격 - 테란 방어'의 형태로 초중반 경기가 흘러간다. 예를 들어 테란 대 저그의 정석적인 경기 구도는 다음과 같다.

❶ **테란 :** 앞마당 확장 후 기습적인 저글링 러쉬에 대한 방어 → 충분한 머린 메딕을 모은 후 1차 진출 → 압박과 동시에 뮤탈리스크 급습에 대한 대비 → 탱크 및 베슬을 갖춘 후 2차 진출 → 추가 확장 후 공격을 통한 소모전 유도 → 잔여 바이오닉 병력과 드랍십을 통한 파상공세와 메카닉 전환 → …

❷ **저그 :** 앞마당 확장 후 레어 테크로 전환 → 병력과 성큰을 활용한 1차 방어 후 뮤탈리스크 견제 → 추가 확장(3가스)과 러커를 통한 2차 수비 → 하이브 테크로 전환 후 디파일러를 활용한 수비 → 추가 확장(4가스 확보) 후 울트라리스크를 앞세워 진출 → …

한눈에 봐도 테란은 공격 타이밍이 많고, 저그는 방어 타이밍이 많음을 알 수 있다. 공격에 실패한다고 해서 경기가 바로 끝나진 않지만, 수비는 한 번이라도 실패하면 경기가 9할 이상 기운다고 봐도 무방하다. 또 테란의 경우 컴샛으로 저그의 동향을 살피며 플레이할 수 있는 반면, 저그는 스파이어가 완성되기 전까지는 감에 의존할 수밖에 없다는 난제도 안고 있다. 따라서 저그는 테란의 투 스타 레이스 같은 변칙적인 전략에 당할 공산도 있다. 이미 이겨놓고 싸우는 전략적인 움직임 앞에서는 프로게이머라도 손쓸 도리가 없다. 이는 테란이 저그를 상대로 선수를 잡고 들어감을 의미하며, 테란이 저그에게 상성상 우위에 있음을 의미한다.

결국 종족 간 상성이라는 개념은 어느 한쪽이 절대적으로 유리하다는 것이 아니라, 방어에 힘을 쏟아야 할 타이밍이 적고, 공격을 위한 경우의 수가 많은 종족이 '대체로' 유리하다는 확률의 개념으로 봐야 한다. 상성상 불리한 종족으로 플레이하더라도 방어할 때는 물샐틈없이 막고, 공격할 때는 그 종족에게 주어진 찰나의 타이밍을 꿰뚫으면 충분히 이길 수 있다는 이야기이다. 그렇기에 진정한 고수들은 종족의 상성에 상관없이 10연승 이상 달성하기도 하고, 상성상 열세에 있는 종족에게 오히려 강한 역상성형 프로게이머도 존재할 수 있는 것이다.

이렇듯 이족전의 경우 분명히 종족 간 상성이 존재하기 마련이지만, 동족전의 경우에는 그럴 수가 없다. 그 대신 같은 종족끼리의 싸움이다 보니 그 종족의 특성이 더욱 두드러지게 나타나는데, 동족전 평균 경기 시간을 보면 알 수 있다.

❶ **저저전 :** 공격적이고 기동성이 좋은 저그 간 경기는 세 가지 동족전 중 가장 빨리 끝난다. 대개 공격유닛이라고는 저글링과 뮤탈리스크만이 등장하고, 한순간에 승패가 판가름 나기 쉬우므로 빌드오더와 컨트롤 능력이 그 어느 종족전보다도 중요하다. 극히 예외적인 경기가 아닌 이상, 경기 시간이 10분을 넘기지 않는다.

❷ **프프전 :** 견제와 유닛 조합 능력이 뛰어난 프로토스끼리의 경기는 조합을 갖추기 전에는 잘 끝나지 않지만, 한 번의 병력 싸움으로 승패가 갈리는 것은 저저전과 비슷하다. 보통 다크템플러나 리버를 통한 견제로 득점을 쌓는 방향으로 진행되나, 일단 제대로 된 조합이 갖춰지면 시원하고 크게 싸운다. 대규모 병력끼리의 백병전이다 보니, 업그레이드와 조합의 중요성이 특히 부각된다. 대체로 10분~20분 사이에 경기가 끝난다.

❸ **테테전 :** 수비와 운영에 초점을 두는 테테전의 경우 지독한 장기전의 양상을 띤다. 양측이 탱크와 터렛을 배치해 지도 전체를 분할하는, 이른바 '땅따먹기' 게임이 되는 경우가 많으므로, 어느 한쪽이 섣불리 공격을 감행하기 어렵다. 자연히 경기는 자원과 인구수 확보에 용이하게 전개되어 최상위 테크 유닛인 배틀크루저도 자주 등장한다. 대부분의 경기가 20분 이상 걸리며, 여섯 가지 종족전 중 무승부가 나올 확률도 가장 높다.

〈스타〉로 보는 군대

이 책은 원래 2012년 초, 정확히 말하자면 내가 군입대하기 직전에 이미 완성했다. 원래는 입대 전에 출판을 계획했으나, 사회에서의 마지막 유희를 즐기느라 시간이 부족해 불발되었다. 쉽게 말해, 노느라 못 냈다.

하지만 지금 와서 보니 그때 세상모르고 열심히 놀았던 내 자신에게 너무나도 고맙다. 비록 40개월이라는 짧은 시간이었지만, 군생활을 경험하고 군사이론을 숙달하면서 너무나 많은 것을 배웠기 때문이다. 만약 입대 전에 책이 나왔으면 지금쯤 부끄러움에 이불킥을 날리고 있었을 것이다.

민간인일 때 접한 〈스타〉와 군인으로서 접한 〈스타〉에는 하늘과 땅만큼의 차이가 있었다. 지금 이 시간에도 국방의 의무를 다하는 우리나라 모든 군인을 기억하며, 현대 군대가 〈스타〉와 어떻게 닮아 있는지를 살펴보겠다.

전투참모기능

자세히 들여다보면 〈스타〉의 인터페이스에서 현대 군대의 요소를 모두 발견할 수 있다. 통상 현대 군의 참모 기능은 ①인사·②정보·③작전·④군수·⑤계획·⑥지휘통신으로 구분된다(이 외에도 공병·화력·법무·군종·기무 등의 참모기능도 존재한다). 한미연합사의 경우 부대의 성격에 따라 G^Ground^(지상군)·A^Air^(공군)·N^Naval^(해군)·S^Special^(특수군)·C^Combined^(연합군)·J^Joint^(합동군)로 구분하고 여기에 참모기능을 번호로 표기한 체계를 사용한다. 예를 들어 공군작전사령부의 작전참모처는 A-3로, 연합사 군수참모부는 C-4로 표현하는 식이다. 각 기능은 전장에서 승리를 달성하기 위해 서로 유기적으로 협력하고 소통한다.

〈스타〉로 돌아가보자. 경기가 시작되어 종료될 때까지 화면에는 다양한 정보가 표시된다.

❶ 먼저 하단 중앙에는 병력의 종류와 상태를 나타내는 창이 보인다. '①인사'의 기능을 나타낸다.

❷ 좌측 하단에는 미니맵, 즉 전장의 약도가 표시되며 교전 시 자동으로 경고음이 울린다. TAB 키를 누르면 아군은 녹색, 우군은 황색, 적군은 적색으로 표시된다. '②정보'의 기능을 나타낸다.

❸ 가장 큰 면적을 차지하는 중앙화면은 이 모든 지휘 기능들이 실시간으로 가시화되는 전장으로, '③작전'의 기능을 나타낸다.

❹ 우측 상단에는 보유 중인 미네랄·가스·인구가 표시된다. '④군수'의 기능을 나타낸다.

❺ 우측 하단에는 병력이나 부대가 수행할 수 있는 행동(이동·중지·공격·순찰·정지·특수기술)과 생산할 수 있는 건물 및 유닛이 표시된다. '⑤계획'의 기능을 나타낸다.

❻ 경기 중에 Enter 키를 누르면 채팅창을 통해 다른 플레이어들과 대화를 나눌 수 있으며, 좌측 하단 미니맵 바로 위의 동맹 및 대화 버튼을 눌러 대화 상대를 설정할 수 있다. '⑥지휘통신'의 기능을 나타낸다.

이렇듯 〈스타〉의 게임플레이 화면만 봐도 기본 전투참모기능을 이해할 수 있다. 아직 미필인 독자가 있다면, 입대 후 아는 체를 해보자.

지휘통제와 교리

실질적인 작전과 전술을 펼치는 데 있어 가장 중요한 것은 지휘통제

(C2) 체계이다. 여기서 지휘Command는 지휘관이 계획 및 결심한 지시를 하달하는 행위를 뜻하며, 통제Control는 지시의 이행을 감시하고 교정하는 행위를 뜻한다. 확고한 지휘통제체계는 전력의 일사불란한 운용을 위해 필수적이며, 현대전에서는 이를 지원하기 위해 활용되는 통신Communication, 컴퓨터Computer, 정보Intelligence 체계까지 합쳐서 C4I체계라고 부른다.

C4I의 본격적인 등장은 걸프전으로 거슬러 올라간다. 당시 미국은 베트남 철수 이후 시작된 국방비의 급감과 유럽에서의 대對소련 전력 열세라는 이중고를 겪고 있었다. 이러한 상황을 타개하기 위해 미국은 기술적 우세를 통해 양적 열세를 극복하는 '제2차 상쇄전략Second Offset Strategy'을 추진했고(제1차 상쇄전략은 미국의 대소련 핵우위 활용 전략), 그 결과로 정보·감시·정찰Intelligence, Surveillance, Reconnaissance, ISR, 정밀타격체계PGM: Precision Guided Munitions, PGM, 스텔스Stealth, 위성통신Satellite Communication, SatCom, 전장관리체계 등 기술 분야에서 비약적인 발전이 이루어졌다.

지휘통제체계는 군사력을 발휘하는 데 있어서 전력 자체만큼이나 중요하다. 군의 물리적인 전력을 하드웨어로 본다면, 전력을 효과적으로 운용하는 데 필요한 C4I체계 등 무형의 전력은 소프트웨어로 볼 수 있다. 플레이어가 실제로 보유한 병력을 하드웨어라고 한다면, 병력의 활용에 소요되는 플레이어의 컨트롤 능력은 소프트웨어라고 할 수 있다. 정보를 습득하고 계획을 세우며, 결심을 내려 지시를 하달하고 명령을 수행하는 과정이 얼마나 신속하고 정확하게 이루어지냐에 따라 전력이 실제로 발휘할 수 있는 전투력이 결정되는 것이다.

지휘통제체계만큼이나 중요한 소프트웨어가 또 있다. 바로 '교리doctrine'이다. 군사전략에서 말하는 교리는 '일련의 작전적 행동에 대해 이미 계획되고 명문화된 수칙'이다. 쉬운 말로 '미리 정해놓은 방침' 정도가 되겠다. 넓게는 국가의 전략적인 판단을 명시하는 교리부터(예를 들어 **먼로독트린**), 좁게는 적 도발 시 교전수칙Rules of Engagement, ROE까지 수많은 교리가 존재한다.

먼로독트린
1823년 미국의 제임스 먼로(James Monroe) 대통령이 천명한 미국 외교정책의 원칙에 대한 선언으로, 미국-유럽 간 비간섭주의를 골자로 한다.

교리가 중요한 이유는 지휘통제체계가 와해되어 지시가 하달되지 않을 경우 자동대응 지침을 제공하는 매뉴얼로 작동하기 때문이다. 지휘통제체계가 사고를 담당하는 뇌와 중추신경이라면, 교리는 무조건반사를 담당하는 척수라고 볼 수 있다. 〈스타〉에서는 기본 인공지능에 몇 가지 교리가 입력되어 있다. 적에게 피격당할 경우 피격 사실을 플레이어에게 알리고 자동으로 응전하도록 프로그래밍된 부분도 그중 하나이다. 다행히 적의 명백한 선제공격에 아군이 응전하지 못하도록 하는 멍청한 교리 따위는 없다. 그렇기 때문에 플레이어는 모든 유닛에게 매 순간 일일이 명령을 내리지 않아도 된다. 〈스타〉는 플레이어의 지휘통제와 컴퓨터의 교리라는 조합으로 실행되는 게임인 셈이다.

군정과 군령: 군 통수권자가 누구인가?

군대의 지휘구조는 크게 군정軍政과 군령軍令으로 나눌 수 있다(여기서 '군정'은 'Military Administration', 즉 군의 행정을 의미하며, 군이 임시로 나라를 다스리는 'Military Government'와는 다른 개념이다). 군정권은 군대의 인사·군수·예산 등 양병養兵과 관련되는 군사행정명령권한으로, 현재 국군의 지휘구조상 대통령과 국방장관을 거쳐 각 군 참모총장에게 주어진다. 군령권은 부대의 작전·정보 등 용병用兵과 관련되는 실제 작전명령권한으로, 현재 국군의 지휘구조상 대통령과 국방장관을 거쳐 합참의장이 각 군 야전군사령관 및 작전사령관에게 하달한다.

생산과 컨트롤

한 명은 자원 채취, 확장, 병력 생산 등을 전담하고, 다른 한 명은 병력의 활용과 전투를 전담하는 경기 방식이다.

많은 독자가 친구와 편먹고 2 대 2로 '**생산과 컨트롤**(생컨)' 또는 '군사 줄게, 넌 싸워'라는 유즈맵을 해 본 적이 있을 것이다. 쉽게 생각하면 병력을 생산하는 플레이어가 군정권을, 생산된 병력으로 실제 전투를 컨트롤하는 플레이어가 군령권을 행사한다고 볼 수 있다. 이 외의 일반적인 경기는 한 명의 플레이어가 군정과 군령을 모두 행사한다고 볼 수 있다.

'생컨'처럼 군정권과 군령권이 각각 행정부 수반(생산)과 군 통수권자(컨트롤)에게 주어지는 체제는 '병정분리주의', 일반 경기처럼 군정권과 군령권 모두 행정부 수반에게 주어지는 체제는 '병정통합주의'라고 한다. 북한을 비롯한 사회주의국가와 일제, 프로이센 등의 제국주의 국가는 병정분리주의를 채택했고, 대한민국을 비롯한 민주주의 국가 대부분은 병정통합주의를 채택하고 있다(한국은 합참의장이 전시·평시 군령권을 모두 갖는 통제형 합동군제, 미국은 합참의장이 군령권 없이 대통령과 국방부장관을 자문하고 보좌하는 자문형 합동군제를 택한다).

병정분리주의 시스템하에서 군 통수권자는 용병, 행정부 수반은 양병에 집중해 효율성을 높일 수 있다는 장점이 있지만, 행정부에 대한 군대의 지배가 가능하기 때문에 군국주의로 흐를 위험이 있다는 단점이 있다. 반대로 병정통합주의 시스템하에서는 행정부 수반이 군 통수권자를 겸임하기 때문에 **문민통제**가 가능하고 대전략의 일관성을 유지할 수 있으나, 결정 과정에서 행정부 내의 여러 제도적 장치(국무회의, 의회 동의 등)를 거쳐야 하기 때문에 용병의 신속성과 효율성은 다소 저하된다는 단점이 있다.

문민통제
문민에 의해서 군대가 통제·운영되어야 한다는 원리.

	병정분리주의	병정통합주의
군 통수권자	당 군사위원회 위원장	행정부 수반(국가원수)
문무 관계	문<무	문>무
국군의 성격	당의 군대	국민의 군대
장점	군의 효율성	전략과 대전략의 일관성
단점	군 통수권자의 독단적 결정 (쿠데타, 독재) 가능	용병의 신속성 및 효율성 저하
주요 국가	사회주의, 제국주의, 군국주의 국가	자유민주주의 국가

군정과 군령의 관계는 국가의 정치적인 요소에도 많은 영향을 받기 때문에, 병정통합과 병정분리 중 어느 것이 낫다고 말할 수 없다. 이는 역사를 통해서도 알 수 있다. 초楚와 한漢이 대립하던 당시 한 고조 **유방**劉邦은 군령권은 한신韓信에게, 군정권은 소하蕭何에게 위임했다. **항우**項羽는 혼자서 40만 정병에 대한 군정권과 군령권을 모두 지녔으나, 예하 제후들의 배신으로 물자의 보급과 병력의 충원이 어려워지자 결국 패배했다. 병정통합의 패배였다.

약 2,000년 후, 제국주의 일본은 내각의 육·해군 대신이 군정을, 일

왕이 참모총장의 보좌를 받아 군령을 행사하는 병정분리주의를 택했다. 하지만 확실한 통제 체계가 수립되지 않은 상태에서 실시된 군정과 군령의 미숙한 분리는 이후 군국주의의 가속화, 육·해군 간의 불협화음, 정략과 전략의 불일치로 이어져 2차 대전 패망의 원인으로 작용한다. 병정분리의 패배였다.

이렇듯 군정-군령의 관계는 시대와 상황에 따라 그 유불리가 달라질 수 있다. 현재 한국군 내에서도 군정과 군령을 비롯해 지휘구조 개편에 대해 다양한 담론이 오가는 것으로 알고 있다. 하지만 지휘구조보다 중요한 것은 확고한 문민통제와 올바른 군인정신의 확립이라 하겠다. 앞서 앙드레 보프르가 '간접전략'을 통해 제시했고, **새뮤얼 헌팅턴**Samuel Huntington 교수가 저서 『**군인과 국가**』에서 설파했듯이, 군대는 국가 전략이라는 큰 틀 내에서 움직여야 하며, 군인의 최종 목표는 전쟁의 승리여야 한다. 이는 상당한 능력과 직업윤리에 입각한 전문적인 '폭력의 관리management of violence'를 통해서만 가능하다. 〈스타〉를 한 판 할 때도 마찬가지이다. 병력이 제멋대로 날뛰지 않도록 확실히 통제하고(플레이어에 의한 문민통제), 군사력을 대전략에 맞게끔 활용해 전투의 승리라는 최종 목표를 달성해야 한다. 이를 위해 플레이어의 전문성이 필수적임은 말할 필요도 없다.

군종과 상부 지휘구조: 3군병립, 합동군, 통합군

병정분리와 병정통합이 군 통수권자와 행정부 수반 간의 군정-군령 관계에 따른 구분이라면, 3군병립, 합동군, 통합군은 군종 간의 관계에 따른 구분이라고 볼 수 있다.

3군병립제는 육해공군이 독자적인 군정 및 군령 체제를 유지하는 형태이다. 각 군 참모총장이 군정권과 군령권을 모두 갖고 있기 때문에, 군종별 전통 및 전문성을 제고하는 데 적합하나, 지휘구조의 일원화 측면에서는 취약하다. 탱크와 레이스를 따로 부대지정하면 손은 많이 가지만 레이스는 기동전을, 탱크는 화력전을 펼치기 쉬워지듯이 말이다. 현재 일본과 독일 등이 채택하고 있다.

합동군제는 육해공군 참모총장이 군정권을 갖고, 합참의장이 작전부대에 대한 군령권을 갖는 형태이다. 지휘의 일원화를 어느 정도 보장하면서도 군종별 전문성을 유지할 수 있다. 현재 한국과 미국 등이 채택하고 있다.

통합군제는 한 명의 통합군사령관에게 육해공군의 군정과 군령이 모두 주어지는 형태이다. 지휘구조의 단순화로 효율성을 제고할 수 있으나, 육해공군 본부와 총장은 없기 때문에 군종별 전문성이 저하된다는 단점이 있다. 탱크와 레이스를 함께 부대지정하면 관리하기는 편해도 전투 시 레이스의 기동성과 탱크의 화력을 모두 살리기 어렵듯이 말이다. 현재 중국과 북한 등이 채택하고 있다.

이 외에도 군령을 행사하는 주체에 따라 육해공군 장교들로 구성된 합동참모joint staff가 지휘하는 합참의장제와, 육해공군을 초월한 군사적 천재인 총참모general staff가 지휘하는 총참모장제로 나눌 수 있다. 〈스타〉 게이머는 지상유닛과 공중유닛 할 것 없이 오로지 경기의 승리만을 위해 전투를 지휘한다는 점에서 합참의장보다는 총참모장을 닮았다.

군정이니 군령이니, 합동군이니 통합군이니 하는 머리 아픈 이야기는 여기까지만 하겠다. 중요한 점은 국가마다 정치와 안보 상황이 다르기 때문에 어떤 나라가 어떤 지휘구조를 갖는지를 자 대고 선 긋듯이 정의하기 어렵다는 것이다. 가령 미국은 국가적 수준에서는 합동군제를 채택하고 있으나, 워낙 관리해야 되는 지역이 많기 때문에 **전구**theater 별로 육·해·공·해병 구성군으로 이루어진 통합군사령부를 운용한다.

전구
독자적으로 맡아서 전투를 수행하는 구역. 예를 들어 한국은 한반도작전전구(Korea Theater of Operations, KTO)에 속한다.

우리 국군도 현재 상부 지휘구조 개편을 위한 노력을 진행 중이다. 군종별 이기주의와 진급 만능주의를 버리지 않는 한 쉽지 않을 것이다. 지휘의 일원화와 군종별 특성을 함께 잘 살릴 수 있는 지휘구조의 귀재, 군사적 천재가 나타나길 기대해본다.

징병제와 모병제: 양 VS 질

작년에 모 국회의원이 국군을 징병제에서 모병제로 바꿔야 한다고 주장했다. 인구감소 추세에 맞춰 소수정예로 가자는 것이다. 주장의 복잡한 정치적 함의를 떠나서 일리가 없다고 보지는 않는다. 전 세계의 군대, 심지어 테러리스트 세력까지도 병력·노동집약형 군대에서 기술·정보집약형 군대로 탈바꿈하고 있으며 한국도 인구문제로 인해 언젠가는 전력구조 개편을 피할 수는 없을 것이다. 군의 정예화 및 간부화는 21세기의 필수과제이다.

하지만 지금이 과연 모병제로 전환하기에 좋은 시기인지는 장고해볼 필요가 있다. 북한은 120만에 이르는 정규군과 700만이 넘는 예비군을 보유하고 있으며, 기본 복무기간도 10년으로 한국보다 5배 이상 길다. 무엇보다 한반도 주변에는 중국, 러시아, 일본이라는 강대국들이 세를 과시하고 있다. 이런 상황에서 한국이 일방적인 병력 감축에 성공하려면 같은 임무를 더 적은 병력으로 수행해야 하며, 그러기 위해서는 무기체계라는 하드웨어와 무형 전력이라는 소프트웨어가 병진 발전해야 함이 당연하다. 문제는 '양의 감소'와는 달리 '질의 향상'은 계측이 어렵다는 점과, '양의 감소'는 즉각적인 데 반해 '질의 향상'은 상당한 시간을 소요한다는 데 있다.

저글링 200마리를 상대로 테란이 머린 100기를 보유하고 있다면, 저그는 쉽사리 공격할 생각을 갖지 못한다. 하지만 테란이 업그레이드와 테크 확보에 치중하면서 머린을 50기로 줄인다면? 저그 입장에서는 장기전보다는 단기전의 승산이 높다고 판단하고 공격을 감행할 것이다. 그만큼 '쪽수'에 내재된 억제 효과는 무시할 수 없는 것이다.

기술·정보집약형 군대의 첨단을 달리는 미 해군도 최근 '양 대 질' 문제에 봉착했다. 줌왈트급 구축함(DDG-1000)의 목표 건조 계획을 서른 두 척에서 세 척으로 대폭 축소하는 등 해상전력의 질을 담보로

양을 희생하게 되자, 각 함정의 전투수행 능력은 크게 신장되었으나 미 해군의 전체적인 작전 가능 범위는 줄어들었기 때문이다. 특히 물리적 국경이 모호한 바다의 경우 함정의 존재presence 그 자체가 해양력의 범위를 결정하는데, 함대의 수적 규모가 감소하다 보니 통제할 수 있는 해역의 넓이도 따라 감소한 것이다. 이러한 문제점을 최소화하고자 항모함대carrier fleet를 해체해서 구축함급의 소규모 함대를 넓은 수역에 분산 배치하는 공세적 분산distributed lethality작전 등을 고안했지만, 냉전 이후 미국이 독점적으로 누렸던 제해권은 이미 전구적 해양통제theater sea control 수준으로 약화되었다는 의견이 많다. 남중국해에서 중국이 보이는 강경한 태도가 이를 방증한다.

한 번 공중 우세를 장악한 프로토스가 캐리어와 업그레이드에 투자하는 사이, 전체적인 공중유닛의 수가 감소해 맵 전체에 대한 장악력이 오히려 떨어지게 된 상황과 같다. 공중 장악력을 재확보하고자 캐리어를 호위하던 스카웃과 커세어를 떼어내 전방에 분산 배치해보지만, 이미 저그는 자신의 앞마당에서만큼은 승리를 자신하고 있는 상황이다.

아무리 기술이 발달해도 '쪽수'로밖에는 해결이 안 되는 문제들이 있다. 병력 중심에서 테크 중심으로 갈아타기 이전에 이러한 문제들에 얼마나 대비가 되어 있는지 명확하게 확인할 필요가 있다.

지금까지는 〈스타〉를 통해 가장 기초가 되는 군사학 및 병법의 이론을 살펴보았다. 이어지는 부분에서는 지상전, 특수전, 해양전, 항공전, 그리고 미래전에 대해 자세히 들여다보기로 한다.

<스타>로 보는 지상전

인간은 육상동물이다. 아가미가 없어서 물속에서 살지 못하고, 날개가 없어서 하늘을 날지 못한다. 육상동물이기에 땅에서 터전을 일구고, 사회를 구성하며, 국가를 세운다. 육상동물이기에 땅에서 가장 많은 전쟁이 발발했고, 땅에서 가장 많은 사람이 죽었다. 바다와 하늘, 배와 비행기가 아무리 중요해져도, 결국 인간에게 가장 중요한 전장은 우리가 살아가는 이 땅인 셈이다.

가장 오래된 전장이자 영토의 침공과 수호가 이뤄지는 지상에서의 전략을 여러 전투 형태를 통해 분석해보자.

수성전 VS 공성전

매우 어렸을 적부터 나를 군사학과 전략의 세계로 인도한 교본은 『삼국지』였다. 영미권에서 태어나고 자란 나에게 『삼국지』는 동양의 정신세계를 가르쳐준 교범인 동시에, 전략의 신묘함을 전해준 바이블이었다. 문무와 필검의 싸움을 보고 있노라면 전략의 중요성을 새삼 깨달을 수 있었다. 하지만 삼국지를 읽는 내내 이해가 안 되는 부분이 하나 있었다. 왜 대부분의 전투에서 방어하는 쪽이 맹진하는 적을 맞아 성 밖에 진지를 치는 것인가? 분명 적의 공격을 막기에는 성안에 틀어박혀 깊은 해자와 높은 성벽에 기대 싸우는 편이 효율적일 텐데, 굳이 성 밖에 진을 치고 적과 같은 눈높이에서 싸우는 이유가 무엇인지 알 수 없었다. 여기서 내가 간과한 부분은 크게 세 가지이다.

첫째, 지형적으로는 높은 성벽 뒤에 숨어 방어를 하는 편이 유리할지 몰라도, 성이라는 공간적인 특성상 협소한 곳에 틀어박히면 포위당할 염려가 크다. 일단 포위를 당하고 나면, 전술적 우위가 상쇄될 정도로 외부와 단절된다.

둘째, 일단 포위되면 머지않아 자원 부족 현상에 허덕일 가능성이 농후하다. 적군은 성 밖에서 약탈을 하거나 **둔전**을 설치해 지구전에 대비할 수 있지만, 아군은 성 내부의 자원만으로 연명해야 하기 때문이다.

셋째, 성 안에 틀어박히면 사기가 저하돼 소위 '멘탈 붕괴'를 겪게 된다. 자연히 포위되었다는 고립감과 절박함을 견디지 못해 성을 버리고 투항하는 장졸들이 생긴다.

둔전
변경 지역이나 군사 요충지에 주둔한 군대의 경비를 마련하기 위해 경작하는 토지.

이러한 단점들을 고려하면, 전술적 이득을 얻으려 무작정 성에 틀어박히는 행위는 전략적으로는 대단히 위험하다는 것을 알 수 있다. 읍참마속泣斬馬謖의 고사가 생긴 원인도 따지고 보면 마속이 제갈량의 지시를 무시하고 높은 산중에 진을 침으로써 스스로를 고립시켰기 때문이 아니던가?

수성만 고집하다가 자원이 떨어진 테란.

경기 도중에도 이러한 경우가 심심찮게 발생한다. 적이 진격하는 것을 보고 본진에 틀어박혀 수비에만 신경 쓰다 보니, 정작 상대는 공격을 멈추고 나의 본진을 겹겹이 에워싸는 형상이다. 이런 경우 외부로 통하는 모든 통로가 차단되고 설사 포위를 뚫는다 해도 심각한 손실을 감수해야만 한다. 또 본진의 자원이 고갈되면 어쩔 수 없이 마우스를 내려놓고 GG를 치게 된다.

수성전이 바람직한 상황은 세 가지이다. 첫째는 상대가 반드시 공성을 감행할 것이라는 확신이 있는 경우이다. 가령 적국이 모든 국력을 군수물자 생산에 쏟고 병력을 징집하는 것은 침략을 알리는 신호이기 때문에 수성에 들어가는 것이 낫다. 만약 상대가 4드론 저글링 러쉬를 준비한다는 정보를 입수하면 무조건 본진에 방어 타워를 건설하고 수성전을 준비하는 것이 맞다. 국력 신장을 포기하고 군사력 증강에 전념하는 나라가 그 군사력을 통해 게임을 끝내지 못할 경우 상당히 난감해진다는 것은 북한을 보면 알 수 있다.

둘째는 적군이 지구전을 펼칠 수 없는 경우이다. 지원군이 곧 도착하거나 적군의 보급로에 문제가 발생해서 전선에 오래 머무를 수 없는 경우이다. 임진왜란 당시 이순신 장군의 활약과 도요토미 히데요시豐臣秀吉의 죽음으로 일본군이 곧 철수할 것을 알았기에 의병과 관군은 마음 놓고 농성에 들어갈 수 있었다. 마찬가지로 미리 빼돌린 셔틀-리버로 적의 본진을 급습해 타격을 준다면, 상대는 이를 막기 위해 포위를 풀고 회군할 것이니 굳이 나가 싸울 필요가 없다.

셋째는 적군의 방심을 틈타 포위망을 뚫고 승리를 얻을 가능성이 있는 경우이다. 춘추전국시대 **전단**田單의 화우지계火牛之計가 대표적 성공 사례이다. 일단 성 안에 들어가 수세적인 자세를 취해 포위한 상대를 방심하게 만든 뒤, 일거에 들고 쳐서 전황을 뒤바꿔놓는 공격적인 기만전술을 쓰는 것이다. 본진 앞까지 조이기를 들어온 테란을 상대로 프로토스가 발업 질럿 및 셔틀을 활용해 한 번에 포위를 뚫고 나아가 상대의 본진까지 타격을 입히는 것도 이와 같은 경우이다.

하지만 이 세 가지 경우 모두 내가 아닌 적군에 승패가 달렸다는 한계가 있다. 상대가 공성을 감행하지 않거나, 지구전을 펼치지 못할 이유가 없거나, 방심하지 않으면 수성전을 고집하는 것은 악수가 될 확률이 높다. 결론적으로 수성은 상대가 공성을 해올 경우에만 전술적인 이득을 볼 수 있는 특수한 작전 구조이다. 따라서 공성해 오는 상대의 상황에 대한 정보를 미리 수집하고 이에 알맞은 능동적인 대처를 하는 것이 수성의 묘라 하겠다.

반대로 공성전을 준비하는 쪽에서는 공성에 따른 비효율적 전투를 감안해야 한다. 동서고금을 막론하고 방어하는 쪽이 공격하는 쪽보다 유리하다는 데에는 크게 이견이 없어 보인다. 『손자병법』 제3

편 '모공'에서는 "벌모伐謨 벌교伐交 벌병伐兵 공성攻城"이라는 문구가 나오는데, 이는 적의 모략을 깨뜨리는 것이 최상책이요, 외교를 끊는 것은 차상책, 적의 병력과 직접 싸우는 것은 하책, 적의 성을 공략하는 것은 최하책이라는 설명이다. 클라우제비츠는 『전쟁론』에서 공격의 약점에 대해 중요한 맥을 짚는다.

> 갑은 을을 공격하기에는 너무 약하다고 느낄 수 있지만, 여기에서 을이 갑을 공격할 만큼 강하다는 결론이 나오는 건 아니다. 방어가 주는 강력한 힘은 공격을 하면 잃게 될 뿐 아니라, 적에게 넘겨줄 수도 있다. 비유해서 말하면 (본래의 힘을 A, 방어할 때 추가되는 힘을 B라 할 때) A+B와 A-B의 차는 2B가 되는 것과 같다. 따라서 양쪽은 공격을 하는 데 너무 약하다고 느낄 뿐만 아니라 그것이 사실이 되는 경우도 생길 수 있다.

쉽게 말하면 공성하는 쪽은 방어를 했을 때 얻을 수 있는 이점을 포기하는 반면, 수성하는 쪽은 이를 온전히 갖기 때문에 체감상으로는 공격자가 곱절로 불리할 수밖에 없다는 얘기이다. 농구에서 "리바운드를 제압하는 자가 시합을 제압"하는 이유와 같다고나 할까… 농구에서는 리바운드를 잡는다는 것은 우리 편에게 공격 기회를 제공하는 걸 넘어서 상대편의 공격 기회를 박탈하는 것이다. 같은 이유로 전투에서 공격은 나의 방어 기회를 박탈함과 동시에 상대에게 방어 기회를 제공해주는 셈이다.

이렇듯 수많은 이론을 따르자면 모든 게이머는 전략적 우위를 차지하기 위해 본진에 틀어박혀야 하지만, 현실은 그렇지가 않고 그래서도 안 된다. 최하책의 공격 방식이 공성전이지만 공성전도 공성전 나름이다. 앞의 『손자병법』을 통해 해석하자면, 공성전의 최상책은 싸우지 않고 상대가 투항하게끔 만드는 것(벌모)이요, 차상책은 성을 포위·압박하는 것(벌교)이며, 하책은 상대를 성 밖으로 끌어내어 싸우는 것(벌병)이고, 이마저도 여의치 않을 때에만 총공격하여 함락시키는 것(공성)이다. 즉, 최상책은 상대가 도저히 이길 수 없음을 깨닫게 해 GG를 선언하게 만드는 것, 차상책은 적진을 터렛, 탱크, 마인 등으로 둘러쳐 상대를 압박하는 것, 하책은 상대가 앞마당 멀티를 먹기 위해 진출할 때 공격하는 것, 그리고 최하책은 본진에 수그리고 있는 적을 향해 돌격하는 것이다.

따라서 전술적 특성상 공성전은 상대보다 군세가 강할 때에 한해 성공할 수 있는 작전 구조이다. 앞서 란체스터의 법칙에서 본 바와 같이 다수의 이점을 통해 방어의 이점을 상쇄시키고도 남음이 있어야 공성에 성공할 수 있다. 이를 항상 염두에 두고, 기왕지사 공성하기로 마음먹었다면 쪽수를 총동원해 아군의 피해를 최소화시키자.

백병전 VS 원거리전

인류의 진화에 비례해 꾸준히 증가한 것에는 무엇이 있을까? 얼핏 떠올리면 수도 없이 나열할 수 있을 듯하지만 의외로 꾸준히 증가한 것은 찾기 힘들다. 기껏해야 두뇌의 용적, 개체의 수 등 다분히 생물학적인 요소들로 한정된다. 하지만 한 가지는 확실하다. 인간이 다루는 무기의 사정거리는 꾸준히 증가해왔고 지금도 증가하고 있다.

태초의 원인原人들에게는 맨손만이 유일한 무기였으리라. 그 손에 돌을 잡더니 어느새 돌은 창이 되고, 창은 다시 활과 화살이 되어 날개를 달았다. 이윽고 총과 포, 미사일과 레이저가 되어 현재는 대기권 밖에서도 지구를 겨냥할 수 있게 되었다. 근접무기에서 시작해 역학에너지를 이용한 투사체, 화학에너지를 이용한 발사체, 그리고 전자기에너지를 이용한 입자체가 되기까지 그리 오랜 시간이 걸린 것 같지도 않다. 적어도 수십만 년에 이르는 인류의 발자취를 놓고 봤을 때는 말이다.

하지만 아이러니하게도 수천 킬로미터를 오차 없이 타격할 수 있는 미사일을 확보했음에도 인류는 주먹과 몽둥이를 내려놓지는 않았다. 그렇기에 여전히 취객들은 주먹다짐을 하고, 조폭들은 연장다짐을 하는 것이 아닐까? 현대전의 양상이 제아무리 급변해도 전쟁과 폭력이 있는 한 백병전과 원거리전은 혼재할 것이다.

무가武家에는 '검도삼배단'이라는 말이 있다. 검을 다루는 자와 대

적하기 위해서는 세 배의 내공이 있어야 한다는 뜻이다. 이 말이 어디까지 사실인지는 모르겠지만 무기가 있는 쪽, 즉 사거리가 긴 쪽이 없는 쪽보다 유리한 것은 확실하다. 사거리를 이용해 먼저 때릴 수 있고, 치고 빠지며 적의 전력을 소모시킬 수 있기 때문이다. 이는 역사 속 전쟁에서 이미 증명된 사실이다.

엘리자베스 1세의 영국 함대가 스페인의 무적함대를 격파한 칼레해전을 예로 들어보자. 많은 사람이 오해하는 부분 가운데 하나는 영국이 함포의 긴 사거리 덕분에 칼레해전에서 이겼다는 것이다. 결론부터 말하자면 영국이 사거리의 덕을 본 것은 맞지만, 전적으로 그 덕분에 이긴 것은 아니다(사실 영국 함대가 스페인 함대보다 양과 질에서 이미 월등히 앞서고 있었다). 기록에 의하면 영국군의 주포는 컬버린culverin으로, 스페인의 캐논canon보다 경량이었지만 사거리는 더 길었다. 하지만 워낙 파괴력이 미미하여 실제 포로 격침한 스페인 함선은 10척 남짓이었다.

영국이 칼레해전에서 승리한 원인은 전투 방식의 변화에서 찾을 수 있다. 스페인을 위시한 그 당시 대부분의 해군은 적함에 갈고리를 걸고 옮겨 타 백병전을 펼쳤던 반면, 영국 해군은 함포를 통해 피로를 누적시키는 방식으로 전술을 전환했다. 즉, 함대결전에서 기동전으로 전투방식을 수정한 것이다. 이를 위해서 사거리가 길고 재장전이 빠른 포를 개발하고, 기동성이 뛰어난 함선을 건조해 견제 위주의 전투를 펼쳤다. 결국 스페인 함대는 끝까지 영국 함선에 올라타지 못했고, 화공과 파도에 각개격파당했다.

칼레해전을 〈스타〉에 비유하자면 능숙한 벌처 컨트롤로 아콘을 잡는 광경을 떠올릴 수 있다. 아콘은 벌처보다 내구력도 좋고 공격력도 강하지만 발이 느리고 사거리가 짧다. 이러한 약점을 이용해 벌처는 쉴 새 없이 치고 빠지며 결국 아콘을 파괴할 수 있다. 당시 영국 함대의 벌처 컨트롤은 잭 스패로우 뺨치던 해적 출신의 **프랜시스 드레이크**Francis Drake와 노련미 넘치는 **찰스 하워드**Charles Howard 제독이 맡았고, 결국 무적함대라는 아콘을 잡을 수 있었다.

사정거리 싸움은 진형과도 밀접한 관련이 있다. **크레시전투** 당시 흑태자 에드워드는 잘 훈련된 웨일스의 장궁부대를 동원해 중갑기병이 주를 이룬 필리프 6세의 프랑스군과 맞섰다. 갑옷의 힘을 맹신한 프랑스 기사들은 대열에서 이탈해 일렬종대로 돌진해 왔고, 결국 쏟아지는 화살 비에 맥없이 쓰러져갔다.

크레시전투
영국-프랑스 사이에 벌어진 백년전쟁 중에 있었던 전투.

크레시전투에서 프랑스가 참패한 이유는 영국의 장궁부대가 멀리서부터 쏟아내는 집중포화를 감당하지 못했기 때문이다. 원거리전의 전선은 횡으로 펼쳐지는 데 반해, 돌격부대의 진로나 퇴로는 종으로 이어지기 때문에 원거리무기를 확보한 쪽은 사정거리 내에 들어오는 적에게 순차적으로 집중사격을 가할 수 있는 것이다. 질럿 한 부대가 히드라 한 부대에게 한 기씩 차례로 죽어가듯이 말이다.

근접전투가 거의 사라진 현대전에서는 백병전과 원거리전이 조금 다른 방향으로 해석될 수 있다. 즉, 백병전은 기존의 총과 포를 이용한 전투, 원거리전은 미사일을 이용한 전투에 빗댈 수 있다. 미사일은 긴 사정거리 하나만으로도 현대전에서 총포를 대체할 중요한 전략 자산으로 자리 잡기에 충분했고, 그 효과는 이미 걸프전과 베트남전에서 입증되었다. 대륙간탄도미사일Intercontinental Ballistic Missile, ICBM로 무한한 사정거리를 손에 넣은 인간이 다음으로 욕심을 낼 능력은 무엇인지는, 이 책의 후반부에서 다시 다루겠다.

전격전 VS 소모전

인류 역사상 가장 참혹했던 두 전쟁, 1차 세계대전과 2차 세계대전은 불과 20여 년 사이에 발발했다. 그런데 2차 대전은 1차 대전과는 완전히 다른 전쟁 양상을 보였다. 우선 기계화 부대와 항공 전력의 실효성이 입증되어 기존의 보병 중심 전투가 기계화전과 항공전으로 대체됐다. 참호에 숨어 지루한 공방전을 반복하던 근대식 작전술은 퇴화되었으며, 대신 기갑부대의 내구력과 기동성을 활용해 능동적이고 민첩한 돌파로 승리의 활로를 모색하는 공격 위주의 전술이 등장했다. 이러한 전술사조의 극을 보여준 것이 전격전Blitzkrieg이다.

전격전은 1차 대전 이후 생겨나기 시작한 여러 군사이론들을 집대성한 결과물이라고 볼 수 있다. 소小몰트케와 슐리펜의 섬멸전 사상에 근거해 소련의 **미하일 투하쳅스키**Mikhail Tukhachevsky 장군이 주창한 **종심작전이론**이, 독일에서는 **후티어전술**에 의해 구체화되었고, 이후 **풀러**의 기계화전이론 및 **듀헤**의 항공전이론과 결

종심작전이론

종심작전이론은 스탈린의 대숙청과 함께 사장될 뻔했으나 독-소전쟁 반격기에 다시 채택되어 '바그라티온 작전', '비스와-오데르 공세', 일본을 상대로 한 '8월 폭풍 작전' 등에서 많은 성과를 올렸다.

후티어전술

1차 대전 당시 불리한 여건 속에서도 리가전투(Battle of Riga)를 승리로 이끈 독일의 오스카 폰 후티어(Oskar von Hutier) 장군의 이름을 딴 전술이다. 보병과 포병의 연계를 강조했으며, 적의 거점을 우회·돌파한 후 나중에 포위·섬멸하는 것을 골자로 한다.

합돼 '전격전의 아버지'로 불리는 독일의 **하인츠 구데리안**Heinz Guderian 장군에 의해 완성된 것이다. 2차 대전 초기, 구데리안은 이 이론을 실전에 적용해, 치밀하게 계획된 전격전으로 **스당**Sedan **돌파작전**을 비롯해 혁혁한 전과를 올린다.

전격전의 발전 과정

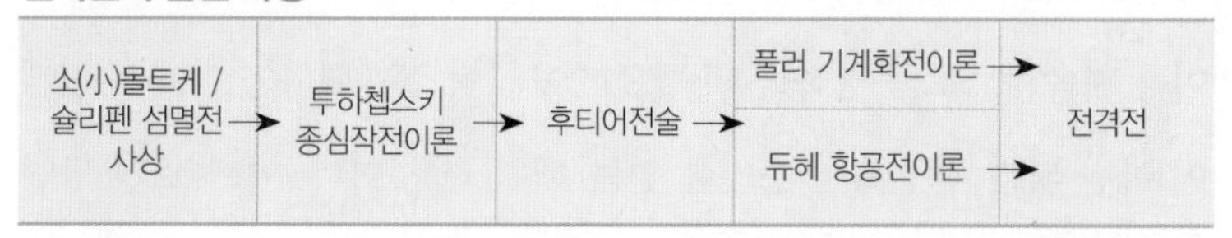

전격전은 그 이름에 걸맞게 번개와 같은 속도로 적을 섬멸하는 것을 목표로 한다. 우선 기계화 전력으로 구성된 기갑부대가 적진의 종심을 관통해 주력을 양분하는 동시에 공군전력은 상대의 방어력을 무력화시키고, 뒤따르는 보병과 기계화보병이 진입해 돌파된 구역을 확장-확보하는 전술이다. 섬멸전에 기초한 작전 구성인 만큼 일단 한 번 돌파하면 걷잡을 수 없는 속도로 적의 방어진을 와해시킬 수 있다는 장점이 있다. 마치 테란의 메카닉 부대가 적의 본진까지 빠르게 진격하고 뒤따르는 바이오닉 부대가 전선을 정리하는 것과 같은 전술이다.

하지만 뜻밖에도 강한 연합군의 저항에 직면하고, 전선이 동서로 양분되면서 충분한 보급을 받지 못한 독일군은 전격전의 모멘텀을 서서히 잃게 된다. 또 독일의 전격전에 내성이 생긴 연합군은 상대적으로 긴 독일군의 보급로를 차단해 발을 묶었고, 그사이 소련은 **바르바로사작전**에 대한 설욕으로 **바그라티온작전**을 개시하며 역逆전격전을 펼

바르바로사작전
2차 대전 당시 독일이 소련과의 불가침조약을 깨고 소련으로 침공을 개시한 작전.

바그라티온작전
독일의 바르바로사작전을 막아낸 소련이 독일 전역으로 반격을 개시한 작전.

쳐 독일군의 동부전선을 붕괴시키기에 이른다.

독일의 패배는 시사하는 바가 크다. 먼저 전격전이 전술적 성공에 그치지 않고 전략적 성공으로 이어지기 위해서는 막강한 화력, 신속한 기동력과 함께 원활한 보급이 전제되어야 한다는 점을 보여준다. 당시 독일은 최고의 화력과 기동력으로 무장한 기계화 부대를 편성했지만, 이를 지속적으로 운영하는 데 필요한 보급에 실패했다는 점에서 전쟁이 아닌 몇몇 전투에서 승리를 얻는 데 그친 것이다. 어찌 보면 당연한 귀결인 것이, 전격전은 적의 종심까지 한 번에 깊숙이 침투하는 작전이기 때문에 횡으로 압박을 펼치며 전선을 서서히 전진시키는 작전보다 보급로가 길고 좁을 수 밖에 없다. 따라서 단기전에는 강할 수 있으나, 장기전인 소모전으로 이어진다면 보급의 약점이 드러날 수밖에 없다.

테란과 프로토스의 중후반전 전투에 전격전 대 소모전 구도와 유사한 상황이 자주 발생한다. 추가 멀티기지 확보에 주력하는 프로토스를 상대로 테란은 병력을 집중시켜 한 번에 본진까지 치고 나가는 타이밍 러시와 서서히 전선을 확장시키며 압박하는 이른바 '백만 년 조이기', 두 가지 전략 중 하나를 고를 수 있다. 전자는 전격전, 후자는 소모전 위주의 전략 형태이다. 타이밍 러시의 경우, 테란이 무시무시한 화력의 탱크와 벌처를 앞세워 적진까지 한 번에 진격할 수 있지만, 적의 심장부를 꿰뚫지 못하고 지지부진하게 되면 프로토스한테 추가 병력 지원을 받을 수 있는 보급로를 차단당하고 결국 포위·섬멸당하게 된다. 반대로 백만 년 조이기의 경우, 넓은 전선을 점진적으로 확보해나가기 때문에 병력 충원이 쉽고, 프로토스가 소모전을 걸어와도 불리하지 않게 싸울 수 있다. 하지만 지나치게 천천히 진출한다면 상대한테 확장, 고급 테크, 견제 등에 필요한 시간을 줄 수 있다는 단점도 있다. 따라서 적의 종심까지 진출할 만한 충분한 힘이 있거나 장기전으로 갈수록 불리한 상황이면 전격전을 펼치고, 적의 방비가 튼튼하고 단기전을 고집할 이유가 없으면 백만 년 조이기를 택하는 것이 유리하다.

전격전과 소모전은 사실상 단기전 대 장기전, 우회기동 대 고수방어, 화력 대 보급 등 전장의 제 요소를 두루 내포한다고 볼 수 있다. 중요한 것은 전격전을 성공적으로 수행하기 위해서는 주저하지 않는 결단력과 정확한 판단력이 요구되고, 소모전을 무사히 실행하기 위해서는 끈질긴 인내력과 흔들림 없는 침착함이 수반되어야 한다는 점이다.

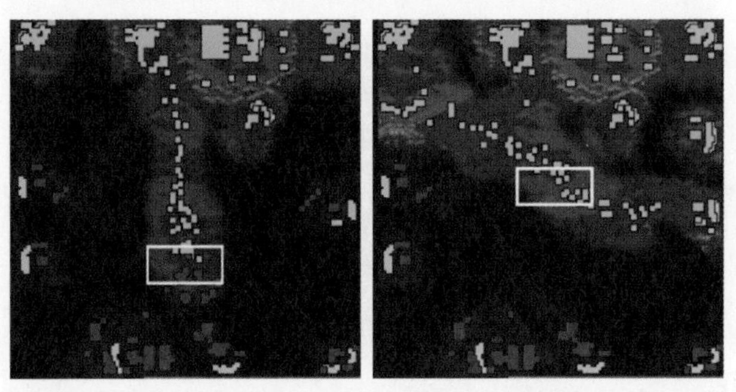

'타이밍 러시(왼쪽)'와 '백만 년 조이기(오른쪽)'의 미니맵 양상.

전면전 VS 국지전

2010년 11월 23일, 나는 아직도 그날을 잊지 못한다. 학교에서 **천안함 피격 사건**과 그 파장에 대해서 발표를 한 날이었다. 친구들과 학교 근처 펍에서 가볍게 맥주 한잔 걸치고 있는데 CNN 헤드라인에 익숙한 단어가 보였다. "N. Korea fires on S. Korea". **연평도 포격 사건**이었다. 그날 조국의 영토가 화염에 휩싸이는 장면을 브라운관 너머로 보고만 있을 수밖에 없었다. 그리고 그날, 나는 미국시민권을 버리고 해병대에 지원하기로 결심했다.

연평도 포격 도발은 전례 없는 사건이었다. 1953년, 한국전쟁이 끝난 이후로 북한은 줄곧 테러에 가까운 도발만을 일삼아왔다. 천안함 피격 사건이 일어날 때까지만 해도 그랬는데, 채 1년도 안 되어서 이번에는 국지 도발을 해 온 것이었다. 부서진 기왓장보다 더 아팠던 건 무너져 내린 대한민국의 자존심이었다.

이런 상황을 생각해보자. 남북으로 길게 전선을 긋고 교착상태에 빠진 테테전을 하고 있다. 나는 상대보다 많은 자원과 양질의 병력을 확보하고 있다. 갑자기 나의 발키리 한 기가 '보이지 않는 무언가'에 의해 격추된다. 아무리 생각해도 상대방의 클로킹 레이스가 한 짓 같지만 일단 참고 넘어가기로 한다. 그런지 얼마 되지 않아 이번에는 상대방의 탱크가 언덕 너머로 나의 SCV를 타격하고, 이에 나도 탱크로 대응 사격을 한다. 레이스를 출격시켜 공격의 근거지를 초토화해버릴까 했지만 전면전을 벌이기 싫어서 한 번 더 참기로 한다. 언젠가 자원이 떨어지면 상대는 GG를 칠 것이라 생각하기 때문이다.

게임상에서는 이런 일이 발생할 확률이 거의 없다. 어지간한 겁쟁이가 아닌 한, 자신의 전력이 우위에 있다는 사실을 알면 순식간에 반격을 해서 그 즉시 GG를 받아냈을 것이다. 하지만 현실에서는 국민의 생명과 재산이 달려 있기 때문에 게임에서처럼 쉽사리 국지전을 전면전으로 확대시킬 수 없다. 북한은 이 점을 알기 때문에 갈수록 대담한 도발을 할 수 있었던 것이다.

전면전은 국가의 모든 힘을 쏟아붓는 총력전이요, 국토 전방위에 걸쳐 공세를 펼치는 섬멸전이다. 그리고 현대의 전면전은 포격전으로 시작해서 포격전으로 끝난다고 봐도 무방하다. 2차 대전 사상자의 60퍼센트가 대포에 의해 생겼을 정도로 포격은 눈먼 공포 그 자체이다. 따라서 전면전의 승패는 사실상 화려한 전략이나 전술보다는 순수한 화력 차이에 의해 결정되는 경우가 많다.

그렇다면 화력이란 어떻게 측정될까? 4장에서 더 자세히 다루겠지만, 〈스타〉에서 화력을 결정하는 요소에는 크게 타격 범위, 타격 강도, 사정거리, 연사 속도, 정확도 등이 있다. 따라서 최고의 화력을 갖춘 병력 조합을 구성하기 위해서는 타격 범위가 넓고, 타격 강도가 강하고, 사정거리가 길며, 연사 속도가 빠르고, 정확도가 높은 유닛을 최대한 많이 확보하는 것이 좋다. 또한 지형지물을 활용해 정확도를 조절할 수 있으므로 가능하면 높은 곳에서 낮은 곳을 바라보고 싸우는 형태가 유리하다.

〈스타〉에서 이는 특히 단순화되어 나타난다. 맵의 어느 한 구역에서 소규모 국지전이 발생할 경우 **마이크로컨트롤**을 통해 득점을 하는

프로토스 대 프로토스 전에서는 리버와 하이템플러의 수가 화력을 결정한다.

것이 가능하다. 하지만 대규모 결전이 발생할 경우, 마이크로컨트롤로 얻을 수 있는 이득은 지극히 제한되고, 일반적으로는 더 강한 화력을 보유한 쪽이 이기게 된다. 물론 뛰어난 프로게이머들은 현란한 손놀림을 통해 같은 규모의 병력과 맞붙어 말도 안 되는 결과를 만들어 내기도 하지만, 부대 단위의 **매크로컨트롤**에서 유닛 단위의 마이크로컨트롤의 세심함을 기대하기란 어렵다. 단순하고 무식하며 지랄 맞은 '단무지' 정신이 최고의 해법일 때도 있다.

마이크로컨트롤
한 부대(12기) 이하의 소수 병력 컨트롤. 견제나 파상공세를 펼칠 때 중요한 능력이다.

매크로컨트롤
한 부대 이상의 대규모 병력 컨트롤. 결전을 치를 때 중요한 능력이다.

FOOD FOR THOUGHT **가장 치열한 승부, 무승부**

무승부: 〔명사〕 내기나 경기 따위에서 이기고 짐이 없이 비김.

경기에서 볼 수 있는 재미있는 광경 중 하나가 무승부이다. 치열하게 싸우던 두 선수가 자의 또는 타의로 승부를 낼 수 없는 상황에 처했을 때, 쌍방이 동의해 무승부를 선언하고 재경기를 할 수 있다. 기본적으로 무승부는 양쪽 모두 경기를 이길 능력이 없는 상태에서만 발생한다. 실제 〈스타〉 방송 경기에서도 심심찮게 발생했던 무승부의 세 가지 형태에 대해 알아보자.

① 저그형 무승부

양쪽 모두 병력과 일꾼이 없어 도저히 공격을 할 수 없는 상태. 박카스 스타리그 2010 36강 K조 2차전 김명운 대 김상욱의 경기가 대표적이다. 김명운은 뮤탈 싸움에서는 승리했지만 김상욱의 저글링 기습으로 모든 드론을 잃고 만다. 김명운은 자원이 바닥난 상황이므로 전 병력을 이끌고 김상욱의 본진을 공격하러 가는데 거기에는 스포어콜로니 2문이 떠억 버티고 섰다. 하지만 김명운은 좌절하지 않고 저글링과 뮤탈로 김상욱의 드론을 모두 잡아냈다. 병력이 없는 김상욱이나 자원이 없는 김명운 모두 이길 수도 질 수도 없는 상황이라고 판단한 심판진은 무승부를 선언한다.

사실 저그 대 저그 전에서는 무승부가 기적에 가깝다. 워낙 속도감 있게 경기가 진행되다 보니 한 번의 전투로 한순간에 승패가 갈리는 경우가 대부분이다. 하지만 공격을 공격으로 맞받아쳐 양쪽 모두 병력과 자원을 소비한 앞선 사례와 같은 경우, 즉 저그형 무승부는 가난한 무승부라고 할 수 있다.

② 프로토스형 무승부

한쪽 혹은 양쪽이 보유한 비대칭적 전략무기 때문에 공격을 해도 이길 수가 없는 상태. 스카이 프로리그 2006 후기리그 11주차 윤용태(한빛) 대 서기수(estro)의 경기다. 치열한 접전 끝에 대치 전선을 형성한 윤용태와 서기수는 각각 한 부대가 넘는 다크아콘을 생산해 마인드컨트롤을 연발했다. 어차피 공격유닛을 뽑아봤자 상대에게만 좋은 일을 하는 것이기에 양쪽 모두 다크아콘이라는 비대칭전력에 전적으로 의존하게 되었다. 무려 59분 동안이나 지속된 이 다크아콘 간의 대치전에 심판진은 무승부를 선언했다.

SK플래닛 〈스타〉 프로리그 시즌1 2라운드 3주차 4경기 이경민(CJ) 대 김재훈(제8게임단)의 경기에서도 비슷한 상황이 연출되었다. 양 선수가 똑같이 빠르게 다크템플러를 생산해서 상대의 기지에 난입시키는 데 성공했다. 이에 양 선수 모두 본진이 날아갔음에도 당황하지 않고 구석에 캐논을 소환해 만약에 발생할 수 있는 엘리전에 대비했다. 다크템플러끼리는 서로 볼 수 없으므로, 어느 한 쪽도 공격에 성공할 수 없다고 판단, 무승부가 선언되었다. 두 경우 모두, 쌍방이 '대칭적으로 비대칭전력을 확보'하면서 서로가 이길 수 없는 상황에 놓였기 때문에 무승부 처리될 수밖에 없었다.

③ 테란형 무승부

맵의 자원이 모두 동났음에도 공격자가 수비자를 압도할 능력이 없어 지키는 것이 최선인 상태. 신한은행 프로리그 2008 5주차 염보성(MBC게임)

대 진영수(STX)의 경기. 같은 빌드로 출발한 두 선수는 맵을 정확히 양분한 채 팽팽한 대치 상황을 만들었다. 탱크와 배틀크루저 등으로 인구수를 모두 채운 상황에서 심판진은 양쪽 모두 공격 의사가 없다고 판단, 양 선수 및 벤치의 동의하에 무승부 판정을 내렸다. 수비에 최적화된 테란의 특성상 작정하고 지키기로 하면 최소한 지지는 않을 가능성이 어느 종족보다도 높다. 따라서 한 경기 한 경기의 승패가 팀과 선수의 운명을 결정짓는 공식 경기에서는 조금 구차해 보이더라도 불리할 때는 비기는 상황을 연출해 재경기로 몰고 가는 것도 테란에게 허용되는 하나의 전략이다. 이를 증명이라도 하듯 역대 공식전 무승부(2012년 1월 기준) 기록을 보면 총 열여섯 번의 무승부 중 테테전만 네 번, 테란이 포함된 무승부가 열 번으로 상당히 높은 비율을 차지한다. 양쪽 모두 부유하면서도 아슬아슬한 테란형 무승부는 냉전형 무승부로 볼 수 있다.

이 밖에도 접전 끝에 테란이 건물을 띄웠는데 상대가 대공능력이 없는 경우, 병력은 많은데 상대의 섬멀티로 수송할 수단이 없는 경우, 경기 도중 기술적인 문제로 불가피하게 재경기를 해야만 하는 경우 등 생각지도 못한 변수가 발생해 무승부가 나기도 한다. 유리한 쪽은 이기기 위해서, 불리한 쪽은 지지 않기 위해서 최선을 다한다. 확실한 것은 무승부도 치열한 승부의 부산물이라는 것이다.

〈스타〉로 보는 특수전

내가 몸담았던 대한민국 해병대는 '창끝부대'라는 별칭을 가지고 있다. 적진으로 가장 먼저 진입하는 역할을 수행한다는 데서 유래한 이름이다. 〈스타〉에서 테란의 기본 유닛이 '머린(해병)'인 것도 우주라는 전장의 특성상 최초로 적 행성에 발을 딛는 유닛이 머린이기 때문이다. **해병대**Marine Corps는 국가의 전략적 기동부대로 분류된다. 전략적 차원의 특수부대인 것이다.

전술적 차원에서는 해병대의 특수수색대, 해군의 UDT/SEAL 등 여러 특수작전부대가 있다. 이름이 알려지지 않은 비밀정보원, 즉 스파이spy도 1인으로 구성된 특수부대라 할 수 있다. 이들은 적진에 은밀하게 침투해 정보 입수, 후방 교란, 요인 암살 및 구출, 폭파 등 특수한 임무를 수행한다. 따라서 일반 보병부대와는 비교도 안 될 정도의 훈련과 장비를 받는다. 고스트 1기를 뽑는 데 소요되는 시간과 자원을 생각하면 되겠다.

이들의 공통점은 소수의 병력만으로 전쟁의 판도를 바꿀 수도 있다는 것이다. 특수전이야말로 양을 압도하는 질로 재래전의 균형을 무너뜨릴 수 있는 비대칭전의 끝판왕, 전장의 이단아, 군대의 필살기라 할 수 있겠다.

상륙작전 VS 공수작전

전쟁사를 이야기할 때 빼놓을 수 없는 단골 메뉴가 상륙작전이다. 상륙작전은 대단히 복합적인 작전으로, 적군이 전방의 전선에 집중하는 사이 상륙을 통해 후방을 찌르는 국지전이자 특수전인 동시에, 육해공을 아우르는 입체전이며, 상대의 정보를 역이용하는 극단의 심리전이기도 하다. 그렇기에 예로부터 우수한 전략가들은 전세를 역전시키기 위한 필살기로 대규모 상륙작전을 애용했고 현대전에서도 그 전술적 가치는 전혀 퇴색되지 않았다. 연합군이 2차 대전을 승리로 이끌 수 있었던 계기를 마련한 **노르망디상륙작전**(우연인지 블리자드 개발자들이 의도한 것인지는 몰라도 정식 작전명은 '오버로드작전'이다)과 서울을 수복하여 한국전쟁을 새로운 국면으로 전환시킨 **인천상륙작전** 모두 치밀하게 진행된 상륙작전이었다.

하지만 바로 이러한 전술적 복잡성 때문에 상륙작전은 많은 위험을 수반하기도 한다. 적이 미리 간파할 경우 이동 중에 요격될 위험성이 큰 것은 물론, 육지의 굳건한 방어진 앞에 공격력이 무력화될 소지

가 있고, 기상 조건의 변화에 따라 보급 또한 육로를 통하는 것보다 현저히 불안정해질 가능성이 높다. 따라서 상륙작전의 성패를 좌우하는 것은 제해권의 확보와 적에게 상륙 의도를 사전에 들키지 않는 기만전술이다.

사실 상륙함정 자체는 수송 수단에 불과하기 때문에 전투력에 별 도움을 주지 못하는 전술적 차원의 병력이다. 따라서 전쟁 판도를 단번에 뒤집을 수 있을 정도의 대규모 상륙작전을 구상하지 않는 한 많은 상륙함정을 생산하는 것은 전투에서의 비효율로 이어진다. 드랍십과 셔틀에 많은 자원을 투자할수록 실제 화력을 제공할 수 있는 병력의 양은 줄어드는 것과 같다. 따라서 한 번의 대규모 드롭 작전으로 상대의 의표를 찌르기 위해서는 적정 수의 수송선으로 신속하게 거점을 마련한 후 추가 병력과 보급 물자를 왕복으로 수송하는 것이 가장 이상적인 상륙작전이라 할 수 있다.

더 큰 약점은 육상동물인 인간의 특성상 육로로의 이동이 가장 수월하기 때문에 상대적으로 해상으로의 상륙은 그 규모나 안정성 측면에서 제한이 있을 수밖에 없다는 것이다. **안지오**Anzio **전투**에서 영미 연합군은 이탈리아에 상륙을 개시했다가 기상 악화로 보급과 공군 지원이 끊기는 상황에 놓이고, 결국 육로를 통해 집결한 독일의 대규모 병력에 의해 궤멸당하기에 이른다. 상륙에 의존할 경우, 모든 작전에 있어 필수적 요소인 병력과 물자의 보급이 불안정함을 증명한 사례이다.

하지만 상륙전의 가장 큰 약점은 따로 있다. 적지에 상륙함과 동시에 등 뒤에 놓인 바다 때문에 자동으로 고립된다는 사실이다! 또한 해수면에 근접할수록 지대가 낮아지는 것은 어쩔 수 없는 지질학적 사실이기 때문에 높은 곳에 위치한 적과 비교했을 때 불리한 지형에서 싸울 수밖에 없다. 배에서 내려 밟은 그 땅이 곧 배산임수의 묫자리가 될 수도 있는 것이다. 그렇기 때문에 일단 상륙에 성공하면, 그 즉시 죽을 각오를 하고 싸워야 한다. 죽기를 각오하고 싸운다고 항상 살 길이 열리는 것은 아니지만 말이다.

이러한 약점들을 상쇄시키기 위해 사용되는 것이 기만전술이다. 거짓 정보를 유출함으로써 적의 정보를 왜곡해 상륙 지점에 대한 방비가 약화된 틈을 타 상륙하는 것이다. 실제로 노르망디상륙작전 당시 연합군은 독일군에 거짓된 의도를 노출해서 대부분의 수비 병력이 파 드 칼레Pas-de-Calais 쪽으로 집결하게 만들었고, 인천상륙작전 당시 맥아더는 삼척과 군산에 수차례에 걸쳐 포격을 가한 후 가장 상륙 조건이 열악하다고 알려진 인천 월미도에 상륙을 개시했다. 이는 가짜 아비터를 상대의 멀티기지에 보내 수비 병력을 모이게 한 후 본진에 리콜을 때리거나, 텅 빈 오버로드로 적진에 공갈을 친 후 전혀 다른 곳에 공격을 가하는 것과 같은 이치이다.

기만전술이 상륙작전의 필요조건이면 제해권은 충분조건이라고 할 수 있다. 아무리 대단한 규모의 부대를 실어 나른다고 해도 적지에 발을 들여놓기도 전에 격침된다면 작전은 1할의 확률로도 성공하기 어렵다. 마치 드랍십을 통해 대규모 드랍을 시도하다가 적의 레이스에 의해 요격되는 것과 같은 경우이다. 따라서 우선적으로 아군의 해상전력을 기동해 상륙을 감행할 해로를 확보한 후 상륙에 임해야 한다.

공수작전도 적지에 바로 침투한다는 점에서 상륙작전과 유사하다. 일단 한 번 떨어지면 자동으로 고립되고 보급이 불안정해진다. 2차 대전에서 활약한 공수부대의 공수물자 획득률이 10퍼센트에 불과하다는 기록은 공수작전에서 안정적인 보급이 얼마나 힘든지를 단적으로 보여준다. 또 하나의 문제점은 소규모의 보병부대만을 공수할 수 있고, 그마저도 착륙하기 전에 적의 대공포에 그대로 노출된다는 것이다.

실제로 역사상 최대의 공수작전으로 기록되는 **마켓가든공수작전**에 투입된 연합군 공수부대의 대다수는 적의 대공포에 맞아 죽거나 낙하산이 나무에 걸려서 죽는 등 땅도 밟아보기 전에 비참한 최후를 맞이했다. 착륙한 부대도 독일군의 중화기보병과 기갑부대에 엄청난 피해를 입고 작전은 실패로 끝나고 만다.

마켓가든공수작전을 배경으로 한 영화 〈머나먼 다리〉.

따라서 일거에 대규모의 병력을 우회시켜 전황을 뒤엎는 상륙작전을 저그의 폭탄드랍에 비유한다면, 적의 후방에 은밀히 특수부대를 투입해 종심을 교란하는 공수작전은 테란의 드랍십 견제로 볼 수 있다. 8기의 머린과 메딕으로 적을 초토화할 수는 없어도 상대의 시선을 분산시키거나 주요 건물을 테러하는 데는 더없이 효과적인 것이다. 상륙작전과 마찬가지로 공수작전도 적을 기만해 대비를 하지 못하게 만들고, 제공권을 장악해 중간 요격을 회피해야 성공을 보장할 수 있다.

여담으로, 내가 전역한 해병대는 상륙과 공수를 주 임무로 한다. 그래서일까? 드랍십과 머린을 다룰 때면 더 진지해지고 열정적으로 마우스를 흔들게 되는, 웃지 못할 상황이 발생하곤 한다.

정보전과 심리전

인간이 먼 곳의 정보를 보도하는 방법을 알게 된 이후로 전자 통신은 군사적 도구에서 군사적 무기로 변했고, 이 진화 과정은 아직도 끝나지 않았다.

> 정보전이 이처럼 무서운 개념으로 인식되고 있는 이유는 모르는 것이 너무 많기 때문이다. 이로 인해 정보전이 구체적으로 무엇이고 어떻게 진행되느냐에 대해 의견이 분분하다. 정보전은 아군의 정보체계를 적이 악용·부패·파괴하지 못하게 보호하는 동시에 반대로 아군이 적의 정보체계를 악용·부패·파괴하도록 하며, 만일의 경우 무력 전투에 대비해서 정보 우세를 달성해가는 과정이라고 할 수 있다. 적어도 이것은 펜타곤에서 바라보는 정보전의 개념이

다. 정보전의 후속 조치로 꼭 무력을 사용해야 하는 것은 아니다.

이상은 정보전의 중요성에 대한 『How to Make War: 무엇이 현대전을 움직이는가』의 저자 **제임스 더니건**James Dunnigan의 주장이다. 그의 말처럼 모르는 것이 너무 많기 때문에, 즉 정보의 희소성 때문에 정보는 무기로서의 위력을 가지게 된다. 모르는 것이 약일 때도 있지만, 전쟁과 〈스타〉에서만큼은 모르는 것은 독약이다. 전쟁도 결국 사람이 하는 것이므로 아무리 훌륭한 전략과 무기를 갖추었더라도 이를 간파당해 적재적소에 활용하지 못하면 승리를 거둘 수 없기 때문이다. 반대로 적의 정보를 악용·부패·파괴하는 심리전에 성공하면 더 효과적인 승리를 얻을 수도 있기에 첩보전과 대첩보전은 엄청난 의미를 갖는다.

소련에서 조르게를 기리기 위해 발행한 우표. 조르게는 원래 독일 사람이었지만 공산주의 사상에 매료돼 소련을 위해 목숨을 바쳤다.

실례로 소련의 전설적인 스파이 **리하르트 조르게**Richard Sorge, 독일의 여성 스파이 **마타 하리**Mata Hari부터 한반도를 떠들썩하게 한 **흑금성**과 **왕재산**에 이르기까지, 간첩은 국가의 안보는 물론 전쟁의 양상마저 뒤바꿀 수 있을 정도로 엄청난 영향력을 발휘할 수 있다. 그들은 특별할 것 없는 사람이었지만 그들이 얻어낸 정보는 그 어떤 대부대의 화력으로도 얻어낼 수 없는 값어치가 있었다.

훌륭한 프로게이머들의 공통점 가운데 하나는, 초반에 정찰 나간 일꾼을 최대한 오래 살려 상대에 대한 정보를 꾸준히 입수한다는 것이다. 오죽하면 선수들이 김택용의 주력 유닛은 프로브라고 했을까. 이들은 얻은 정보를 바탕으로 상대의 병력 구성, 진출 타이밍, 전략에 대한 분석을 사전에 끝내고 거기에 알맞게 대응함으로써 전략적인 우위를 다져나간다. 한발 더 나아가 고도의 대첩보전을 병행해 상대의 정보는 차단하거나 왜곡해서 역이용하는 심리전을 선보인다.

『손자병법』 제13편 '용간用間'도 예나 지금이나 정보전이 전쟁을 결정짓는 중요한 요소임을 보여준다. 손자는 간첩을 부리는 데 다섯 가지 유형이 있다고 말한다.

① 인간因間: 적국의 평범한 주민을 첩자로 이용하는 것.

② 내간內間: 적국의 벼슬아치를 포섭하여 첩자로 이용하는 것.

③ 반간反間: 적의 간첩을 매수하여 역이용하는 것.

④ 사간死間: 아군의 첩자를 통해 적에게 거짓 정보를 유포하는 것.

⑤ 생간生間: 적국을 정탐한 후 살아 돌아와 정보를 보고하는 것.

이 중 반간과 사간은 단순히 정보를 얻어내는 첩보전을 넘어서, 적에게 잘못된 정보를 제공하는 심리전의 영역에 해당한다고 볼 수 있다. 프로토스가 본진에 들어온 저그의 오버로드에게 가스를 채취하는 모습을 의도적으로 들켜서 빠른 테크를 올리는 것처럼 보인 후 하드코어 질럿으로 밀어버린다거나, 히드라리스크 몇 기만을 보내 정면

☆ 이달의 사원 ☆

을 방어하게 만든 뒤 뮤탈리스크로 본진을 급습하는 전략 모두 정보를 무기로 활용하는 심리전이라고 볼 수 있다.

현대전에서는 인공위성과 무인정찰기가 사람의 첩보 능력을 대체하는 추세이다. 물론 컴샛과 옵저버도 중요하지만, 이러한 장치들은 전력에 대한 객관적인 정보를 제공할 뿐이다. 여전히 정치외교적 함의를 지니는 주관적 정보는 사람으로부터 나오며, 이는 인간이 전쟁을 수행하는 한 변하지 않을 것이다. 언론매체에서 북한에 관한 사항을 보도할 때 정보의 출처로 거론되는 "믿을 수 있는 소식통"은 정탐위성이나 무인기가 아닌 '사람'이듯이, 굵직한 정보는 결국 눈이 아닌 입에서 귀로 전달되는 법이다. 마찬가지 이유로 컴샛이나 옵저버, 오버로드를 통해 얻는 정보를 맹신하지 말고 상대의 성향에 대해 충분히 파악하여 심리전에 휘말리지 않는 것이 중요하다 하겠다.

인간은 제1, 2, 3의 전장이라 불리는 육해공으로도 모자라, 제4의 전장인 우주, 제5의 전장인 사이버공간으로도 전선을 확대하였고, 최근에는 제6의 전장으로 인간의 사고, 즉 심리가 조명되고 있다. 하지만 전쟁을 수행하는 주체가 결국 사람임을 감안하면 심리의 전장은 원시시대부터 존재한 '제0의 전장'이라고 부르는 편이 맞지 않나 싶다.

정규전 VS 비정규전

정규전은 이름 그대로 정규군이 규정된 전술과 전법에 따라 하는 전쟁을, 비정규전은 비정규군이 규정되지 않은 전술과 전법에 따라 수행하는 전쟁을 뜻한다. 비정규전은 특수작전, 게릴라전, 테러전/대테러전 등의 전투 형태를 포괄하는 광의의 개념이다. 비정규전은 정규군의 전투를 보조하는 역할을 할 뿐, 결정적인 승리는 정규군에 의해서만 얻을 수 있다는 것이 클라우제비츠 이래의 전통적인 군사이론이며, 2차 대전까지는 그렇게 받아들여졌다. 하지만 국가 간 전면전의 성격을 띨 수밖에 없었던 양차 세계대전과 달리, 그 이후에 일어난 여러 민족의 독립전쟁과 현대의 테러전쟁을 비롯한 전쟁들은 전력의 차이가 뚜렷한 국가 및 정치집단 간의 싸움이 되었다.

실제 전쟁이 완벽히 대등하고 대칭적인 군사력을 지닌 두 집단 간의 싸움이 될 확률은 거의 없다고 봐도 무방하다. 어느 한쪽의 전력이 우세하거나 각자가 다른 전략적 분야에서 상대적 이점을 갖기 마련이고, 일단 전쟁이 발발하면 선제공격, 방어, 견제, 억지, 외교, 제재, 압박 등 가능한 수를 총 동원해 아군이 우위를 점하도록 하는 것이 모든 전략의 골자이다. 이는 앞서 간접접근 전략을 살펴보며 다루었다.

잘 훈련된 격투기 선수와 동네 양아치의 싸움을 생각해보자. 격투기 선수는 평소 스파링하던 대로만 해도 이길 것이 확실하기에 최대한 자신에게 피해가 없는 선에서 양아치를 제압하려 할 것이다. 반대로 양아치는 정면으로 맞붙으면 질 것이 뻔하기 때문에 상대의 눈을 찌르거나 낭심을 차는 등 급소를 공략하며 최대한 전면전을 피하려고 할 것이다.

마찬가지로 전장에서 우세한 쪽은 정규전을 통해 변수를 없애고 전장의 피해를 최소화하며 상황을 종료하려 한다. 전투가 불가피할 때 피해를 근본적으로 최소화하는 방법에는 적과의 수적 격차를 벌리거나(란체스터의 법칙) 더 좋은 지형에서 싸우거나 더 강한 무기로 싸우는 방법이 있다. 반면 열세인 쪽은 비정규전을 통해 최소의 병력으로 최대의 효과를 얻으려 한다. 전면전으로는 적을 상대할 수 없으니, 산발적인 전투를 펼쳐 적의 집중력을 분산시키거나 요인 암살, 기반 시설 파괴, 보급로 차단 등의 간접접근 전략에 의존하는 것이다.

중국 공산혁명 당시 중국공산당의 승리 뒤에는 수배에 달하는 국민당군을 효과적으로 제압한 유격전술이 있었고, 프랑스의 레지스탕스나 '빨치산'이란 이름으로 잘 알려진 유고의 파르티잔도 숨어서 싸우는 비정규전의 전형을 보여주었다. 현재도 헤즈볼라, PLO, IRA, 알카에다 등이 수많은 비정규전을 수행하고 있다.

다윗과 골리앗의 싸움으로도 비견되는 정규전 대 비정규전 구도는, 엄밀히 얘기해서 공성전과 수성전처럼 상반되는 개념은 아니다. 실제로 많은 전략가는 유리한 상황에서 두 전투 형태를 혼용하는 작전을 펼쳐서 더 빨리 전황을 종료시키고 소모전을 피한 경우가 있다.

반대로 전황이 불리하더라도 일단 비정규전을 통해 충분한 이득을 얻어 적의 군세를 능가하게 되면 정규전으로 선회하여 적을 섬멸함으로써 전장의 최종 승리를 거머쥘 수 있다. 베트남의 영웅 **보응우옌잡**Vo Nguyen Giap 장군도 프랑스군을 상대로 끈질긴 게릴라전투를 통해 이득을 본 후 **디엔비엔푸전투**에서 프랑스군을 크게 격파해 결국 베트남에서 프랑스를 완전히 축출했다.

베트남의 영웅 보응우옌잡(왼쪽)과 호치민(오른쪽).

디엔비엔푸전투

프랑스의 나바르 사령관은 공수부대를 통해 산지인 디엔비엔푸 지역에 방어진지를 구축하고 베트민군을 유인·섬멸하려 했으나, 오히려 몰래 집결한 베트민군에게 포위당해 대패했다.

그런 점에서 실제 전장과 〈스타〉에는 큰 차이가 없다. 물론 경기를 시작하는 시점에서는 양쪽이 공평하지만, 경기가 진행되면서 플레이어의 전략적 선택과 전투 능력에 따라 점차 힘의 격차가 발생하게 된다. 힘이 강한 쪽에서는 그 힘을 바탕으로 상대와의 격차를 더욱 벌려서 최종 승리를 얻기 위해 심혈을 기울이고, 약한 쪽에서는 방어와 견제를 통해 힘의 평형을 되돌리기 위해 전념하게 된다. 그러기 위해 약자는 소수의 병력을 투입해 강자의 급소만을 노리는 비정규전에 의존하게 되는데, 주로 다수의 드랍십을 통한 난전 유도, 대량살상무기를 통한 일꾼 공격, 하이템플러 등 주요 유닛 암살, 스파이어 등 주요 건물 테러와 같은 기동전을 펼치며 이를 실행한다.

이러한 특수전이 성공하기 위해서는 몇 가지 조건이 충족되어야 한다. 일단 기동성이 좋아 상대가 추격전에 돌입하더라도 손쉽게 퇴각할 수 있어야 한다. 그런 측면에서는 지형지물의 영향을 받지 않는 공중병력이나 상륙병력으로 편성된 게릴라부대가 효과적이다. 속업된 셔틀로 리버의 굼벵이 같은 걸음을 보완하여 불리한 전황을 역전시키는 장면이 대표적이다.

기동성이 떨어진다면 은폐 능력이라도 뛰어나야 한다. 쉽게 은폐할 수 있는 병력들은 적의 시야에 노출되지 않음으로써 오래 생존할 수 있다. 일단 살아만 있으면 언제든지 작전을 감행해 적에게 불안감을 느끼게 하고 많은 병력을 묶어놓을 수 있다. 본진에 다크템플러나 러커 한 기만 침투하더라도 진출한 병력을 소환하고 감지 유닛을 총동원해 소탕을 해야 하는 것과 같은 맥락이다.

기동성도 느리고 은폐하기도 힘든 특수부대의 경우에는 내구력이라도 좋아야 한다. 적진에서 최대한 오래 활동하며 시선을 끌기 위해서는 생존 기간을 최대한 연장시켜야 하기 때문이다. 드랍십에 머린과 함께 메딕을 동행시키고 오버로드에 저글링과 함께 디파일러를 태워 보내는 것도 이와 같은 이유에서이다.

공격·운영·전략의 프리즘으로 볼 때 정규전은 공격, 비정규전은 전략의 범주에 속한다고 볼 수 있다. 전면전이 일어날 경우 상성상 공격으로 전략을 짓누를 수 있지만, 방어에 중심을 둬야 하는 평시에는 전략이 활용될 공산이 크다. 천안함 격침 사건과 연평도 포격 사건을 보며 이를 다시 한 번 확인할 수 있었다. 현실에서나 〈스타〉에서나 정규전과 비정규전의 균형을 잡고 이를 조화롭게 활용하는 자에게 승리가 돌아간다. 지나치게 정규전에 치중한 나머지 코앞까지 닥친 적의 비정규전력을 간과하고 있지는 않은지, 우리 군도 다시금 점검해봐야 할 시점이다.

<스타>로 보는 해양전

그것의 가없는 푸름을 응시하던 인간은 그것에 도전했고, 이내 정복했다. 그것은 문물의 젖줄이었고 문명의 산파였다. 자신을 독점하기 위해 인간들이 흘린 피를 받아 마시고 떨어지는 살을 집어삼키며 그것은 '제2의 전장'이란 세례명을 받는다. 그것의 아명은 바다였다.

지구 표면의 3분의 2를 덮은 바다. 그렇기 때문에 육지보다 더 탐나는 공간이었던 것일까? 노와 돛이 프로펠러가 될 때까지 인류의 항해는 쉼 없이 계속되었다. 결국 바다를 거머쥐기 위해 철鐵새의 둥지를 물에 띄웠고, 아가미도 부레도 없이 몇 달 동안 자맥질을 할 수 있는 힘의 원천도 얻었다.

모든 제국의 흥망 뒤에는 해양 패권이라는 비밀이 숨겨져 있다. 땅에서 금을 긋는 것은 민족과 국가이지만 바다에서 금을 긋는 것은 힘이다. 중국과 미국이 남중국해를 놓고 신경전을 펼치는 것도 바다에서는 섬과 배가 곧 영토임을 알기 때문이다. 패권을 노리는 국가는 먼저 바다를 얻기 위한 해양전략이 필요하고, 패권을 논할 수 없는 국가들은 그 나름대로의 생존을 위한 해양전략이 필요하다.

국가의 해양력은 어떻게 발휘되는가? 가장 강한 함대는 어떤 형태를 띠는가? 한국 해군호號는 어디로 향하는가?

해양전략의 기본 개념

"바다를 지배하는 자가 세계를 지배한다." 지금껏 세계를 제패했던 대제국들과 패권국의 면모를 살피면, 이 말이 참이라는 사실을 알 수 있다. 국가의 해양력은 곧 국가의 힘으로, 자국의 방위를 도모하고 세계로 뻗어나가는 데 필수적인 힘이라 하겠다. 〈스타〉에서 공중전이 갖는 중요성을 생각해보라. 제공권을 장악한 쪽과 그렇지 못한 쪽의 전략적·작전적·전술적 셈법은 하늘과 땅의 차이만큼 크다. 제공권은 적 공중유닛으로부터 기지 방어를 옵션으로 제공하며, 아군의 자유로운 약탈 및 습격을 가능하게 한다.

많은 전략사상가들은 해양의 중요성을 깨닫고 국가의 해양력을 가장 잘 갖추고 운용할 수 있는 방법을 연구해왔다. 그 결과 다양한 해양전략이 탄생했으며, 시간이 흐름에 따라 발전과 도태를 반복하며 현대적 해양전략으로 그 명

맥을 이어나갔다. 여기서는 그러한 내용을 개괄해보자.

먼저 해양전략이 추구하는 목표 또는 상태를 살펴보자.

i) **해양지배**Command of the Sea: 제해권이라고도 한다. 시공간에 구애받지 않고 스스로의 목적을 위해 해양을 사용하는 동시에 적군의 해양 사용은 거부할 수 있는 상태이다. 대공방어 능력이 전혀 없는 저그를 상대로 커세어 한 부대가 마음 놓고 휘젓고 다니는 이상하지만(?) 이상적인 상태. 가장 이상적인 상태이나, 실현 가능성은 극히 적다. 특히 항공력과 미사일, 잠수함의 등장으로 절대적·전면적·항구적 제해권 달성은 불가능해졌다고 볼 수 있다.

ii) **해양통제**Control of the Sea: 특정 구역에서 특정한 기간 스스로의 목적을 위해 해양을 사용하는 동시에 적군의 사용은 거부할 수 있는 상태이다. 상대적·국지적·일시적 제해권이라고 볼 수 있다. 해양지배와 마찬가지로 해양 우세를 점한 국가가 추구하는 적극적인 전략 목표이다. 스포어콜로니가 없는 지역에서만, 또는 스커지가 생산되지 않는 기간에만 커세어가 활약할 수 있는 제한적이고 현실적인 상태.

iii) **해양거부**Denial of the Sea: 해양을 사용할 의사나 능력이 없는 쪽이 적군도 해양을 사용하지 못하도록 거부하는 상태이다. 자신이 먹지 못할 밥에 남도 먹지 못하게 침을 뱉는 것과 같다. 적국에 비해 해양 열세에 놓인 국가들이 추구하는 목표이다. 중국과 같은 대륙국가나 북한과 같이 상대적 해양 열세에 놓인 국가들이 이에 가장 근접했다고 볼 수 있다. 잠수함 및 대함미사일을 통해 적성국이 마음대로 바다를 주무르지 못하도록 하는 것이 목표이다. 소수의 클로킹 레이스로 상대의 캐리어가 함부로 이동하지 못하도록 견제하거나, 스포어콜로니를 설치해 상대 커세어가 본진에 접근하지 못하도록 하는 상태.

그렇다면 해양의 지배, 통제, 거부라는 목표를 달성하기 위해 어떤 전략을 수행하게 될까? 물론 수많은 해양전략이 존재하지만, 이 중 가장 중요하다고 판단되는 다섯 가지를 소개하도록 한다.

함대결전Decisive Battle : (1) 제해권을 달성하기 위해서는 적 해군의 격멸이 선행되어야 한다. (2) 적 해군을 격멸하기 위해서는 전투에서 이겨야 한다. (3) 고로 제해권을 달성하기 위해서는 전투에서 이겨야 한다. 함대결전은 이러한 삼단논법에 근거한 전략으로, 한 번의 결정적인 승리를 가장 중요시한다. 클라우제비츠와 조미니처럼 전력의 집중을 중시하고, 군함의 숫자보다 크기를 중시한다. 배가 클수록 더 강한 장갑을 두르고 더 강한 무장을 탑재할 수 있으며, 더 먼 곳까지 나가서 작전을 펼칠 수 있기 때문이다. 배틀크루저가 부대 단위로 맞붙는 장면을 떠올리면 되겠다.

해상봉쇄Blockade : 적 함대를 격멸하는 대신 항구를 포위해서 일체의 전력이 빠져나가지 못하도록 봉쇄해 제해권을 달성하는 전략이다. 해양력을 보유하고 행사하는 궁극적인 목적은 결국 자유롭게 해양을 이용함으로써 정치경제적 영향력을 행사하는 것이기 때문에, 굳이 함대 간 결전을 벌이지 않더라도 봉쇄만으로 해양력의 목적을 달성할 수 있는 것이다. 해양에 전적으로 의존하는 도서국가의 경우, 특히 봉쇄에 취약할 수밖에 없다. 셔틀 한 기조차 빠져나가지 못하도록 물샐틈 없이 순찰을 도는 스커지 부대를 생각하면 되겠다. 해상봉쇄는 함대 결전과 마찬가지로 해양력이 우세한 쪽이 취할 수 있는 전략이다.

현존함대Fleet-in-being: 열세에 놓인 함대가 우세한 적의 주력함대를 상대로 결전을 회피해서 해군력을 보존하고, 분산된 적의 소규모 함대를 상대로는 결전을 벌여 승리함으로써 적의 자유로운 해양 통제를 거부하고 적이 해양력을 발휘하지 못하도록 묶어놓는 전략이다. 해양 열세에 놓인 국가들이 취할 수 있는 소극적인 전략이다. 대한민국과 같이 열강에 둘러싸여 현실적으로 해양 우세를 점하기 어려운 국가들이 선호하는 해양 버전 간접접근 전략이라고 볼 수 있다. 소수의 레이스-발키리 조합으로 상대의 레이스-배틀크루저 본대와의 전투를 피하되 낙오되는 병력 정도는 각개격파할 수 있는 상태와 닮았다.

통상파괴Commerce Raiding: 현존함대와 마찬가지로 열세에 놓인 함대가 구사하는 전략개념이나, 분산된 적 함대가 아닌 적의 해상 보급로를 타격한다는 점에서 차이가 있다. 공해상의 적국의 상선을 공격하는 행위가 이에 해당된다. 주로 잠수함이 사용된다. 탁월한 대잠 능력을 갖춘 군함을 피해 다니며 공격 능력이 없는 수송선만 타격한다. 클로킹

이리 떼 작전

연합국 호송선단을 격침시키기 위해 이용했던 공격전술로, 각 유보트가 개별 순찰 후 호송선단을 식별하면 주변의 유보트들이 모여 협공했다.

사략

국가로부터 공인받은 해적으로, 근세 초기에 국가의 부족한 상비 해군력을 보완하는 역할을 했다. 엘리자베스 1세(Elizabeth I) 시기 활약한 프랜시스 드레이크(Francis Drake)가 대표적인 사략선장이었다.

제1·2·3도련선

중국이 스스로 설정한 해상 방어선으로, 태평양의 섬을 사슬처럼 이은 가상의 선이다. 제1도련선은 오키나와-대만-말레이시아를, 제2도련선은 일본-괌-인도네이시아를, 제3도련선은 알류산열도-하와이-뉴질랜드를 연결한다.

레이스가 발키리를 피해 다니면서 드랍십을 요격하는 것과 같다. 2차 대전 당시 독일의 **카를 되니츠**Karl Dönitz 제독이 지휘한 유보트 전대의 '**이리 떼**wolfpack' **작전**과 16세기 대항해시대에 널리 행해진 **사략**privateer 행위도 통상파괴 전략에 포함된다.

반접근-지역거부(A2/AD): 열세에 놓인 국가가 적 해군이 자국의 해안에 접근하지 못하도록 거부하는 전략이다. 기존에는 기뢰, 잠수함, 해안포 등이 주로 사용되었으나, 점차 지대함미사일에 자리를 내주는 추세이다. 상대의 캐리어가 접근하지 못하도록 터렛을 박는 것, 함부로 질럿들이 뛰어다니지 못하도록 벙커와 마인을 박는 것과 같은 이치이다. 중국의 **류화칭**劉華清 제독이 주창한 **제1·2·3도련선**과 이를 바탕으로 구상한 중국판 A2/AD전략이 여기에 해당된다.

목표	해양지배		해양통제		해양거부
주요 사상가	머핸, 콜롬 형제		코르벳, 고르시코프		되니츠, 류화칭
추구 방향	대양해군		지역해군		연안해군
전제 조건	해양우세 ◀────▶ 해양열세				
주요 전략	함대결전	항구봉쇄	현존함대	통상파괴	A2/AD
전력 지표	함정의 규모(배수량) ◀────▶ 함정의 수(척)				

머핸과 코르벳의 해양전략

해양지배와 해양통제는 전력상 우세한 쪽이 추구하는 공세적인 목표이며 해양거부는 전력상 열세에 놓인 쪽이 추구하는 방어적인 목표임을 알 수 있다. 제해권에 대한 해석에서도 전략가별로 차이가 나타나는데, 미국의 제독이자 전쟁사학자였던 **앨프리드 머핸**Alfred Thayer Mahan은 해양지배를, 영국의 해군 역사학자였던 **줄리언 코르벳**Julian Corbett과 '소련 해군의 어머니'라 불리는 **세르게이 고르시코프**Sergey Gorshkov는 해양통제에 가까운 개념을 대변했다.

머핸은 클라우제비츠의 사상을 해양전략에도 그대로 적용해, 해양전투의 목적은 상대방의 전력을 완전히 격멸하는 데 있다고 주장했다. 따라서 국가의 해양력은 함대 간 전투에 의해 결정된다는 함대결전사상을 바탕으로 적 함대를 격멸하는 것만이 제해권을 확보하는 유일한 길이라고 얘기한다. '해양지배'에 가까운 절대적 제해권의 해석이라고 볼 수 있다. 함대결전의 승패는 함정의 수보다는 총 톤 수에 의해 좌우되기 때문에 더 '크고 아름다운' 전함을 좇는 **'거함거포주의'**가 당시 유행하기도 했다. 레이스나 발키리보다 배틀크루저를, 스카우트와 커세어보다 캐리어를 주력으로 운용해야 한다는 개념이다.

하지만 머핸이 해양전략의 선구자로 불리게 된 데는 그보

다 본질적인 이유가 있다. 그는 최초로 '해양력sea power'이라는 개념을 도입했을 뿐만 아니라, 해양력이 국가의 번영에 지대한 영향을 미친다는 사실을 간파했다. 머핸은 그의 저서 『해양력이 역사에 미치는 영향』에서 역사적인 해전들을 분석해 강력한 해양력이 국가의 강력한 영향력으로 환산될 수 있다고 주장했다. 그의 주장은 제국주의 시대 열강의 해군력 증강과 팽창주의 정책에 영향을 주어 일각에서는 1차 대전 발발의 원인으로 머핸과 그의 역저를 지목하기도 한다.

반면 코르벳은 지상전의 논리가 해양전에 그대로 적용되기는 어렵다고 봤다. 영토와 달리 영해에는 국경이 없으므로 영해 이외의 해역에 대한 항구적이고 절대적인 제해권 장악은 불가능하며, 결국 일시적이고 국지적인 제해권 확보에 그칠 수밖에 없다고 주장했다. 따라서 함대 간 결전에서 승리보다 중요한 것이 해상교통로의 확보라고 말한다. 해양통제에 가까운 상대적 제해권의 해석이라고 볼 수 있다.

코르벳이 해양지배보다 완화된 개념인 해양통제를 내세우게 된 배경에는 해전의 속성에 대한 그의 생각이 있었다. 머핸은 본질적으로 바다에는 숨을 곳이 없고 먼저 공격하는 쪽이 유리하므로, 결전에 유리하도록 전력의 집중이 중요하다고 생각했다. 이에 반해 코르벳은 바다야말로 결전을 피하고 도망가기에 유리한 전장이고, 방어하는 쪽이 유리하기 때문에 전력을 분산해서 꼭 필요한 항로만 확보하는 편이 낫다고 본 것이다. 즉, 머핸이 본 해전이 전력(유닛)에 중점을 둔 저그 대 저그 전이었다면, 코르벳이 본 해전은 영역의 확보에 중점을 둔 테란 대 테란 전이었다고 볼 수 있다. 이 두 접근법은 장기와 바둑처럼 완전히 다르다.

프로토스와 저그 간의 경기를 놓고 보면 이해하기 수월하다. 일반적으로 저그가 공중전을 하는 목적은 뮤탈리스크와 스커지를 활용해 프로토스의 커세어를 완전히 박멸하는, 머핸의 해양지배와도 같은 것이다. 장기로 치면 상대의 말을 잡는 것이 주목적인 셈이다. 반면 프로토스의 주력 공중유닛인 커세어는 적의 공중유닛을 제압하는 임무 외에도, 셔틀을 호위하고 진로를 확보하는 역할 또한 중요하다. 바둑에서 활로를 여는 것과도 같다. 이는 코르벳의 해양통제에 더 가까운 목적이라고 할 수 있다.

코르벳과 머핸의 또 다른 차이점으로 육군과 해군의 관계에 대한 평가를 들 수 있다. 머핸은 해양력만이 강대국의 필수불가결한 요건이라고 간주하며, 육해군 간 합동작전은 불필요하다고 보았다. 합동작전은 자원을 낭비하고, 전력 집중에 방해가 되며, 지상군을 불필요한 위험에 노출시킨다는 것이다. 반면 코르벳은 해양력이 강대국의 필요조건일지는 몰라도 충분조건은 아니라고 여겼다. 강대국은 반드시 강한 해양력을 보유하게 되지만, 강한 해양력을 지녔다고 해서 반드시 강대국이 되지는 않는다는 것이다. 따라서 해군과 육군 간의 긴밀한 협력, 예컨대 상륙작전을 통한 육군 전력의 투사 또한 해군전략의 중요한 요소라고 평가했다. 머핸은 강한 해양 유닛이 승리의 열쇠라고 생각해서 배틀크루저로 구성된 해군을 추구하였다면, 코르벳은 해전의 승리가 반드시 게임의 승리로 이어지지는 않는다고 보고 드랍십을 섞은 유기적인 전력 운용을 추구했다고 볼 수 있다.

머핸과 코르벳의 해양전략은 해양강국들에 유용한 논거를 제시했다는 점에서 공통점을 보인다. 두 사상가가 여러 면에서 서로 대척점에 서 있는 것으로 보이지만, 사실 머핸은 해군의 대전략grand strategy을, 코르벳은 해군의 작전술을 설계했다는 점에서 상보적인 위치에 서 있다고 볼 수 있다. 머핸은 국가의 흥망에 해양력이 미치는 영향력을 간파했다는 점에서, 코르벳은 그 영향력의 확대해석을 경계하고 기존의 지상군 전략 중심의 사고에서 탈피한 해군력 운용의 새 지평을 열었다는 점에서 두 사상가 모두 선구자적 인물이라고 할 수 있겠다.

고르시코프의 해군전략

머핸을 비롯한 근대의 사상가들이 해양 그 자체의 중요성과 활용에 대한 '해양'전략을 설파했다면, 양차 대전 후 등장하기 시작한 사상가들은 이전보다 구체적으로 어떠한 해군을 건설하고 운용해야 하는지에 대한 '해군'전략에 주목했다. 그중 여기서 소개하는 사상가는 소련 해군의 어머니로 불리는 고르시코프 제독이다.

고르시코프는 소련 해군이 지정학적 불리함을 안고 있다고 생각했다. 전통적으로 해군보다는 지상군에 힘을 실어주는 대륙문화가 존재했고, 세계의 젖줄인 대서양과 태평양으로 진출하기 위해서는 서방 세계의 통제 아래에 놓인 베링해협과 쿠릴열도선을 통과해야만 했다. 더군다나 미국처럼 해외에 전진기지가 있는 것도 아니었다. 자연히 소련 해군은 지상군에 비해 지원적이고 방어적인 역할을 수행하는 데 그쳤다.

고르시코프는 영국과 미국 해군전략의 바탕이 된 머핸의 해군전략에 대응할 수 있는, 해양 열세에 놓인 국가를 위한 해군전략이 필요하다고 느꼈다. 그는 신무기체계가 등장하면서 전통적인 해군국이 연안을 완전히 지배하는 시대는 종말을 고했다는 점에 주목했다. 마치 아무리 대단한 배틀크루저 함대도 클로킹 레이스나 사업(사거리 업그레이드) 골리앗 때문에 마음 놓고 전장을 누빌 수 없는 것과 같다. 여기서 머핸과 코르벳 시대 이후 해군사상의 판을 완전히 새로 짠 게임체인저game changer들을 알아보고 가자.

원자력잠수함: 잠수함은 수중에서 기회를 엿보며 대기하다가 어뢰를 발사해 적함을 격침시키는 바다의 저격수이다. 해양전력 중 가장 비대칭성이 강하다고 평가받는다. 초기의 잠수함은 오랜 기간 잠항할 수 없었기 때문에 해수면으로 부상하다가 적 군함에게 위치가 발각되어 생존율이 현저히 떨어졌다. 이를 극복하게 해준 것이 원자력추진잠수함으로, 디젤엔진을 원자력엔진으로 대체해 최장 세 달까지 수중에 머무를 수 있는 잠항 능력을 얻었다. 기존의 디젤잠수함이 마나가 10 남은 클로킹 레이스였다면, 원자력잠수함은 마나 만땅의 레이스처럼 훨씬 오래, 들키지 않고 작전을 수행한다. 원자력잠수함의 개발은 전함우월주의 해군전략의 종말에 일조했다.

대함미사일: 대함미사일에는 지상에서 함정을 향해 발사되는 지대함미사일과, 주로 미사일고속정과 같은 함정에서 다른 함정을 향해 발

사되는 함대함미사일이 있다. 미사일은 어뢰에 비해 사정거리가 길며, 기동배치와 정밀타격이 가능하다는 장점이 있다. 1967년에 이집트의 미사일고속정이 이스라엘의 1,700톤급 전투함을 함대함미사일로 격침시킨 '에일라트 쇼크' 사건 이후, 나라마다 대함미사일 개발에 박차를 가했고, 이러한 풍조가 앞서 언급한 A2/AD(반접근/지역 거부) 현상으로 이어졌다. 대함미사일이 발달하면서 대형 전함을 중심으로 한 해군작전은 큰 타격을 받았고, 육군과 해군의 입체전은 탄력을 받았다. 배틀크루저(전투순양함)가 스카우트(미사일고속정)와 골리앗(지대함미사일) 상대로 치명적으로 약한 모습을 보이는 것을 보면 알 수 있다.

항공모함: 철鐵새의 둥지. 항공모함은 해군의 전략적 가치를 새로 정립한 주인공이다. 자체적인 공격 능력이 거의 없어 호위함대를 필요로 하지만, 일단 함대가 갖춰지면 공군과 해군의 입체전을 가능하게 해주는 최고, 최대의 전력이다. 주로 대양에서 구축함과 순양함의 호위를 받으며 활동하며, 해상활주로의 역할을 한다. 원자력항공모함의 개발은 연료의 재공급 없이 장기간 작전할 수 있는 **항속력**을 항공모함에 부여해, 전략무기로서의 능력을 배가시켰다. 하지만 운영 비용이 비싸고 많은 수의 함재기를 통해서만 작전을 수행할 수 있다는 약점이 있다. 프로토스의 캐리어는 항공모함을 그대로 재현해놓은 유닛이다.

항속력
선박 또는 항공기가 한 번 실은 연료만으로 항행을 계속할 수 있는 힘.

고르시코프는 원자력잠수함, 대함미사일, 항공모함 등의 등장으로 어차피 함대결전에서 이기더라도 제해권을 장악할 수 없다고 보았다. 따라서 차라리 필요한 시간에 필요한 해역만을 확보하는 편이 낫다고 생각했다. 그리고 이를 위해서는 잠수함, 수상함, 항공모함, 상륙함 등 다양한 전력으로 구성된 '균형함대'를 건설할 필요가 있다고 주장했다.

가장 잘못 알려진 사실은 고르시코프가 2차 대전 독일의 되니츠 제독처럼 잠수함을 통한 해양거부 전략을 추구했다는 것이다. 그가 잠수함의 등장 때문에 완전한 해양지배는 불가능하다고 주장한 것은 사실이나, 잠수함을 이용한 해양거부 전략을 추구한 것은 아니다. 오히려 쿠바 미사일사태 때 소련이 수많은 잠수함을 보유했음에도 미국의 전력과시 앞에 무릎을 꿇는 광경을 보며, 해양력을 현시顯示할 수 있는 수상전력을 강화할 필요가 있다고 느꼈다. 그래서 잠수함 및 지대함미사일 위주의 소련 해군을 전략적 타격, 해양력 투사, 국제적 존재감global presence 과시가 가능한 균형해군으로 탈바꿈하고자 부단히 노력했고, 실제로 소련이 세계 제2의 해군국으로 발돋움하는 기초를 닦았다. 흑해와 북극에 머물렀던 지역해군을 대서양과 태평양으로 진출하는 대양해군으로 재탄생시킨 것이다.

한국해군의 방향

함대는 작전범위에 따라 크게 연안해군brown water navy, 지역해군green water navy, 대양해군blue water navy으로 나눌 수 있다. 연안해군은 자국의 연안, 하구, 영토를 지키는 데 주력하는 소극적인 함대이며, 열세한 해상전력을 지상, 공중, 그리고 수중전력 간 협력으로 극복한다. 터렛과 골리

앗, 레이스와 발키리가 조합을 이뤄 적 캐리어의 위협으로부터 본진을 지키는 그림을 생각하면 되겠다. 반면 대양함대는 먼 바다에까지 해양 전력을 투사할 수 있는 기동함대의 성격을 띠며, 자국의 영해뿐 아니라 통상해역까지 진출하는 적극적인 함대이다. 커세어의 호위를 받으며 캐리어가 중원을 휘젓고 다니는 장면을 떠올리면 되겠다. 지역해군green water navy은 이 둘의 중간쯤에 위치한다고 볼 수 있다. 한국해군은 대양해군을 표방해왔으나, 그 규모나 능력을 볼 때 사실상 지역해군이라 할 수 있다.

한국은 해양의 특수 조건을 다 갖추었다고 볼 수 있다. 삼면이 바다인 반도에 위치하고, 영토와 영해가 적성국과 맞닿아 있다. 그뿐 아니라 분단국가라는 이유로 연안은 연안대로 지켜야 하고, 무역 의존도가 높은 국가로서 대양까지 해양력을 투사해 우리 상선을 지켜야 하는 상황에 놓여 있다. 연안에서는 북한과 비교했을 때 해양 우세를 점하고 있지만 천안함 격침 사건으로 인해 북한의 해양거부 능력에 실제적 위협을 느끼게 되었고, 역내에서는 여전히 러시아, 중국, 일본에 비해 열세하기 때문에 그들의 해양통제 능력에 효과적으로 대응하기 어려움을 깨달았다. 이런 난제들로 미뤄봤을 때, 이순신의 후예들이 현재 심각한 딜레마에 봉착했음은 확실하다.

한국해군은 천안함 격침 사건 이후 대양해군의 구호를 접고 역내 해군력 강화로 돌아섰지만, 대양해군의 필요성을 강조하는 목소리도 여전히 높다. 삼호쥬얼리호 석해균 선장과 같은 피해자가 다시 나타나지 않게 하기 위해서 우리의 해상 통로는 우리가 지켜야 한다는 것이다. 하지만 대한민국의 국력으로는 대양을 통제할 정도의 사이즈가 안 나오는 것이 유감스러운 현실이다. 솔직히 말하면 항공모함은 고사하고 **이지스** 함대를 갖추는 것도 조금 버거워 보인다. 결국 현시점을 놓고 봤을 때, 한국해군이란 옷걸이에 가장 잘 맞는 옷은 고르시코프가 추구한 균형해군이 아닐까 한다.

이지스
그리스신화에서 제우스가 그의 딸 아테나에게 준 방패 '아이기스Aegis'에서 유래한 이름으로, 목표의 탐색부터 파괴까지 종합적으로 임무를 수행하는 무기시스템이다.

큰 신발을 신는다고 발이 덩달아 커지지는 않듯이, 우리는 우리의 사이즈를 인정하는 것에서 시작해야 한다. 그래서 연안에서는 해양통제, 대양에서는 해양거부를 행할 수 있는 현존함대를 국가의 해양전략으로 삼아야 한다. 그러기 위해서는 북한의 잠수함과 대함미사일 등 비대칭전력을 제압할 수 있는 함대지 유도무기 및 공중전력을 확충해야 하고, 대양에서 열강을 효과적으로 견제하기 위해 우리가 비대칭전력을 확보해야 한다.

이를 앞서 얘기한 공격·운영·전략의 틀에서 조명해보자. 북한은 전략무기인 레이스 위주의 함대를, 그리고 일본은 운영 위주의 배틀크루저 함대를 갖고 있다. 대한민국은 일본의 배틀크루저를 상대하기 위해 없는 자원 짜내서 배틀크루저를 생산한다. 큰 방패를 상대로 작은 방패를 들이민 격이다. 그러던 중 북한의 레이스에 한 번 호되게 당하는 일이 발생한다. 이럴 경우, 차후에 대한민국은 어떤 카드를 꺼내야 하겠는가? 일단 눈앞의 위협인 레이스를 제압하기 위해 발키리 중심의 연안함대를 뽑고, 배틀크루저를 견제하는 용도로 레이스를 추가해 균형함대를 이룬 후, 나중에 여유가 될 때나 배틀크루저를 뽑으면 된다. 처음부터 없는 살림에 배틀크루저, 즉 대양해군을 건설할 여력도 이유도 없다.

코르벳과 고르시코프의 해양전략에서 봤듯이 제해권의 개념은 다분히 상대적이다. 큰 것은 좋고 작은 것은 나쁘다는 이분법적 논리는 비대칭전력이라는 제3자의 등장에 의해 서서히 설 자리를 잃고 있다. 물론 대양해군의 구호는 여전히 우리 귀에 캔디 같지만, 현실을 직시하자. 지금은 21세기이다. 이제는 머핸의 전근대적 해양지배론에서 벗어나 우리 사정에 맞는 우리만의 해양전략을 재고해볼 때이다.

아울러 전력구성force structure과 무기체계에서의 혁신도 고려되어야 할 중요한 요소이다. 전쟁의 승패는 결국 전력의 질과 양이라는 유형적 요소와 전력의 운용과 사기라는 무형적 요소에 의해 결정된다. 전력구성과 무기체계는 이 중 전력의 질을 결정하는 한 축을 형성한다. 특히 첨단화된 21세기에는 무기의 성능이 전투의 승패를 판가름 짓게 되었다.

진수 후 적 해안까지 잠수한 채로 이동 가능한 잠수형 상륙장갑차, 기존 함포와 미사일의 공격 역할을 대체할 수 있는 레일건 함포, 적의 대함미사일을 요격할 수 있는 레이저형 근접방어시스템Close-in Weapon System, CIWS 등은 미래 해전의 양상을 송두리째 바꿔놓기에 충분한 게임체인저일지도 모른다. 간단히 예를 들어보자면, 레일건과 레이저는 각각 미사일이 수행하던 공격과 방어의 기능을 대체하게 될지도 모른다. 레일건은 값싼 운용비와 저장성, 극초음속의 타격 능력을 기반으로 기존의 함대지미사일보다 강한 억제력을 발휘하고, 레이저 무기는 광속의 요격 속도를 활용해 기존의 CIWS나 요격미사일보다 강한 방어력을 제공할 수 있다.

그렇게 될 경우 크게 두 가지가 영원히 바뀌게 될 것이다. 첫째, 해전에서 미사일은 설 자리를 잃게 될 것이다. 둘째, 다시금 거함거포주의의 시대로 회귀하게 될 것이다. 해전의 승패는 누가 레일건과 레이저 무기에 소모되는 전력電力을 배에 더 많이 담을 수 있는가에 따라 결정될 것이고, 결국 핵추진 수상함의 시대가 오게 될지도 모른다. 20세기 초 배틀크루저의 시대가 골리앗(지대함미사일)과 레이스(잠수함)에 의해 종말을 맞이했다면, 21세기 초 등장한 야마토 캐논(레일건)과 디펜시브 매트릭스(레이저 방어체계)는 다시금 배틀크루저 위주의 함대를 주인공으로 추대할지도 모른다.

이미 미국, 중국, 일본 등 여타 해양강국들은 이러한 신무기체계 개발에 박차를 가한 지 오래이다. 우리도 뒤처져서는 안 된다. 생산되는 병력의 양은 플레이어의 자원량에 비례하지만, 테크와 업그레이드는 플레이어가 투자한 시간에 비례한다. 이 점을 명심하고, 국방과학기술에 대한 장기적인 관점에서 투자를 진행해야 할 것이다.

<스타>로 보는 항공전

1903년, 양력이 중력과의 전투에서 최초로 승리했다. 인간이 지표면에서 해방되는 순간이었다. 하늘이라는 새로운 공간의 잠재력은 이내 통찰력 있는 많은 자를 매료시켰다. 창공에는 끝이 없었고, 산이나 암초 같은 장애물도 없었다. 날 수 있다면 갈 수 있었고, 갈 수 있으면 볼 수 있었으며, 볼 수 있으면 칠 수 있었다. 비행기는 날 수 있다는 것 하나만으로도 커다란 전략자산이 되었다.

모든 획기적인 기술이 그렇듯 비행기도 빠른 시간에 확산되었다. 그렇게 너 나 할 것 없이 하늘을 탐내기 시작했고, 땅과 바다처럼 하늘도 전쟁의 터전이 되었다. 더 빨리, 더 높이, 더 멀리 날아가려는 욕심은 궁창을 넘어 눈 닿지 않는 미지로까지 향했고, 결국 우리는 지구를 탈출한 첫 번째 생물이 되었다.

덕분에 훨씬 더 먼 곳을 타격할 수 있는 일회용 비행기(미사일)도 등장했고, 지구라는 난쟁이가 쏘아 올린 작은 공(인공위성)들은 영구히 지구 곁을 맴돌게 되었다. 최근에는 인간의 손길로부터 해방된 무인기가 대세이다. 라이트 형제의 비행기가 하늘을 가른 지 불과 100년 만에 생긴 일이다.

과연 인류 비행의 긴 역사는 어떠한 종장을 보여줄 것인가? 제3의 전장, '국가를 지키는 가장 높은 힘'이 존재하는 공군의 세계로 들어가보자.

군용기의 종류

필요가 발명의 어머니라면 전쟁은 발명의 외할머니쯤 되시겠다. 오래전부터 인류는 하늘을 나는 꿈을 꿔왔지만, 본격적으로 꿈을 이루게 해준 것은 두 차례의 세계대전이었기 때문이다. 전쟁은 항공기의 수요를 부채질했고, 그 결과 100년도 안 되는 시간에 수많은 종류의 군용기가 등장했다.

군용기는 형태, 임무, 현황 등에 따라 여러 가지로 분류할 수 있다. 그중 현대인들이 가장 흔하게 접하는 분류는 임무에 따른 분류이며, 크게 살상용과 비살상용으로 나눌 수 있다. 살상용 기체에는 전투기, 공격기, 폭격기, 다목적 전투기(전폭기) 등이 있고, 비살상용 기체에는 전자전기, 초계기/정찰기, 조기경보기, 수송기 등이 있다.

전투기는 통상 공중전에 특화된 기체를 가리킨다. 적의 항공력을 무력화시키고 공중 우세를 달성하는 임무를 수행한다. 원거리에서 적

기를 포착하고 요격할 수 있는 우수한 레이더와 공대공미사일을 탑재하며, 빠른 속도와 다양한 전투기동에 적합한 기체를 지닌다. 공중 공격만 가능한 커세어와 발키리가 전형적인 전투기의 역할을 수행한다.

전투기 중에서도 방어적 목적에 특화된 기체를 **요격기**라고 한다. 자국의 영공으로 침입하는 적기를 격추하기 위해 빠른 속도와 상승력을 갖지만, 자국의 영공에서만 활동하기 때문에 공중 우세 전투기에 비해 체공 시간은 짧고 작전 범위는 좁다. 최근에는 지대공미사일이 요격기를 대체하는 추세이며, 요격기는 영공 내로 진입한 불상기체unknown aircraft의 차단 또는 호위에 주로 사용된다. 본진으로 접근하는 적기를 격추하러 가는 스커지를 닮았다.

폭격기는 다량의 폭탄을 탑재하고 투하하기 위한 목적으로 운용되는 기체이다. 과거에는 주로 적지의 상공으로 진입해 직접 융단폭격을 가할 수 있는 크고 느린 중重형 폭격기들이 유행했으나, 현재는 미사일의 발달, 핵무기의 등장, 전투기의 다목적화로 인해 순수한 폭격기에 대한 수요는 줄고 있는 실정이다. 적진에 '폭탄 드랍'을 가하는 오버로드가 과거의 폭격기 개념을 나타낸다면, 먼 거리에서도 폭격을 가할 수 있는 가디언이 현대적 개념의 폭격기를 나타낸다고 볼 수 있겠다.

공격기는 지상의 목표물을 공격한다는 점에서 작은 폭격기라고 불릴 만하나, 폭격기가 폭탄이나 미사일로 적 기지, 공장 같은 전략목표를 주로 공격한다면, 공격기는 적 병력 등 전술목표를 공격하기 위해 운용된다. 먼 거리에서 테란의 본진을 때리는 가디언이 폭격기라면, 부지런히 날아다니며 테란의 병력을 잘라먹는 뮤탈은 공격기로 비유할 수 있겠다. 과거에는 캐리어를 잡는 레이스처럼 어뢰를 발사해 적 해상전력을 타격하는 뇌격기라는 공격기도 있었다. 현대전에 들어와서 공격기는 대체로 지상군의 **근접항공지원**Close Air Support, CAS 또는 **항공차단**Interdiction, INT의 용도로 사용된다. 베트남전과 이라크전에 사용된 A-10 기종이 공격기의 대명사이다.

근접항공지원
고정익 및 회전익 항공전력의 화력으로 지상군의 작전을 돕는 전술.

항공차단
고정익 및 회전익 항공전력의 화력으로 적 지상군의 기동과 집결을 와해하는 전술.

다목적기는 말 그대로 여러 목적을 수행할 수 있는 기체로, 전장의 멀티플레이어이다. 다양한 임무를 소화할 수 있도록 뛰어난 기동력을 기본으로 갖추고 있으며, 임무에 따라 적합한 무장과 연료를 탑재할 수 있다. 뮤탈리스크처럼 공대공, 공대지 임무에 모두 적합하며, 임무의 성격에 따라 공대공(디바우러) 또는 공대지(가디언) 전용기로 개조할 수 있다. 다목적기는 현대 항공전력의 핵심이자 첨단으로, 그만큼 비싸기 때문에 웬만한 나라는 구매할 엄두도 못 낸다.

전자전기는 항공전의 마법사로 불린다. 오늘날 항공전력의 눈과 귀 역할을 하는 레이더와 전자 장비를 차단 및 교란해 적의 방공체계를 와해하고 아군 항공전력을 보호한다. 모의 공중전에서 전자전기인

EA-18G 그라울러가 현존 최강의 대공전투기인 F-22를 침묵시킨 것만 봐도 그 능력을 짐작할 수 있다(참고로 모의공중전에서 F-22는 우리나라의 주력이라고도 할 수 있는 F-15를 144 대 0으로 격추했다). 적으로부터 아군을 숨겨주고, 적의 대공망을 얼려버릴 수 있는 아비터는 최고의 전자전기라고 할 수 있다.

초계기는 대잠 탐색을, **조기경보기**는 지상 및 공중 탐색을 위해 주로 운용된다. **정찰기**와 **전자/신호정보기**는 주로 적의 정보를 파악하기 위한 임무에 운용된다. 초계기나 경보기가 수동적으로 정보를 '탐지'하는 데 중점을 둔다면, 정찰기와 정보기는 능동적으로 정보를 '수집'하는 데 중점을 둔다는 차이가 있다. 그런 면에서 초계기와 조기경보기는 패트롤 걸어놓은 오버로드, 정찰기와 정보기는 적진을 정찰하기 위해 찔러 넣는 옵저버라고 볼 수 있겠다.

듀헤와 미첼의 항공사상

20세기 초 프랑스의 **페르디낭 포슈**Ferdinand Foch 장군은 "비행기는 장난감일 뿐, 군사적 가치가 없다"라고 말했다. 불과 10년 뒤 1차 대전에 즈음해서 그는 "항공력의 우세는 포병의 우세, 나아가 현대전에서의 우세를 보장한다"라고 말한다. 그 후 100년이 흘렀고, 비행기는 사실상 현대전의 지배자가 되었다. 이제 항공전력은 명실공히 전쟁의 승패를 가르는 가장 중요한 자산이다.

초기에는 포슈 장군처럼 대부분의 군인이 항공력의 군사적 잠재력에 대해 회의적이었다. 항공기의 역할은 잘해봤자 육군의 정찰기

정도에 그칠 것이라고 생각했다. 하지만 두 차례의 세계대전을 거치며 항공 기술은 급속도로 발전했고, 발전된 기술력을 최선의 방법으로 적용하고 운용하기 위한 새로운 항공전략의 필요성이 대두되었다. 비로소 항공기라는 하드웨어에 걸맞는 사상적 소프트웨어가 요구되기 시작한 것이다.

가장 먼저 두각을 나타낸 사람은 이탈리아의 군인이자, 훗날 항공전략사상의 선구자로 불리는 **줄리오 듀헤**Giulio Douhet였다. 그의 가장 큰 업적은 공군력이 전쟁에서 얼마나 커다란 역할을 할 것인지 예견했다는 것이다. 스타포트, 스타게이트, 스파이어도 없던 시대에 공중유닛의 필요성을 간파하고 주장했다고 생각하면 되겠다. 듀헤는 지상군간의 전투가 점차 진지 방어전의 양상으로 고착화됨에 따라 전쟁은 총력전으로 흐를 수밖에 없다고 보고, 적의 의지를 꺾기 위한 노력이 중요함을 간파했다. 그런 의미에서 지상의 방어진지를 우회해 적의 민간인과 산업시설을 타격해서 사기를 꺾을 수 있는 전략폭격은 승리를 위해 가장 유용한 수단이 될 것이라고 내다보았다. 테테전에서 탱크와 터렛이 긴 대치 라인을 형성하고 있을 때, 상대의 본진으로 레이스를 찔러넣어 패닉을 일으키는 것과 같은 원리이다.

듀헤는 폭격에 성공하기 위해서는 적지에 자유롭게 진입할 수 있는 능력이 전제되어야 하기 때문에, 아무런 간섭 없이 하늘을 자유롭게 이용할 수 있는 권리, 즉 제공권의 확보도 필수라고 강조했다. 가디언이 활약하기 위해서는 먼저 상대의 레이스를 제압해야 하듯이 말이다. 다만 제공권을 확보하는 방법으로, 적기를 직접 격추시키기보다는 적의 생산시설, 보급기지, 공항을 파괴하는 것이 효과적이라고 주장했다. 그의 말을 빌리자면, "한 종의 조류를 멸종시키기 위해서는 날아다니는 모든 새를 죽이는 것보다는 둥지와 알을 제거하는 편이 낫다"라는 것이다. 저저전에서 서로가 눈에 불을 켜고 상대의 스파이어를 파괴하려는 모습은 듀헤에 대한 오마주라고 볼 수 있다.

듀헤는 더 나아가서 공군이 육군·해군과 함께 독립된 지휘체계로 운용되는 새로운 군종으로 거듭나야 한다고 주장했다. 항공전략과 사상뿐 아니라 공군의 조직에 대해서도 관심이 많았다는 얘기이다. 과연 항공전략의 선구자다운 공군 사랑이 아닐 수 없다.

듀헤의 폭격 사랑(?) 바통을 이어받은 이가 있으니, 프랑스 태생의 미국 군인인 **윌리엄 미첼**William "Billy" Mitchell이다. 미국 공군의 아버지라고도 불리는 그는 항공력을 본질적으로 공격적이고 전략적인 전력으로 보았다. 폭격으로 적의 핵심부를 강타함으로써 최소의 손실만으로 적에게 아군의 의지를 강요할 수 있다고 보았고, 듀헤와 마찬가지로 폭격이 가능하기 위해서는 제공권을 장악해야 한다고 주장했다. 한마디로 적의 지상군을 공격하기보다는 본진에 바로 강펀치를 꽂아 넣는 편이 GG를 받아내기에 더 쉽고, 그러기 위해서는 적의 공중유닛부터 제압해야 한다는 것이다.

듀헤와 미첼의 가장 극명한 차이점은 듀헤가 중重형 폭격기 만능주의(해군의 거함거포주의와 유사함)를 신봉한 나머지 다른 항공력의 필요성은 무시한 것과 달리, 미첼은 폭격기와 함께 요격기와 관측기 등 전술적 항공력의 활용도 또한 중요하게 보았다는 것이다. 아마 이

둘이 〈스타〉를 하게 된다면, 듀헤는 배틀크루저만 뽑고, 미첼은 배틀크루저와 함께 레이스, 발키리, 사이언스 베슬도 뽑았을 것이다.

미첼은 전략폭격이라는 공세적 항공력의 운용 외에도, 해양에서 오는 위협에 대응하기 위한 방어적 항공력의 운용도 제시했다는 점에서 의의가 크다. 항공기가 군함과 상대했을 때 상성상 우위에 있다는 점을 증명하고자, 폭격기로 독일 군함을 침몰시키는 실험을 벌이기도 했다. 이 모습에 놀란 미 해군은 서둘러 항공모함 건조에 착수했는데, 정작 미첼은 항공모함의 함재기가 동시다발적으로 출격할 수 없기 때문에 화력의 집중에 불리하다는 이유로 항공모함보다는 지상에서 동시다발적으로 출격하는 항공력을 선호했다고 하니 아이러니이다.

미첼은 일본이 하와이를 일거에 급습해서 미 태평양함대에 궤멸적 타격을 입힐 것임을 예견하기도 했다. 진주만 공습을 예견해 베스트셀러가 된 이승만 대통령의 『일본내막기Japan Inside Out』가 발간되기 무려 17년 전의 일이니 미첼 입장에서는 배가 조금 아플 수도 있겠다. 그만큼 뛰어난 통찰력을 바탕으로 현존 최강인 미 공군의 초석을 다진 군인이 있었다니, 우리나라도 배가 아플 것이다.

트렌차드와 세바스키의 항공사상

영국의 군인 **휴 트렌차드**Hugh M. Trenchard 또한 "평시에 공군력은 어느 군보다도 경제적으로 운용될 수 있는 새로운 전력이 된다"라고 주장하면서 전략폭격과 제공권의 중요성을 역설했다. 그는 어차피 영공을 100퍼센트 방어하기란 불가능하니, 최선의 방어는 곧 공격이라고 봤다. 저저전을 할 때면, 어차피 스포어콜로니와 스커지로 상대의 뮤탈리스크를 모두 방어할 수는 없으니, 결국에는 양쪽 모두 뮤탈을 모아 서로에게 공격을 감행하게 되는 것과 마찬가지이다.

트렌차드는 제공권의 개념을 더 세부적으로 파고들어서 공중우세를 통한 '공중통제'라는 개념을 정립한 장본인이기도 하다. 그는 개전 초기부터 공중우세를 획득하고 이를 지속적으로 유지하는 것이 중요하다고 강조했다. 우리는 이미 공중우세를 잃으면 이를 만회하기란 대단히 어렵다는 사실을 란체스터의 법칙을 통해 살펴봤다.

트렌차드가 듀헤나 미첼과 달랐던 점은 항공력만으로는 승리할 수 없음을 인식하고, 항공력이 지상군의 진격과 확장을 위한 조건을 형성할 수 있다고 믿었다는 것이다. 전쟁의 도덕성을 강조하며 전략폭격이 국제법에 의거해 수행되어야 함을 주장했다는 점 또한 특이하다 하겠다.

듀헤, 미첼, 트렌차드 모두 항공력의 중요성을 간파하고 전략폭격을 신봉했으며, 폭격을 위한 전제조건인 제공권의 중요성을 강조했다는 공통점이 있다. 그들이 내세운 이론의 핵심은 '항공력을 활용한 적 전략중심strategic center of gravity에 대한 직접적이고 발 빠른 타격'으로 요약

될 수 있다. 이 이론은 훗날 적의 전략중심이 본국이 아닌 지휘통제체계에 있다고 본 **존 보이드**John Boyd와 **존 워든**John A. Warden III 에 의해 '마비전 이론'으로 발전되기도 한다.

존 보이드
전설적인 파일럿 출신의 공군이론가로, 목표 관측(Observe), 방향 설정(Orient), 대응 결정(Decide), 즉각 행동(Act)의 결심수립주기(OODA Loop)를 주창했다.

존 워든
적의 1)군사력, 2)인구, 3)인프라, 4)시스템, 5)지휘부를 폭격해서 전략적으로 마비시킬 수 있다는 '5환 모형(Warden's Five Rings)'을 주창했다. 1)에서 5)로 갈수록 표적의 전략적 우선순위는 높아진다.

하지만 듀헤, 미첼, 트렌차드의 가장 큰 의의는 역시 공군의 독립적 지휘구조를 세우는 데 이바지했다는 점이다. 그 과정에서 육군과 해군의 강한 반발을 사 욕먹고 구속되고 좌천되는 질곡의 인생사마저도 서로 닮아 있다. 임진왜란 당시 수군의 중요성과 독립적 작전의 필요성을 강변하다가 백의종군한 충무공과 비슷하다.

끝으로 소개할 항공사상가는 **알렉산더 세바스키**Alexander P. de Seversky이다. 발음을 조심해야 할 이름의 이 사상가는 러시아에서 미국으로 망명한 미국 군인으로, 1차 대전의 에이스전투기 조종사, 항공기 설계자, 사업가, 항공사상가라는 다양한 수식어가 따라붙는 인물이다. 그는 저서 『항공력을 통한 승리Victory Through Air Power』를 통해 듀헤, 미첼, 트렌차드에서 한 단계 발전한 이론들을 제시한다.

첫째, 그는 전략폭격의 중요성을 인정하면서도, 적의 국민에 대한 무차별적인 폭격보다는 산업시설 및 군사시설에 대한 정밀폭격이 효과적이라고 주장했다. 수백만, 수천만의 SCV를 죽이는 것보다 커맨드센터와 배럭을 부수는 편이 효과적이라는 것이다. 실제로 2차 대전 독일 공군의 런던대공습London Blitz 당시 영국 국민들은 오히려 똘똘 뭉쳐서 나치에 맞서 싸웠고, 무차별 폭격으로 시민들의 사기를 꺾을 수 있다는 듀헤의 가정은 보기 좋게 빗나갔다.

둘째, '억제'라는 개념을 처음으로 제시했다. 힘을 사용하지 않아도 힘의 존재만으로 적의 행동을 거부할 수 있고, 그 역할을 수행하기에 항공력만 한 수단이 없음을 역설한 것이다. 저그의 뮤탈리스크가 날기 시작하면 테란의 바이오닉 병력은 당분간 외출을 자제하게 되는 것과 비슷한 이치랄까?

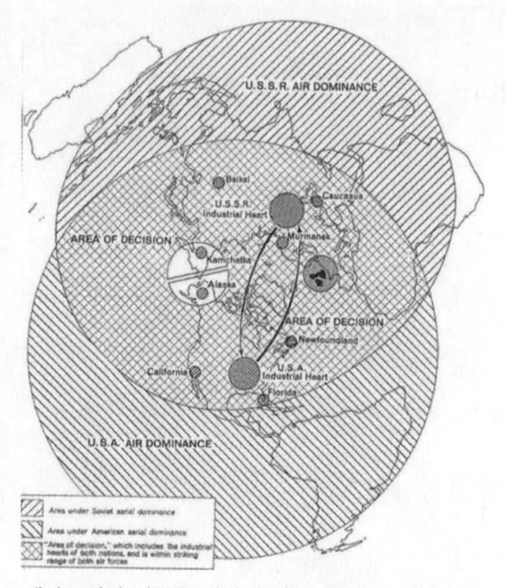

세바스키의 이론을 나타낸 지도. 중간의 교집합 부분이 '결정지역'이다.

셋째, '결정지역 이론'을 통해 항공력의 개념을 지정학적 수준으로까지 확장했다. 세바스키는 냉전기 미소 전략항공 자산의 작전 범위를 원으로 그렸고, 두 범위가 겹치는 교집합 부분을 '결정지역'이라 명명했다. 그 지역에서 공중우세를 점하는 쪽이 세계의 하늘을 지배하고 전쟁에서 이길 수 있다는 것이다.

마지막으로 세바스키는 미사일 시대의 도래와 전자적 패권의 중요성을 강조했다. 대륙간미사일을 항공세력에 포함시켜 우주세력으로 확장해나가야 한다는 전위적인 전략을 제시했고, 지휘·통제·통신·정보(C3I) 능력이 전장에서 승패를 결정하는 날이 올 것이라고 내다보았다.

과연 세바스키의 전망대로 요격기, 뇌격기, 중형 폭격기 등 항공기의 쓰임새는 미사일에 의해 상당 부분 **너프**된 반면, 일회용 폭격기로도 볼 수 있는 미사일은 핵폭탄이라는 어마어마한 **버프**를 받아 현대전의 새로운 딜러가 되어 "미쳐 날뛰고 있다". 또한 전장의 두뇌라고 할 수 있는 지휘통제 기능이 전자 능력에 의존하게 됨에 따라 이전과는 전혀 다른 전쟁 양상이 펼쳐지고 있다.

너프
말랑말랑한 재질로 장난감을 만드는 완구 회사 'Nerf'에서 차용된 게임 용어로, 게임 개발자가 게임의 밸런스를 맞추기 위해 패치를 통해 의도적으로 캐릭터의 능력치를 낮추는 것을 뜻한다.

버프
너프와는 반대로 캐릭터의 능력치는 높이는 것을 뜻한다.

항공전의 추세는 어떻게 변하는 중인가? 미래의 항공전은 어떠한 모습으로 나타날 것인가?

항공전의 추세

양차 세계대전까지만 해도 공중전은 기총 사격을 중심으로 하는 도그파이트dogfight 방식으로 진행되었다. 육안으로 적기를 식별하고 격추하기 위해 쫓아다니는 모습이 마치 개들이 싸울 때 서로의 꼬리를 노리고 빙글빙글 도는 모습과 비슷하다고 해서 생긴 용어이다. 1950년대에 첫 공대공미사일이 등장한 이래 도그파이트는 거의 볼 수 없게 되었고, 현대전의 공중전은 레이더와 미사일을 통해 이루어진다. 가시거리 밖Beyond Visual Range, BVR에서 레이더를 통해 적기를 포착한 후 유도미사일을 발사해 격추시키는 방식이다.

미사일이라는 창이 예리해짐에 따라 항공기의 방패도 더욱 두꺼워질 필요가 있었다. 하지만 항공기의 특성상 전함이나 탱크처럼 무거운 갑판을 달 수도 없었고, 설사 방어력을 증강시킨다고 해도 미사일을 막아내기엔 역부족이었다. 방어력을 업그레이드해도 레이스는 여전히 종이비행기였다. 다른 방법이 필요했다.

항공엔지니어들은 항공기가 미사일의 눈에 띄지 않도록 하는 방법을 개발하기 시작했다. 총포가 발달하고 갑옷이 무의미해지자 적의 눈을 벗어나서 표적이 되지 않도록 위장 전투복을 개발한 것과 비슷한 이치였다. 항공기의 갑주, 즉 스텔스 기능은 그렇게 탄생했다. 오늘날의 공중전은 레이더 대 스텔스, 컴샛 대 클로킹의 싸움이라고 봐도 무방하다.

스텔스가 미사일의 시야에서 항공기를 숨겨주는 보호색이라면, 그보다 능동적인 방법으로 미사일의 눈을 멀게 해버리는 **옵티컬 플레어**optical flare 같은 능력도 개발되기 시작했다. 전파 재밍Jamming(통신 교란)을 통해 미사일의 유도 기능을 무력화시키는 소프트킬soft kill 방식의 전자전기가 등장했고, 아예 적의 대공레이더를 역추적해서 멱을 따버리는 하드킬hard kill 방식의 대레이더anti-radar 공대지미사일도 개발되었다.

베트남전 초기 미국은 월맹의 대공미사일에 의해 예상치 못한 피해를 입자 **대공제압**Suppression of Enemy Air Defense, SEAD 작전, 통칭 '와일드 위즐wild weasel' 작전개념을 도입한다. 전자전기가 우군 항공기를 적 레이더로부터 숨겨주면, 공격기가 대레이더 미사일을 발사해 적의 레이더 기지를 무력화하는 작전이다. 아비터의 비호 아래 적진으로 들어가 컴샛을 깬 후 마음 놓고 적진을 유린하는 것과 같다. 적의 눈을 찌른 후 낭심을 걷어차는 이

옵티컬 플레어

테란의 메딕이 사용하는 특수 기술로, 적 유닛의 시야를 1로 줄여버리고 디텍팅 능력도 사라지게 한다.

치사하지만 치명적인 전술은 미 항공자산의 생존성을 상당히 높였다고 평가받는다.

세계의 공군력 순위를 매기면 1위가 미국 공군, 2위는 미국 해군, 3위는 미국 육군이라는 우스갯소리가 있다. 그만큼 미국의 항공력은 타국의 추종을 불허하는 막강한 전력을 자랑한다. 한 개 항모전단의 함재기만으로도 작은 나라 정도는 쑥대밭으로 만들어버릴 수 있기 때문에, 21세기에 감히 하늘에서 미국과 겨룰 국가는 없다고 볼 수 있다. 따라서 하늘을 자유롭게 누빌 '권리'가 있는 미국의 항공력은 독자적인 전략과 전술을 개발할 수 있었다.

그중 가장 대표적인 하나를 꼽자면 '공지전투Air-land Battle' 개념을 들 수 있다. 상당히 복잡한 개념이라 몇 문장으로 설명하기에는 무리지만, 아주 단순화해서 말하자면 항공력을 활용해 적 지상군의 이동을 차단하는 사이, 나의 지상군과 잔여 항공력을 결집해 산개된 적 지상군을 차례로 격멸하는 전투 방식이다. 레이스로 상대의 탱크가 터렛 근처를 떠나지 못하게 묶어놓고, 그사이 남은 레이스와 지상군으로 상대의 멀티를 차근차근 정리하는 꼴이다.

이제는 미사일이 항공기를 대체하기 시작했다. 굳이 적의 대공 위협을 무릅쓰고 전투기를 띄워 미사일을 쏘지 않더라도, 인공위성이 제공한 좌표에 스트레이트로 미사일을 꽂아버리면 동일한 효과를 얻을 수 있기 때문이다. 질럿 세 기가 목숨 걸고 달려들어야 저글링 한 부대를 이길까 말까 하지만, 리버 한 기는 15원짜리 스캐럽 하나로 전멸시킬 수 있고, 디바우러 한 기로는 절대 이길 수 없는 캐리어 한 기

를 디바우러보다 훨씬 싼 스커지네 기가 거뜬히 잡아낼 수 있는 것과 같다.

스커지는 상대의 공중유닛에 그대로 꼴아박는 자폭형 유닛이자, 〈스타〉에서 가장 싼 공중유닛이다. 그런 면에서 미사일은 스커지와 닮았다. 미사일도 결국 카미카제형 무인기이며, 폭격기보다는 싸기 때문이다. 미사일의 가격이 아무리 비싸져도, 조종사의 목숨 값이 더해지는 폭격기보다는 싸다고 봐야 할 것이다.

드론이 전장의 새로운 대세로 떠오른 이유도 이와 무관치 않다. 인명의 값이 배제되기 때문이다. 인간 폭력성의 세례를 받은 기계들이 서로 죽고 죽이는 광경을 자연스럽게 느낄 날이 머지않은 듯하다. 수천 년간 창칼로 싸워온 인류가 겨우 100년 만에 만든 광경이다. 미래의 전장은 어떤 모습으로 우리를 기다리고 있을까? '군사·전략' 장의 마지막 편에서 확인해보자.

FOOD FOR THOUGHT 테란의 공중유닛은 공군 소속인가 해군 소속인가?

우주는 공군의 영역인가, 해군의 영역인가? 〈스타〉에는 해상전력이 따로 존재하지 않는다. 대신 우주라는 공간에서는 항공전과 해상전의 양상이 복합적으로 나타난다고 볼 수 있다. 따라서 공중유닛의 명칭과 특성을 통해 공군 소속인지 해군 소속인지 유추해볼 수 있을 뿐이다. 가령 프로토스의 스카우트는 공군 정찰기, 캐리어는 해군 항공모함으로 볼 수 있다. 테란 발키리의 정식 명칭은 '발키리 프리깃함'으로, 현대 해군의 호위함 역할을 하는 유닛임을 알 수 있고, 배틀크루저의 '크루저'는 해군 순양함임을 알려준다.

또 하나의 단서는 공중유닛의 계급에서 찾을 수 있다.

- 드랍십: 준위Warrant Officer. 미국에서는 수송헬기 조종사를 육군 준사관이 담당함을 감안할 때 육군일 가능성이 높다.
- 레이스: 공군 대위Captain. 'Captain' 계급은 공군에서는 대위, 해군에서는 대령(함장급)이다. 따라서 공군 전투기 조종사로 보는 게 맞다.
- 발키리: 해군 소령Lt Commander. 해군에만 있는 계급이므로 해군이 확실하다.
- 사이언스 베슬: 공군 소령Major. 해군에는 없는 계급이므로 공군 또는 육군일 확률 99퍼센트.
- 배틀크루저: 해군 준장Commodore. 해군에만 있는 계급이므로 해군이 확실하다. 참고로'Commodore'는 준장이라는 '계급'이라기보다,

한 척 이상의 배를 거느린 전단장이라는 '직위'에 가깝다

이렇게 볼 때 〈스타〉에서 우주는 육해공군 모두가 활약하는 공간임을 알 수 있다. 아, 물론 해병대의 공간이기도 하다. 바다 건너편의 해안이든 우주 건너편의 행성이든, 상륙정과 드랍십을 타고 가장 먼저 적지에 발을 들여놓는 용사는 머린[Marine], 즉 해병대원이기 때문이다.

다음은 지상유닛의 계급.

SCV: 이병(Private)
머린: 이병(Private)
파이어뱃: 상병(Corporal)
고스트: 상병(Specialist)
벌처: 병장(Sergeant)
시즈 탱크: 상사(Master Sergeant)
골리앗: 일등상사(First Sergeant)
드랍십: 준위(Warrant Officer)
메딕: 중위(1st Lieutenant)

<스타>로 보는 미래전

20세기는 핵의 시대였다. 핵은 그 태동기부터 우량한 몸짓을 자랑하더니, 이내 전장의 지배자로 자라나 '차가운 전쟁'을 이끌었고, 전장을 떠나 국제정치의 무대까지 진출했다. 유엔 안전보장이사회의 상임이사인 5개국이 국제사회가 공인한 핵 보유 5개국과 정확히 일치하는 게 우연은 아닌 것이다. 우리는 핵을 지닌 테란의 시대에 살았다.

21세기는 드론과 안드로이드의 시대가 될 것으로 보인다. 알파고를 위시한 새로운 인공지능이 하루가 멀다 하고 출시되고 있으며 로봇은 전장으로 진출하기 시작했다. "기술이 인간을 전장에서 자유롭게 하리라." 우리는 지금 로보틱스robotics 테크를 탄 프로토스의 시대에 살고 있다.

미래는 불확실성의 영역이다. 전장과 무기체계는 우리의 예상보다 항상 빠르게 진화해왔다. 꿩 잡는 것이 매라고, 신무기는 구무기를 잡을 것이다. 핵무기는 레이저 무기에, 안드로이드는 전자기 무기에 왕좌를 내주게 될 것이다. 22세기는 과연 누구의 시대가 될 것인가?

핵무기

물질과 에너지의 등가성이 밝혀진 이래 과학의 발전은 놀라운 가속도를 얻게 되었다. 그 학문적 업적에 발맞춰 인류 문명을 송두리째 지울 수 있는 단 하나의 무기가 빛을 보았고, 1945년 8월 6일 히로시마와 나가사키에서 참혹한 데뷔를 마쳤다. '상대성'에 입각한 재래전의 종말이 가까워졌으며, 어쩌면 인류의 멸종도 머지않았을지 모른다는 불안함에 방점이 찍혔다. 핵무기가 등장하는 순간이었다.

핵무기의 등장으로 기존의 전쟁 양상은 송두리째 뒤집혔다. 손자에서 클라우제비츠, 그리고 실전에서 〈스타〉까지 전장에서의 갑은 항상 힘이 강한 쪽이었다. 우세를 달성하기 위한 다양한 군사사상과 전략이론들이 요구되고, 또 가치를 얻을 수 있었던 것도 이 때문이다. 그런데 핵무기가 보여준 전대미문의 위력 앞에서 기존의 사상과 이론, 탱크와 전투기 등의 재래식 무기들은 상대적으로 사소해 보이게 된 것이 사실이다. 핵보유국이라는 지위만 획득하면 제아무리 강한

군사력을 지닌 적이라도 머리를 조아리게 할 수 있게 된 것이다. 결국 2차 대전 이후 많은 국가가 핵무기를 보유하기 위해 혈안이 되었고, 그렇게 사이좋게 멸망을 향한 행진에 동참하게 되었다.

사실 히로시마 원자폭탄 투하 이후, 핵무기는 이름만 무기일 뿐 무기가 아니게 되었다. 무기란 "전쟁에 사용되는 기구를 통틀어 이르는 말"이다. 지구를 수백 번 초토화할 수 있을 만큼의 핵무기가 지상에 존재하는 현 상황에서 핵무기를 선제적으로 사용하기란 불가능에 가깝다. 우리는 그동안 경험해온 폭력의 역사를 봤을 때, 어디선가 날아온 핵탄두는 두 배가 되어 돌아가고, 이는 다시 네 배로 되돌아온다는 것을 알기 때문이다. 핵무기 사용은 곧 인류 멸망과 동의어로, 인류가 멸망하면 승리도, 패배도, 그리고 전쟁도 없다. 따라서 핵무기는 무기로서의 역할을 수행하지 못한다.

더 나아가 무기라는 것은 그 수에 비례해 전력이 배가되기 마련인데, 핵무기만은 절대량보다 보유 여부에 따라서 영향력이 좌우되는 경향이 크다. 소형 핵탄두 몇 기만으로도 웬만한 나라를 패망으로 몰아넣을 수 있으니 갖느냐 안 갖느냐의 양자택일All or Nothing 게임이 되는 것이다. 사용할 수도 없고 10개나 100개나 비슷한 영향력을 발휘하는 무기를 과연 무기로 볼 수 있을까? 핵무기 그 자체는 무기가 아니다. 핵무기를 갖고 있다는 '사실'이 무기이다.

그 '사실'을 알아주길 바라는 우리네 이웃은 지금도 핵개발에 부단한 노력을 경주하고 있고, 덕분에 우리는 발 뻗고 잘 수 없다. 한편으로는 그들의 마음도 이해가 되는 것이, 김정은 정권에게 핵은 생존을 위한 최후의 보루이자 전략적 억제수단이다. 그러한 핵을 버리라는 것은 리버에게 스캐럽을 버리라는 것과 같다. 따라서 실현 가능성이 없는 꿈은 그만 꾸고, 눈을 돌려 조금 더 먼 곳에서 그림을 바라볼 필요가 있다.

지구상에서 핵 위협을 완전히 제거하는 데는, 안전하지만 비현실적인 방법과 위험하지만 현실적인 방법이 있다. 전자는 모든 나라가 동시에 핵을 폐기하는 것이고, 후자는 모든 나라가 동시에 핵을 보유하는 것이다. 핵확산금지조약NPT 체결 이후로 미국을 위시한 핵보유국과 준핵보유국이 힘을 합쳐 핵군축에 나서고 있지만, 완전한 핵무기 철폐는 너무나도 요원한 것이 현실이다. 자국민의 이해와 세계인의 안전을 저울질하지 않는 이상 총 2만 개에 이르는 핵탄두는 잠들지 못할 것이다. 이러한 관점에서, 어쩌면 모든 국가가 핵을 보유해 소모적인 군비경쟁을 끝내고 '만국萬國의 만국에 대한 투쟁'을 종식시키는 것이 더 현실적인 방안으로 들릴지도 모르겠다. 실제로 스탠리 큐브릭Stanley Kubrick 감독의 영화 〈닥터 스트레인지러브〉에 등장하는 둠스데이 머신Doomsday Machine처럼 핵무기의 통제권을 컴퓨터에게 위임해서 핵위협을 억지하려는 시도도 존재했다고 전해진다. 하지만 이 영화는 다양한 변수가 꼬리에 꼬리를 무는 국제사회라는 복잡계에서 이러한 시도가 최악의 결과로 비화될 수 있음을 보여준다.

모든 국가가 사이좋게 핵무기를 버릴 수도, 가질 수도 없다면 핵이 없는 국가, 특히 대한민국과 같이 적성국이 핵무기를 보유한 국가는 어떠한 핵전략을 구사해야 하는가? 나는 가능한 수단을 조합해 적의 핵능력을 최대한 상쇄시켜야 한다고 생각한다.

우선 외교 노력으로는 우방국의 핵우산 강화를 들 수 있다. 동맹간 핵교리 동기화와 핵협정 정례화 등 하드웨어를 장착하고, 확장 억제 의지 천명 등 소프트웨어를 정착함으로써 핵우산을 '핵파라솔'로 강화해나가야 한다. 방어 노력으로는 미사일방어체계를 한층 두텁게 구축할 필요가 있다. 다층적·다종적 방어체계로 적의 핵공격에 대한 최소한의 거부 능력이라도 갖춰야 한다. 마지막으로 보복 노력으로는 핵피격 시 핵보복을 할 수 있도록 '핵능력은 있되 핵무기는 보유하지 않는' 준핵보유국 지위를 달성하고, 이를 국제사회에서 인정받을 필요가 있다.

물론 이러한 대안이 적국의 핵포기나 자국의 핵보유만큼 확실한 해결책은 아닐 것이다. 핵우산은 우방국의 의지에 따라 신뢰도가 변하며, 미사일방어체계 역시 기술적인 한계에 봉착하기 마련이기 때문이다. 준핵보유국이라는 절제된 핵지위를 국제사회에서 어느 범위까지 용인할지도 미지수이다. 그러나 이처럼 불완전한 대안들이라도 조합되면 상호 보완하며 실질적인 핵억지 방안으로 작동할 여지도 있다. 뭐라도 있는 것이 없는 것보다는 낫다는 것이다.

핵무기는 인류의 담배이다. 일단 한 번 그 맛을 본 인류는 흡연과 같이 핵무기에 계속해서 집착하거나 영원히 참는 두 선택지 가운데 하나를 고를 수밖에 없다. 애연가가 금연 사흘 만에 폐암과 금연 스트레스의 폐해를 심각하게 저울질하듯이, 인류도 언제 발현될지 모르는 핵전쟁이라는 암과 핵포기가 수반할 전략적 스트레스 사이에서 갈등하고 있다. 담배를 끊지 않으면 자신의 정서는 더 편안해질지 모르지만 본인의 폐와 주변의 비흡연자들은 불편해진다. 마찬가지로 핵보유국들이 핵을 유지하면 국가 차원의 안보전략을 더 편하게 짤 수 있을지 모르지만, 삶의 터전인 지구와 비핵보유국들은 어마어마한 스트레스를 받으며 불안감에 떨게 된다.

아인슈타인은 4차 대전이 돌과 막대기의 전쟁일 것이라고 예언했다. 3차 대전은 핵전쟁이 될 것이 자명하기 때문에 문명이 거세된 인류가 원시로 회귀하리라는 섬뜩한 경고이다. 북핵문제가 해결되지 않은 지금, 핵폭탄의 이론적 근거를 마련한 과학자의 암시가 더욱 무겁게 다가온다.

첨단전

과학기술이 급속도로 발전함에 따라 전쟁의 양상도 점차 첨단화되어 가고 있다. 정보전의 가속화와 함께 디지털 기술을 이용한 사이버테러가 가능해졌고, 위성이 등장하면서 본격적인 우주무기 시대가 열렸으며, 이 모든 것을 무용지물로 만들 수 있는 전자전 능력도 생겨나게 되었다. 아울러 기존의 재래식 전력에도 이러한 기술들이 접목되어 본격적인 첨단 전쟁의 서막이 올랐다. 가까운 미래에 실용화될 가능성이 있다고 평가받는 첨단 무기체계에는 무엇이 있는지 살펴보고 가자.

① 보호막: 디펜시브 매트릭스, 플라스마 쉴드

프로토스의 경우 모든 유닛과 건물이 플라스마 쉴드라는 보호막을 갖고, 테란의 사이언스 베슬은 디펜시브 매트릭스라는 기술을 사용해 유닛에게 인위적으로 보호막을 제공해줄 수 있다. 이스라엘군이 사용하고 있는 트로피 능동방어시스템Trophy Active Protection System과 영국군의 포스필드 방어시스템Force Field 등은 모두 이와 같은 신세대 방패로서 역할을 수행한다. 주로 기갑부대에 장착되는 트로피는 적의 미사일 공격이 감지되면 산탄을 발사해 요격하는 체계이다. 포스필드의 경우 슈퍼 변압기로 전차 외부에 전자기장을 구축해 적의 포탄을 미리 폭발시키는 원리를 활용한다. 〈우주전쟁〉 같은 SF영화에서 외계인이 사용하던 기술을 인간도 도입하기 시작한 것이다.

〈스타크래프트 2〉의 프로토스 유닛 거신과 〈우주전쟁〉의 트라이포드가 보호막으로 적 공격을 무력화하는 장면. 어딘가 비슷한 냄새가 나는 장면이다.

② 레일건: 시즈탱크

레일건이란 기존의 화약을 통한 화학적 추진력 대신 전자기력을 통한 물리적 반발력을 이용해 포탄을 발사하는 차세대 추진체계로, 시즈탱

테란의 장남 시즈탱크와 영화 〈트랜스포머 2〉에 등장하는 함포형 레일건. 이 둘도 어딘가 많이 비슷해 보인다.

크에 적용된 기술이다. 마하 7에 육박하는 엄청난 탄속과 파괴력, 화약을 필요로 하지 않는다는 용이성과 안정성 때문에 레일건은 기존의 포와 미사일을 대체할 유력한 플랫폼으로 부상하고 있다. 또한 수백 킬로미터의 사정거리를 단 몇 분 안에 타격할 수 있는 신속성은 엄청난 선제적 억지력을 부여할 것으로 보인다. 어마어마한 반동과 마찰열을 견딜 수 있는 초합금 개발, 천문학적 전기에너지 수요라는 문제가 기술적 과제로 남아 있다. 이미 미국 해군성은 줌왈트급 구축함(DDG-1000 Batch III)에 첫 레일건을 탑재할 준비를 하고 있다고 발표했다.

③ 호버크래프트: 벌처

호버 기술은 현재에도 이미 쓰이고 있다. KTX 같은 자기부상열차와 선박의 일종인 공기부양정 모두 호버 기술을 바탕으로 만들어졌다. 호버크래프트는 지형과 마찰을 빚지 않고 빠르게 이동할 수 있으며, 수륙양용으로 쓰일 수 있다는 장점이 있다. 테란의 벌처가 대표적인 호버크래프트로, 지면과 닿지 않아 지뢰에 반응하지 않는 몇 안 되는 지상유닛 중 하나이다. 호버크래프트, 수직이착륙기 등이 발달하면서 미래에는 육상, 해상, 공중의 구분이 모호해질지도 모른다.

테란의 오토바이 벌처와 영화 〈스타워즈〉의 스피더바이크. 호버 기술의 집약체이다

④ 레이저 무기: 배틀크루저, 레이스

레이저 또한 이미 생활 전반에 쓰이는 기술이지만, 아직까지는 약한 출력과 짧은 사거리 때문에 전력화되지는 못했다. 레이저LASER는 'Light Amplification by Stimulated Emission of Radiation'의 약자이다. 우리말로는 '복사 방출 활성화를 통한 광증폭' 정도가 되겠다. 레이저는 빛의 속도로 발사되기 때문에 신속하고 정확하게 적의 미사일이나 항공기를 요격할 수 있다는 장점이 있다. 레이스와 배틀크루저의 주 무장이 레이저 무기이다.

배틀크루저의 주무기인 레이저. 2002년에 미국은 '기동형전술고출력레이저MTHEL'를 이용한 미사일 요격 실험에 성공했다고 발표했다.

⑤ EMP탄: 사이언스 베슬

EMP는 'Electromagnetic Pulse'의 약자로, 전자기 펄스라고도 한다. 핵폭발 또는 그에 준하는 전자기장 생성 장치를 이용해 고에너지 전자파를 생성해서 주변의 전자기기를 마비 또는 파괴하는 차세대 무기 중 하나이다. 무기는 물론 모든 일상기기를 전자회로에 의존하는 현대사회에서 인명을 살상하지 않고 적을 무력화할 수 있는 위력적인 전략무기로 대두되고 있다. 디지털화된 강군을 추구하는 한국의 입장에서는 EMP탄에 대한 방호체계 구축이 시급한 실정이다. 사이언스 베슬의 EMP탄이 적의 기본 유닛보다는 고급 마법유닛들을 무력화하듯이, 실제 EMP탄 또한 아날로그형 군대보다 첨단화되고 디지털화된 군대에 더욱 치명적일 것이기 때문이다. 많은 군사전문가가 EMP 공격 후 AN-2기와 공기부양정 등 아날로그 전력을 통한 북한의 공격 가능성을 제기해온 터라 EMP는 더 큰 문제로 인식되고 있다.

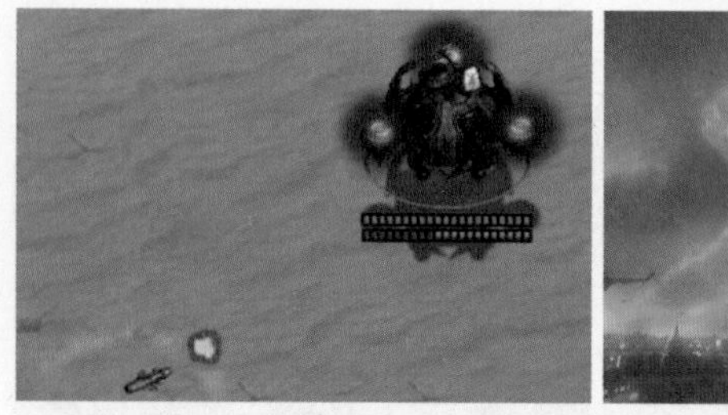

EMP탄을 발사하는 베슬과 실제 EMP탄 상상도. 〈스타〉에서는 쉴드나 마법 에너지만 피해를 받지만 현실에서는 모든 전자회로가 타버린다.

⑥ 화생방무기: 이래디에이트, 플레이그

테란 대 저그의 화생방전.

CBR무기Chemical, Biological, Radiological Warfare라고도 불리는 화생방무기는 대량살상무기의 전신이자 인류에 대한 심각한 위협으로, '가난한 자의 핵무기'라는 별칭이 있을 정도로 악명 높다. 바이러스나 세균, 유독성 화학물질, 방사능에 의한 대량살상을 목적으로 한다. 화력에 의한 물리적인 파괴 없이도 대량살상이 가능한 이 반인륜적 무기들은 그 치명성과 파괴력 때문에 국제사회에서 생산과 사용을 금지하고 있다. 방사능 오염을 통해 모든 생체유닛에 피해를 주는 베슬의 이래디에이트와 세균성 물질을 살포해 유닛을 죽음으로 내모는 디파일러의 플레이그가 〈스타〉에 나오는 화생방 무기의 일종이라고 할 수 있다.

⑦ 전자전 무기 및 심리 무기: 락다운, 마인드컨트롤

현대전은 컴퓨터로 수행되므로 적의 컴퓨터 시스템을 무력화해서 전

력을 약화시키는 공격도 생각할 수 있게 되었다. 따라서 실제 전장에서의 전투만큼이나 사이버세계에서의 가상 전투도 중요하게 되었다. 많은 국가가 사이버보안뿐 아니라 군사적인 목적을 위해 해커를 양성하는 이유가 여기에 있다. 실제로 미국과 이스라엘이 공동 개발한 것으로 추정되는 산업기반시설 공격용 악성코드 스턱스넷Stuxnet 때문에 이란 원전이 수개월간 마비되어 핵개발 계획에 제동이 걸린 적도 있다. 원전에 락다운을 걸어버리고, 기밀정보 서버에 패러사이트를 심으며, 적국의 위성을 마인드컨트롤하는 시대가 도래한 것이다.

인공지능

최초이자 최후의 e스포츠계의 상무인 공군ACE가 조직되었을 때, 거센 비판 여론이 일었다. 군인이 나라는 안 지키고 게임이나 하고 앉아 있는 것이 말이나 되냐는 소리였다. 그런 면에서 드론과 로봇의 등장은 미필자들에게 희망적인 소식이 될 수도 있겠다. 이제는 게임이나 하고 앉아서 나라를 지키는 것이 말이 되는 시대가 왔기 때문이다.

기존의 훈련소가 수행하던 양병의 기능은 로봇의 설계와 제작으로 대체될지 모른다. 앞으로의 군복무는 삽질과 제설 작업이 아닌 삽질용 로봇과 제설용 드론의 조종, 프로그래밍, 수리로 대체될지도 모른다. 아직 모르는 게 너무 많지만, 확실한 것은 이미 무인 기술이 전장에 도래했고 그 활용도는 날이 갈수록 높아질 것이라는 사실이다. 그리고 무인화되는 전력을 가장 효과적으로 운용하기 위한 완전히 새로운 전략 전술 개념도 요구될 것이다. 영화 〈엔더스 게임〉에서 어린 엔더를 최고의 드론 전투지휘관으로 만들기 위해 시뮬레이션을 통한 조기교육을 추진하듯이, 자질이 뛰어난 장교와 전략가를 양성하기 위한 새로운 교육 또한 요구될 것이다.

어쩌면 전투지휘관의 역할마저 로봇이 대신하게 될지도 모른다. 아니, 그럴 가능성이 대단히 높다. 2016년 3월에 우리에게 충격을 안겨주었던 알파고와 이세돌의 바둑 대결은 그 가능성이 결코 낮지 않음을 보여주었다. 더 충격적인 점은 알파고를 가르치는 과정에서 다른 알파고를 스파링 상대로 썼다는 사실이다. 두 알파고끼리 단 수개월 만에 수만 개의 기보를 쌓으며 기력을 향상시켰다. 바야흐로 인공지능이 인공지능을 가르치는 시대가 온 것이다. 인공지능이라는 피노키오가 역설적으로 또 다른 피노키오의 제페토가 된 셈이다.

그것도 모자라 최근에는 알파고 대 알파고의 경기를 지켜보던 인간계의 고수들이 대국을 전혀 이해하지 못하는 진풍경이 벌어지기도 했다. 인간이 수천 년 동안 연구하고 개발해온 바둑이라는 게임을 알파고는 단 몇 달 만에 완벽하게 이해하고, 나아가 새로운 영역을 개척하기 시작한 것이다. 그 영역이 전장으로까지 확대되어 기계가 기계를, 그리고 인간을 지휘한다 해도 전혀 이상할 것이 없다.

알파고를 만든 구글 딥마인드는 다음 도전 분야로 〈스타 2〉를 지목했다. 알파스타AlphaStar를 만든다는 것이다. 벌써부터 경기의 승패에 대한 분석이 뜨겁다.

알파고의 승리를 점치는 사람들은 기계는 지치지 않다는 점, 컨트롤 측면에서 인간보다 훨씬 뛰어나다는 점을 든다. 체력적 요소는 선수의 판단과 컨트롤에 엄청난 영향을 끼친다. 장기전의 경우 경기 후반으로 갈수록, 다전제 승부의 경우 경기 수가 늘어날수록 실수가 잦아지는 것을 보면 알 수 있다. 반응속도와 멀티태스킹 등 순수한 컨트롤 측면에서도 인간의 손보다 컴퓨터의 CPU가 빠르고 정확할 것이 자명하다. 하지만 구글 딥마인드는 공평한 경기를 위해 컴퓨터의 APM을 프로게이머의 수준으로 제한하기로 결정했기 때문에 이 점은 무시해도 될 것 같다.

APM
'Action Per Minute'의 약자로 1분 동안 수행한 명령의 수를 말한다.

반면 프로게이머의 승리를 점치는 사람들은 〈스타〉가 한 수씩 번갈아가며 두는 바둑과 달리 양쪽이 실시간으로 상호작용하는 게임이라는 점, 바둑에 비해 경우의 수가 지나치게 많기 때문에 컴퓨터가 전부 계산할 수 없다는 점을 든다. 일리가 있는 지적이다. 흑백의 돌을 19×19 나무 판 하나에 한 번씩 번갈아 가면서 두는 바둑과는 달리, 〈스타〉는 서로 다른 수백 개의 유닛을 수만 개의 픽셀 위에서 수만 분의 1초 단위로 움직이도록 명령을 내려야 한다. 물론 이론적으로 컴퓨터의 성능만 받쳐준다면 발생 가능한 모든 시나리오를 미분해서 모든 경우의 수를 계산할 수 있겠지만, 적어도 아직까지는 가능할 것 같지 않다. 따라서 현 시점에서는 알파고가 인간에 비해 기막히게 유리할 이유가 없다는 분석은 분명 설득력이 있다. 하지만 이 또한 알파고가 유리하지 않다는 얘기이지 인간이 유리하다는 얘기는 아니다.

내 개인적인 견해로는 결국 컴퓨터가 인간에 비해 〈스타〉를 잘하는 날이 올 수밖에 없지만, 바둑처럼 68승 1패를 할 정도로 실력 차이가 일방적으로 크게 나지는 않을 것 같다. 나는 그 이유를 정보의 불확실성과 인간의 감성에서 찾는다.

〈스타〉에서는 충분한 정보가 주어지지 않는다. 바둑처럼 나의 수와 상대의 수가 모두에게 보이는 판 위에서 진행되는 게임이 아니라, 오로지 눈에 들어오는 정보만을 바탕으로 전략을 수립해야 한다. 따라서 정찰이라는 행위를 해야 하는데, 4인용 맵에서 경기를 한다고 가정할 때 초반에 일꾼 세 마리를 정찰에 내보낼 수는 없는 노릇이므로 정찰의 성패를 순전히 '운'에 맡겨야 하는 경우가 생긴다.

설사 운 좋게 한 번에 정찰에 성공했다고 쳐도 정찰을 통해 얻은 정보가 믿을 수 있는 정보인지 아니면 낚시성 정보인지는 사람도 인공지능도 알 방법이 없다. 그러면 AI는 어쩔 수 없이 연습 때 익힌 리플레이들을 바탕으로 승리 확률이 높은 행동을 취할 수밖에 없다. 무조건 승리하도록 설정이 되어 있기 때문이다.

그에 비해 인간은 정보가 없어도 판단을 할 수 있는 능력이 있다. 바로 '포기'라는 판단이다. 즉, 져도 상관없으니 '안 되면 말고' 식으로 4드론을 감행할 수 있다. 인간은 승리 확률에 따라 행동하는 냉철한 이성 외에도, 컴퓨터가 수천만 년 동안 연습을 해도 절대 가질 수 없는, 게임을 즐길 수 있는 '감성'을 지니고 있기 때문에 가능한 일이라 하겠다.

새삼스럽지만 〈스타〉는 '전략시뮬레이션' 게임이다. 말 그대로 전략을 시뮬레이션할 수 있는 게임이다. 그렇기 때문에 조만간 펼쳐질 경기는 단순히 컴퓨터 대 사람의 번외 경기가 아닌, 인공지능과 인간이 가상의 전장에서 서로의 전략과 지휘 능력을 겨루는 최초의 전쟁이라 보는 편이 맞다. 인간이 패한다면, 생각보다 빠른 시간 내에 컴퓨터에게 지휘봉을 넘겨야 할지도 모른다.

알파고의 제페토 할아버지라고 할 수 있는 구글 딥마인드 연구원인 **오리올 비냘스**Oriol Vinyals의 희망차면서도 섬뜩한 코멘트로 군사·전략의 장을 마무리하고자 한다.

> 〈스타〉는 인공지능을 복잡한 현실세계에 접속시켜주는 유용한 매개이다. 〈스타〉를 플레이하는 데 필요한 스킬은 궁극적으로 현실세계의 문제를 해결하는 데 쓰일 수 있다.
>
> – 오리올 비냘스, 구글 딥마인드 블로그에 쓴 글에서

그가 언급한 '현실 문제의 해결'에 〈스타〉처럼 상대 종족을 쓸어버리는 일은 포함되지 않기만을 바랄 뿐이다.

FOOD FOR THOUGHT 가장 강한 유닛

〈스타〉에서 가장 '쎈 놈'은 누구일까? 무지막지한 덩치로 무장한 땅 위의 폭군 울트라리스크? 멀리서도 기지 하나쯤은 손쉽게 유린할 수 있는 캐리어? 떠다니는 요새 배틀크루저?

확실한 것은 유닛마다 다른 상성과 가격 대비 효율을 지니기 때문에 가장 강한 유닛을 꼽는 것은 불가능하다는 것이다. 만일 화력, 맷집, 가격 등 모든 면에서 최고인 유닛이 존재했다면 〈스타〉라는 게임의 밸런스는 진즉에 무너졌을 것이고, 이런 책을 쓰는 일도 없었을 것이다.

그럼에도 반드시 하나를 골라야 한다면 나는 망설임 없이 프로토스의 흑마술사, 다크아콘을 선택할 것이다. 마인드 컨트롤이라는 기술 때문이다.

마인드 컨트롤은 말 그대로 적의 유닛 중 하나를 우리 편으로 영구적으로 빼앗아 오는 특수 기술이다.

이 기술이 무서운 점은 상대 전력에 손실을 발생시키면서 나의 전력에는 이득을 준다는 것이다. 어떤 유닛이든 한 번에 죽이는 일격필살의 기술이면서, 빼앗아 온 그 유닛으로 적을 공격할 수 있는 사기에 가까운 기술이다. 따라서 적 유닛이 비싸면 비쌀수록, 강하면 강할수록 다크아콘의 눈에는 좋은 먹잇감으로 보일 뿐이다.

다크아콘은 마치 상대의 힘을 역이용하는 유도 선수처럼, 강자에게는 강하고 약자에게는 약한, 대단히 인간적인 유닛이다. 그렇기 때문에 다크아콘의 천적은 아이러니하게도 저글링, 마린, 질럿 등 가장 약하고 값싼 유닛이다. 빼앗아 봤자 적에게 큰 손실을 주지도 않고, 아군에게 큰 이득이 되는 것도 아니기 때문이다. 대신 1기에 인구수 3 이상 차지하는 모든 유닛은 다크 아콘의 제물이라고 생각하면 된다.

다크아콘으로 타 종족의 일꾼을 빼앗아 올 경우 프로토스는 아예 그 종족의 건물을 짓고 유닛을 생산할 수도 있다. 엄밀히 말하면 프로토스가 보유할 수 있는 최대 인구수는 200이 아닌 600인 셈이다. 무한한 자원을 가지고 게임을 할 경우, 저그와 테란이 프로토스를 이길 수 없는 이유가 여기에 있다. 젤나가의 첫 번째 자손인 '프로토스'가 괜히 장남은 아닌 모양이다.

〈스타〉는 군사력과 경제력의 균형을 찾는 게임이다. 극강의 병력도 그것을 유지해줄 자원이 받쳐주지 않으면 굶주릴 뿐이고 무한한 자원도 그것을 지켜줄 병력이 없으면 약탈의 표적이 되듯이, 힘과 돈 어느 한쪽도 포기할 수 없다. 군사력과 경제력으로 쌓은 산 위에서만 승리의 고지가 보인다.

그런 의미에서 〈스타〉는 수입과 지출, 생산과 소비, 투자와 회수의 균형을 찾는 게임이다. 수입을 거둬들여 가장 필요한 곳에 지출하고, 최대한 많이 생산해 최적의 타이밍에 소비하며, 투자한 자원 이상의 이윤을 회수해야 하는 가계부 같은 게임이다. 결국 〈스타〉는 합리적인 선택을 찾는 게임이자, 한정적인 자원으로 최대한의 이윤을 창출하는 쪽이 승리하는 치밀한 경제시뮬레이션 게임이다.

앞서 '군사 · 전략' 편에서는 합리적인 전투 방안을 모색해보았다. 이번에는 합리적인 운영에 대해 논하도록 한다. 아울러 게임 속에 숨어 있는 경제 원칙과 이론들을 설명하고, 우리 사회가 놓치고 있는 경제의 맹점을 점검해보기로 한다.

3장

스타크래프트, 경제·경영의 입문서

<스타>로 보는 경제의 기본 원칙

한국의 막장드라마에 등장하는 단골 소재 중 하나는 방탕한 재벌 2세의 이야기이다. 이들은 남부러울 거 없이 자라며 원하는 것은 뭐든지 손에 넣어야 직성이 풀린다. 필요하든 필요하지 않든, 원하면 취하려고 한다. 그들에게는 자원이 무한하기 때문이다. 무한맵을 하는 사람에게는 자원이 문제가 되지 않는다.

하지만 현실에서 그렇게 사는 사람은 손에 꼽는다. 보통 사람들은 항상 부족함을 느낀다. 자원이 유한하기 때문이다. 하나를 사면 다른 하나를 못 사게 되므로, 가장 필요한 것부터 사게 된다. 그리고 많은 사람이 필요로 하는 물건은 가격이 오르기 때문에 더욱 손에 넣기 어려워진다. '내 집 마련'의 어려움이 대표적인 예이다.

이렇듯 자원의 희소성, 기회비용, 수요와 공급은 모두 연결되어 있다. 먼저 현실과 〈스타〉에 똑같이 적용되는 경제의 기본 원칙들로 경제 파트를 시작해보자.

자원으로 보는 희소성의 원칙

"인간의 욕구는 무한하지만 자원은 유한하다." 경제학의 가장 기본이 되는 원칙으로 경제 현상들이 발생하는 근원적인 원인이다. 〈스타〉에서도 이러한 원칙이 그대로 적용된다.

- **게임 외적인 측면:** "게이머가 이기고 싶은 욕망은 무한하지만, 승리를 가능하게 하는 마우스는 한 개뿐이다." 이기기 위해서는 생산, 유닛 컨트롤, 멀티기지의 확보 등 여러 가지 작업을 해야 하지만, 마우스와 키보드는 각각 한 개뿐이며 이를 다루는 인간의 손 또한 두 개뿐이다.
- **게임 내적인 측면:** "자원을 필요로 하는 분야는 끝이 없지만, 나에게 허용된 자원은 한계가 있다." 상대를 이기기 위해서는 상대보다 많은 유닛, 안정적인 멀티기지, 고급화된 테크 등 여러 분야에 자원을 투자해야 하지만, 허용되는 자원은 상대에게나 나에게나 똑같이 한정적이다.
- **이와는 별개의 현실적인 측면:** "나는 계속 게임을 하고 싶지만, 내 주머니 속 PC방비는 1,000원밖에 안 남았다." 아니면 "나는 딱 한 판만 더 하고 싶은데, 모친께서 귀가할 시간이 다 되어간다" 등 여러 가지 해석이 가능하다.

어차피 완전히 충족시킬 수 없는 것이 인간의 욕구라면, 가능한 한 많이 충족시키기 위해서는 어떻게 해야 할까? 달리 말해 100퍼센트 경기에서 이길 수 없다면, 최대한 승률을 높이려면 어떻게 해야 할까? (1) 자원을 최대한 많이 먹어서 쓸 수 있는 자원의 절대량을 늘린다. (2) 보유한 자원을 최대한 효율적으로 쓴다. 이 해결 방법을 〈스타〉에 대입해보자.

- **게임 외적인 측면:** (1) 어차피 마우스가 한 개뿐이라면, 그 마우스를 최대한 많이 활용하자. 손이 빠르면 빠를수록 더 많은 명령을 내릴 수 있기 때문에 APM이 높은 쪽이 낮은 쪽보다 이길 확률이 높다. (2) 하지만 확률은 확률일 뿐, 실제로 얼마나 쓸모 있는 명령을 내리느냐가 승패의 관건이다. 손을 푼답시고 마우스에 분풀이 하듯이 클릭질을 해봤자 이긴다는 보장은 없다. 결국 효율성까지 고려해야 하기 때문에, **EAPM**을 높이는 편이 승률을 높이는 데 유리하다.

EAPM
'Earnest Action Per Minute'의 약자로 1분 동안 수행한 실질적인 명령의 수를 말한다.

- **게임 내적인 측면:** (1) 어차피 상대와 나의 멀티 수가 비슷하다면, 하나라도 많이, 그리고 빨리 먹자. 더 많은 자원을 안정적으로 확보하는 쪽이 그렇지 못한 쪽보다 이길 확률이 높다. (2) 하지만 더 많은 자원을 먹더라도 이를 효율적으로 투자하지 못한다면 아무런 의미가 없다. 배부른 돼지는 자원을 남김없이 써서 날카로운 칼을 장만한 배고픈 백정에게 도축될 뿐이다. 그러니 치솟는 미네랄 보유고를 보며 행복해하는 당신! 당신은 이미 죽어 있다. 〈스타〉는

은행을 만드는 게임이 아니다.

전략적 상대성으로 보는 기회비용의 원칙

내가 대학생일 때, 경제학 수업 첫날에 교수님은 칠판에 이렇게 써놓으셨다. "**There is no such thing as free lunch**." "공짜 밥 따위는 없다"라는 이 말은 "선배, 밥 사주세요!"를 외치는 수많은 후배들에게 녀석들도 언젠가는 선배가 될 거라는 진실을 일깨워주는 동시에, 경제학의 기본 철학을 제시하는 명언이다. 그렇다. 이 세상에 공짜는 없다. 무릇 작용에는 반작용이 따르고, 선택에는 대가가 따른다. 즉, 내가 질럿 한 기를 뽑으면 프로브 두 기를 못 뽑는 셈이다. 이를 유식한 표현으로 **기회비용의 원칙**이라 하고, 어떤 경제행위로 인해 불가피하게 포기해야 하는 다른 경제행위를 기회비용이라 한다.

앞서 누차 강조했듯이 〈스타〉는 상대적인 게임이다. 상대의 불행은 곧 나의 행복이고, 나의 행복은 곧 상대의 불행인 비정한 게임이다. 그리고 이는 상대 입장에서도 마찬가지라는 점에서 모든 선택에는 기회비용이 발생할 수밖에 없다. 상대도 나만큼이나 이기고자 하는 '무한한 욕구'가 있고, 이를 위해 최대한 많은 자원을 효율적으로 쓰려고 할 것이기 때문이다. 따라서 기회비용이 적은 전략, 즉 한정된 자원을 투자해 얻은 이익이 다른 곳에 투자했을 때 얻었을 이익보다 많은 전략을 택한 쪽에 승산이 있다. 결국 나만 잘한다고 되는 것이 아니라 내가 **상대보다** 잘해야 한다는 것이다. 간단한 예를 들어보자.

> 용태는 미네랄 300을 투자해 질럿 3기를 구입했다. 이 경우, 용태의 기회비용은 미네랄 300을 투자해 살 수 있었던 모든 것이다. 즉, 프로브 6기, 게이트웨이 2문, 포톤캐논 2문 등을 포기한 대가로 얻은 것이 질럿 3기이다. 영호는 같은 미네랄 300을 투자해 머린 6기를 구입했고, 이 머린들은 결국 용태의 질럿 3기에게 궤멸당했다.

하지만 만약 영호가 머린 6기 대신 벌처 4기를 구입했다면? 벌처가 질럿의 천적임을 감안할 때 승패는 뒤바뀌었을 것이다. 이렇듯 〈스타〉는 상대와 나의 끝없는 기회비용 싸움이기 때문에 상대의 경제행위를 파악하고 그에 맞춰나가는 전략적 접근이 요구된다. 경제적으로 최선의 선택이었는가 아니었는가는 내가 아닌 상대에 의해 결정되기 때문이다.

유닛의 가치로 보는 수요공급의 법칙

사마천司馬遷의 『사기』에는 다음과 같은 글귀가 나온다.

> 농민들이 먹을 것을 생산하고, 어부나 사냥꾼이 물품을 생산하고, 기술자들은 이것으로 물건을 만들며, 상인들은 이를 유통시킨다. 이러한 일들이 정령政令이나 교화, 징발에 의한 것이거나 약속에 따라서 하는 것들이겠는가? 사람은 각자 자기 자신의 능력에 맞추어 그 힘을 다해서 원하는 것을 손에 넣는 것이다. 따라서 물건 값이 싼 것은 장차 비싸질 징조이며, 값이 비싼 것은 싸질 징조이다. 사

람마다 자신의 일에 힘쓰고 각자의 일을 즐거워하면, 이는 마치 물이 낮은 곳으로 흐르는 것과 같아 밤낮으로 멈추는 때가 없다. 부르지 않아도 스스로 몰려들고, 억지로 구하지 않아도 백성들은 물품을 만들어낸다. 이 어찌 도道에 부합되는 것이 아니며, 자연스러움의 증명이 아니겠는가.

지금으로부터 2,000년 전에 현대의 시장경제 논리를 이토록 정확히 꿰뚫는 사람이 있었다는 사실이 그저 경이롭다. 심지어 마지막 문장에 기술된 '도道'라는 단어는 고전경제학의 창시자 **애덤 스미스**Adam Smith가 『국부론』에서 강조하던 '보이지 않는 손'과 일맥상통한다. 사마천이 천재라서 현재의 시장경제 원리까지 꿰뚫는 혜안을 지녔을까? 그럴 수도 있지만, 인간의 경제행위에 시대와 공간을 초월하는 어떤 보편적인 원리가 숨어 있는 것일 수도 있다.

'인간은 합리적이고 이기적인 동물'이라는 대전제가 이러한 보편성을 추동한다. "물건 값이 싼 것은 장차 비싸질 징조이며, 값이 비싼 것은 싸질 징조"라는 구절은 오늘날의 경제에도 통용되는 **수요·공급의 법칙**을 한마디로 요약한다. 이 법칙은 인간이 경제행위를 지속하는 한, 영원히 사라지지 않을 것이다.

수요·공급의 법칙은 상식만으로도 충분히 이해할 수 있다. 공급이 일정한데 수요가 증가/감소하면 가격은 상승/하락하고(수요의 법칙), 수요가 일정한데 공급이 증가/감소하면 가격은 하락/상승한다(공급의 법칙). 그리고 수요와 공급이 일치되는 지점에서 가격이 정해진다.

배추가 풍년이면 배추 값이 떨어지는 현상이나, 중국 어선들이 서해의 홍어를 싹쓸이하면 국내 홍어 값이 폭등하는 현상 모두 수요와 공급의 법칙 때문에 일어나는 것이다.

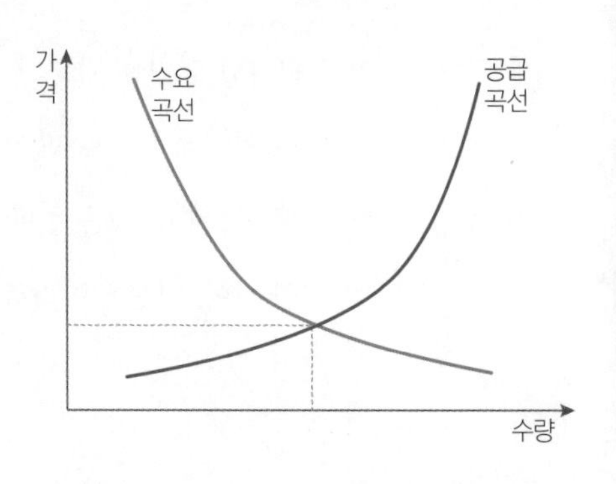

수요곡선과 공급곡선이 만나는 지점에서 가격이 결정된다.

〈스타〉에서는 수요와 공급이 어떻게 작동할까? 유닛 간의 전투만 놓고 봤을 때 수요는 상대방의 병력 구성에 따라, 그리고 공급은 자신의 자원 상태에 따라 변한다. 가령 자원 수급(공급)이 일정할 때, 테란의 탱크 비율(질럿 수요)이 증가하면 질럿 한 기 한 기의 가치(가격)는 상승한다. 따라서 프로토스 입장에서는 전투를 위해 질럿을 아끼게 된다. 반대로 테란의 탱크 비율(질럿 수요)이 일정한데 프로토스의 자원 수급량(공급)이 증가하면 질럿의 가치는 하락한다. 따라서 질럿을 아낌없이 소모하게 된다. 물론 〈스타〉에서 정해진 유닛의 가격은 변하지 않지만, 경기의 상황에 따라 가치가 변하는 것이다. 따라서 상대방의 병력 구성(자신의 수요)과 자신의 자원 수급 상황(공급)을 주시하고, 아군 병력의 가치(가격)에 따라 소모할 때는 소모하고 아낄 때는 아끼는 것이 〈스타〉 경제활동의 기본 원칙이라 할 수 있다. 주식 투자를 할 때 주가가 쌀 때는 사고, 비쌀 때는 파는 것처럼 당연한 원리이다.

여담으로 미국의 코미디언 **크리스 록**Chris Rock은 이러한 농담을 했다. 그는 미국의 총기 사고를 이렇게 풍자한다.

어떻게 하면 살인을 멈출 수 있는지 알아? 총기 판매를 금지하는 게 아냐. 빌어먹을 총알 한 개에 세금을 5,000달러씩 물리면 되지! 아주 제대로 뿌리 깊은 원한이 있지 않는 한, 돈 아까워서라도 서로 못 쏠 거야. 대신에 이러겠지. "널 죽여버릴 테다… 근데 돈부터 좀 벌고…"

웃어넘겼지만 사실 이 농담은 수요 법칙의 작용을 역으로 표현한 가격 효과price effect의 예이다. 간단히 말해 공급이 일정할 때 가격이 상승하면 수요가 줄어들고, 가격이 하락하면 수요가 증가한다는 이론이다. 이렇듯 수요-공급-가격은 서로 물고 물리며 무수히도 많은 이론과 법칙을 만들어낸다.

유닛의 활용도로 보는 가격 탄력성

〈스타〉를 하면서도 참 보기 힘든 유닛들이 있다. 그중 가장 안 보이는 유닛은 단연 프로토스의 (다크템플러나 옵저버가 아닌) 스카우트일 것이다. 무려 28이라는 공중공격력과 250이라는 강력한 맷집을 보유해서 '하늘의 왕자'로 불리기에 손색이 없음에도, 실제로 경기에 등장하는 경우는 손에 꼽는다. 아군의 경제력을 상대에게 과시하고 GG를 종용하기 위해 더 많이 등장하는 편이다. 스카우트는 왜 가장 인기 없는 유닛이 되었을까?

스카우트가 실전에서 안 쓰이는 첫 번째 이유를 알기 위해서는 먼저 〈스타〉의 공중유닛 종류에 대해 이해할 필요가 있다. 블리자드의 공식 설명서에 따르면 〈스타〉에는 종족별로 세 종류의 공중유닛이 있다. 전술항공유닛tactical air unit, 항공지원유닛support air unit, 주력함선capital ship unit이다. 프로토스의 경우 스카우트가 전술항공을, 커세어가 항공지원을, 캐리어가 주력함선을 담당한다. 문제는 커세어가 스카우트보다 지상공격을 제외한 모든 면에서 우세하다는 것이다. 심지어 스카우트의 지상공격력도 형편없이 낮아서, 지상공격을 아예 못 하는 커세어와 별반 차이도 못 느낄 정도이다. 플레이어 입장에서는 커세어가 더 빠르고 강하며 저렴하기 때문에, 굳이 스카우트를 생산할 이유가 없다. 스카우트를 재화라고 할 때, 커세어는 그 재화의 대체재라고 할 수 있다.

'하늘의 왕자' 스카우트

스카우트가 외면당하는 두 번째 이유는 더럽게 비싸기 때문이다. 별로 쓸모도 없는 주제에 미네랄 275, 가스 125, 인구수 3을 차지하고 생산 시간도 겁나게 오래 걸린다. 그나마 밥값을 하게 만들려면 이동속도를 업그레이드해줘야 하는데, 이마저도 〈스타〉에서 가장 비싼 건물인 플릿 비컨을 필요로 한다. 따라서 스카우트는 풍족한 자만이 구매할 수 있는 프로토스의 '사치품'이다. 반대로 커세어는 저그를 상대하기 위해 반드시 구매해야 하는 '생필품'이다. 경기를 밥상으로 비유하자면, 커세어는 매일 먹는 김치, 스카우트는 러시아산 캐비어쯤 된다 하겠다.

스카우트와 커세어의 관계는 수요와 가격의 관계를 설명하는 좋은 지표가 된다. **가격탄력성**이란, 가격 상승에 따른 수요의 상승 비율을 나타낸다.

$$가격탄력성 = \frac{수요\ 하락\ 폭(\%)}{가격\ 상승\ 폭(\%)}$$

가령 어떤 재화의 가격이 100원에서 200원으로 오르자 수요가 네 개에서 한 개로 줄었다면, 수요탄력성은 2가 된다. 통상 수요탄력성이 1 이상이면 우리는 해당 재화가 '탄력적'이라고 표현하고, 1 이하이면 '비탄력적'이라고 표현한다. 스카우트의 가격이 미네랄 250에서 300으로만 올라도 수요는 급하락할 것이다. 하지만 커세어의 가격이 150에서 200으로 오른다고 프로토스 유저들이 커세어를 안 뽑지는 않을 것이다. 스카우트는 탄력적이고, 커세어는 비탄력적이다.

그렇다면 재화의 가격탄력성을 결정하는 요인에는 무엇이 있을까? 앞서 본 바와 같이 대체재가 있는 재화는 대체재가 없는 재화에 비해 탄력적이다. 가격이 오르면 대체재로 갈아타면 그만이기 때문이다. 그리고 사치품은 생필품에 비해 탄력적이다. 명품 가방의 가격이 오르면 안 사면 그만이지만, 쌀값이 오른다고 밥을 안 먹을 수는 없기 때문이다. 당연히 예외도 있다. 그러한 재화는 '베블런효과'를 이야기할 때 다루겠다.

드론에게 배우는 한계효용체감의 법칙

무더운 여름날, 시험이 끝나서 친구들과 함께 등산을 갔다가 시원한 맥주를 '한잔' 하러 간다. 덥고 갈증이 나는 상태에서 마시는 시원한 맥주 '한잔'! 그 느낌은 마셔본 사람만 알 것이다. 삘 받아서 한 잔 더 마시니 첫 잔만큼은 아니더라도 여전히 좋다. 한 잔 더 마시니 슬슬 배가 부르지만 그래도 좋다. 그렇게 한 잔씩 더 마시다가 눈을 뜨니 어느새 해는 높이 뜨고 나는 침대 위에서 지끈거리는 머리를 쥐어뜯고 있다. 분명 기분 좋게 마시기 시작했는데, 어째 지금은 요 모양인지. 이 모든 불행의 근원을 그저 숙취라고 치부하기에는 우리가 놓치는 것이 너무 많다. 경제학자들은 이러한 경우 원인을 **한계효용체감의 법칙**에 돌린다. 맥주만이 아니라 모든 재화는 소비량이 증가함에 따라 그 총효용은 증가해도 **한계효용**marginalutility은 줄어든다는 것이다. 위의 경우는 줄어들다 못해 마이너스(-)를 찍은 것이다. 이를 유식한 말로 한계효용체감의 법칙이라고 한다. 〈스타〉를 통해 한계효용체감의 법칙이 어떻게 적용되는지 알아보자.

한계효용
어떤 재화를 한 단위 추가했을 때 추가적으로 얻는 효용.

> (주)저그물산의 제동지부에는 미네랄 아홉 덩어리, 드론 여덟 마리가 있다. 사장 제동은 가난한 자신의 지부를 개탄하며 신규 드론을 채용하기로 결심한다. 한 마리를 추가하자 아홉 마리의 드론이 각각 미네랄 9덩어리에 한 마리씩 붙어 만족스럽게 일을 한다. 여기에 한 마리를 더 추가하자 신참 드론은 빈 미네랄이 없음을 깨닫

고 기존의 아홉 마리 중 한 마리가 해처리에 미네랄을 나르는 사이 그 자리에서 일을 한다. 열 마리가 서로의 빈자리를 채워가며 일을 하자 제동지부의 매출은 늘어난다. 그렇게 한 마리, 한 마리 추가하다가 열아홉 번째 드론을 고용했을 때, 제동은 더 이상 매출이 증가하지 않음을 깨닫는다. 하는 수 없이 제동은 마지막으로 뽑은 드론 한 마리는 멀티기지로 외근 보낸다.

〈스타〉를 좀 해본 사람들은 미네랄 한 덩어리당 일꾼 두 마리, 가스 한 덩어리당 일꾼 세 마리를 붙이는 것이 가장 효율적이라는 것을 경험으로 알 것이다. 일꾼을 그 이상으로 생산해도 자원수급 속도에는 거의 차이가 없으며, 결국에는 건물을 짓거나, 정찰을 가거나, 새로 만든 멀티기지로 보내기 위해 추가하는 정도이다. 제동의 경우는 아홉 덩어리에 열여덟 마리가 붙는 시점에서 한계효용이 0에 도달했기 때문에 마지막 열아홉 번째 드론은 필요가 없어진 것이다.

하지만 엄밀히 말하면 미네랄 한 덩어리당 일꾼 두 마리를 붙이는 것이 가장 '효과적'일 수는 있어도, 가장 '효율적'이지는 않을 수 있다. 일꾼을 생산하는 데 들어가는 비용(미네랄 50)을 고려하지 않았기 때문이다. 추가한 일꾼이 회수하는 미네랄양이 일꾼을 추가하는 데 들어간 미네랄양에 미치지 못한다면, 이는 결과적으로 최대로 효율적인 선택이 아니었다는 얘기가 된다. 이해를 돕기 위해 표를 통해 분석해보자.

추가한 일꾼이 회수하는 미네랄의 양은 그 일꾼이 미네랄을 캐는

드론 수에 따른 시간당 미네랄 채취 횟수

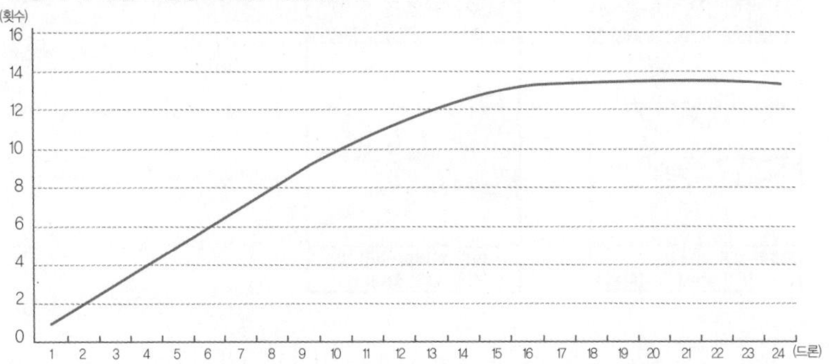

횟수에 비례하므로 크게는 게임의 지속 시간, 작게는 그 일꾼의 생존 시간에 영향을 받을 수밖에 없다. 3분 안에 끝나버릴 게임이라면 마냥 일꾼만 뽑는 것은 하등의 의미가 없다. 또 상대의 공격이 들어와서 일꾼이 몇 번 일해보지도 못하고 죽는다면, 역시 일꾼 생산에 50원을 투자하는 것이 바람직하다고 볼 수 없는 것이다. 자, 그렇다면 최고로 효과적인 것과 최고로 효율적인 것, 이 가운데 어느 것을 택하는 것이 좋을까?

프로브와 질럿에게 배우는 한계효용균등의 법칙

물론 수급되는 자원의 절대량으로만 따지면 효과적인 방법, 즉 미네랄 한 덩어리에 일꾼을 두 마리씩 붙이는 방법이 가장 효과적이지만, 그것은 〈스타〉가 은행을 만드는 게임일 경우에 참이 된다. 한계효용체감의 법칙에서 봤듯이, 여러 가지 변수를 고려해야 하는 〈스타〉 경제의 특성상 최대효과보다는 최대효율에 중점을 둘 수밖에 없다. 여기서 ㈜저그물산의 사장 제동에게 새로운 방향을 제시해주자.

(주)저그물산의 경쟁사 (주)토쓰산업이 제동지부 근처에 택용지부를 설립한다. 노동을 통한 자원 수급이 이윤을 창출하는 유일한 수단이었던 예전과 달리, 이제는 경쟁 기업의 자원 수급에 피해를 입힘으로써 상대적 이윤을 취하는 수단도 생각할 수 있게 된 것이다(독자들도 항상 기억하시라. 〈스타〉는 상대적인 게임임을). 이에 택용지부에 사장으로 취임한 택용은 고민에 빠진다. 프로브를 고용해서 자원량을 늘려야 할까, 아니면 조직폭력배 질럿을 고용해 제동지부를 엎어버려야 할까? 한계효용체감의 법칙에 따라 프로브 1기가 늘어날 때마다 한 마리당 수급하는 자원량(한계효용)이 줄어들고, 질럿의 경우도 마찬가지로 첫 1기는 상대 일꾼 세 마리, 2기는 다섯 마리, 3기는 여섯 마리를 사냥할 수 있다고 가정해보자. 즉, 1기는 150원의 총효용을, 2기는 250원의 총효용을, 3기는 300원의 총효용을 얻을 수 있는 것이다. 현재 지부에 주어진 예산은 미네랄 400. 이 돈이면 프로브 네 쌍이나 질럿 4기를 고용할 수 있고, 이 둘을 적절히 섞어서 고용할 수도 있다. 이때 택용의 오랜 친구이자 (주)토쓰산업의 간부인 영무가 찾아와 일목요연하게 표를 그려준다.

2프로브와 1질럿의 한계효용				
개수	프로브 1쌍		질럿 1기	
	총효용	한계효용	총효용	한계효용
0	0	–	0	–
1	50	50	150	150
2	90	40	250	100
3	120	30	300	50
4	140	20	325	25

이를 보고도 이해를 못하는 택용을 위해 영무가 혀를 차며 표 한 개를 더 그려준다.

2프로브와 1질럿 고용에 따른 총효용		
2프로브	1질럿	총효용
0	4	325
1	3	350
2	2	340
3	1	270
4	0	140

그제야 이해한 택용은 당연히 총효용이 가장 높은 프로브 한 쌍과 3기의 질럿을 고용한다. 하지만 매번 그렇게 표를 그려가며 계산하기는 귀찮을 것 같다.

계산 없이 간단하게 총효용을 구하는 방법이 있다. **각 유닛의 한계효용이 같아지는 지점**을 찾는 것이다. 주어진 예산에 맞춰 전체 효용을 최대화하기 위해서 각 상품에 마지막으로 지출한 돈의 효용이 같아지도록 상품을 구입하는 원리이다. 만약 각 상품에 대한 마지막 1원의 효용이 서로 다르게 소비되고 있다면 소비 선택을 달리해서 효용을 증가시킬 수 있다는 뜻이기 때문이다. 이것이 **한계효용균등의 법칙**의 개념이다.

FOOD FOR THOUGHT 가장 경제적인 종족은?

〈스타〉에서 가장 저렴한 종족을 고르라면 십중팔구의 플레이어는 저그를 선택할 것이다. 한 마리에 미네랄 25밖에 안 하는 저글링, 눈 깜짝할 사이 순식간에 불어나는 확장기지와 끝없이 쏟아지는 병력을 보면 확실히 타 종족에 비해 싸 보인다. 저그에 대한 내 첫인상은 '싸지만 약한 종족'이었다. 프로토스는 왠지 모르게 '비싸지만 강한 종족', 테란은 저그와 프로토스의 중간쯤 되는 종족으로 생각했다.

하지만 이상하게도 저그로 프로토스를 상대할 때면 중후반까지는 프로토스의 인구수가 압도적으로 높았다. 저그가 가장 저렴한 종족이라면 더 빨리 병력을 양산해 프로토스보다 많은 인구수를 확보할 텐데 이상했다. 반대로 프로토스로 저그를 상대할 때 같은 인구수로 전투를 벌일 경우 대부분 패배했다. 프로토스가 가장 강한 종족이라면 같은 인구수의 저그는 압살할 텐데 이상했다. 그래서 연구를 해봤다. 저그는 과연 가장 싼 종족일까?

평가의 기준으로 각 종족별 유닛 생산에 필요한 미네랄과 가스를 각각 합산한 후 인구수로 나누었다. 결과는 다음과 같았다.

〈저그〉

	유닛	미네랄	가스	인구수
지상	저글링	25	0	0.5
	히드라	75	25	1
	러커	125	125	2
	울트라	200	200	4
	디파일러	50	150	2
공중	뮤탈	100	100	2
	스커지	12.5	37.5	0.5
	퀸	100	100	2
	가디언	150	200	2
	디바우러	250	150	2
총합 (T)		1287.5	1137.5	19
평균 (T/19)		67.8	59.9	1

〈테란〉

	유닛	미네랄	가스	인구수
지상	머린	50	0	1
	파이어뱃	50	25	1
	메딕	50	25	1
	고스트	25	75	1
	벌처	75	0	2
	탱크	150	100	2
	골리앗	100	50	2
공중	레이스	150	100	2
	드랍십	100	100	2
	사이언스 베슬	100	225	2
	배틀크루저	400	300	6
	발키리	250	125	3

총합 (T)	1500	1125	25
평균 (T/25)	60	45	1

<u>〈프로토스〉</u>

	유닛	미네랄	가스	인구수
지상	질럿	100	0	2
	드라군	125	50	2
	하이템플러	50	150	2
	아콘	100	300	4
	다크템플러	125	100	2
	다크아콘	250	200	4
	리버	200	100	4
공중	셔틀	200	0	2
	옵저버	25	75	1
	스카우트	275	125	3
	캐리어	350	250	6
	아비터	100	350	4
	커세어	150	100	2
총합 (T)		2050	1800	38
평균 (T/38)		53.9	47.4	1

저그가 가장 싼 종족이라는 세간의 인식과는 달리 인구수 1당 미네랄 값은 저그 > 테란 > 프로토스 순으로, 가스 값은 저그 > 프로토스 > 테란 순으로 나타났다. 특히 가스의 경우 저그 유닛이 압도적으로 비싸다는 사실을 알 수 있다. 위의 결과를 통해 경기 후반 이전까지 저그의 인구수가 테란이나 프로토스보다 천천히 증가하는 이유가 다름 아니라 저그의 유닛당 가격이 비싸기 때문임을 알 수 있다.

한 가지 문제는 풀었다. 이번에는 두 번째 문제를 풀어보자. 같은 인구수를 확보했을 경우, 프로토스나 테란이 저그에게 밀리는 경우가 많다. 그렇다면 저그의 유닛이 테란이나 프로토스보다 강하다는 뜻인데, 과연 그럴까? 평가의 기준으로 각 종족별 유닛의 체력(HP)과 공격력을 측정했다. 여기서 공격력은 1초당 입힐 수 있는 피해로, 공격 강도와 연사 속도를 곱해서 도출했다. 결과는 다음과 같았다.

〈저그〉

유형	유닛	체력(HP)	공격				인구수
			공격력	연사 속도		총합	
				대기 시간	ROF* (24/C)		
지상	저글링	35	5	6	4.00	20	0.5
	히드라	80	10	15	1.60	16	1
	러커	125	20	37	0.65	13	2
	울트라	400	20	15	1.60	32	4
	디파일러	80	0	0	0	0	2
공중	뮤탈	120	9	30	0.80	7.2	2
	스커지*	25	110	–	–	11	0.5
	퀸	120	0	0	0	0	2
	가디언	150	20	30	0.80	16	2
	디바우러	250	25	100	0.24	6	2
총합(T)		1385				121.2	19
평균(T/19)		72.9				6.4	1

〈테란〉

유형	유닛	체력(HP)	공격				인구수
			공격력	연사 속도		종합	
				대기 시간	ROF (24/C)		
지상	머린	40	6	15	1.60	9.6	1
	파이어뱃	50	16	22	1.09	17.5	1
	메딕	60	0	0	0	0	1
	고스트	45	10	22	1.09	10.9	1
	벌처	80	20	30	0.80	16	2
	탱크*	150	30,70	37, 75	0.65, 0.32	21	2
	골리앗*	125	12,20	22	1.09	17.4	2
공중	레이스*	120	8,20	30, 22	0.80, 1.09	14.1	2
	드랍십	150	0	0	0	0	2
	사이언스 베슬	200	0	0	0	0	2
	배틀 크루저	500	25	30	0.80	20	6
	발키리*	200	48	64	0.38	18.2	3
총합(T)		1720				144.7	25
평균(T/25)		68.8				5.8	1

* ROF(Rate of Fire): 1초(24프레임)에 수행하는 공격의 횟수.
* 스커지: 자폭형 공격유닛이기 때문에 '연사 속도'에 임의값 0.1 부여.
* 탱크: 탱크모드와 시즈모드의 평균치 계산.
* 발키리: 미사일 여덟 발 발사를 한 번의 공격으로 계산.
* 골리앗, 레이스, 스카우트: 지상공격력과 공중공격력 평균치 계산.
* 캐리어: 인터셉터 8기로 계산.

〈프로토스〉

유형	유닛	체력(HP)	공격				인구수
			공격력	연사 속도		종합	
				대기 시간	ROF (24/C)		
지상	질럿	160	16	22	1.09	17.4	2
	드라군	180	20	30	0.80	16	2
	하이템플러	80	0	0	0	0	2
	아콘	360	30	20	1.20	36	4
	다크템플러	120	40	30	0.80	32	2
	다크아콘	225	0	0	0	0	4
	리버	180	100	60	0.40	40	4
공중	셔틀	140	0	0	0	0	2
	옵저버	60	0	0	0	0	1
	스카우트*	250	8.28	30, 22	0.80, 1.09	18.4	3
	캐리어*	450	64	30	0.80	51.2	6
	아비터	350	10	45	0.53	5.3	4
	커세어	180	5	8	3.00	15	2
총합(T)		2735				231.3	38
평균(T/38)		72.0				6.1	1

저그가 가장 약한 종족이라는 세간의 인식과는 달리 인구수 1당 체력과 공격력 모두 저그 > 프로토스 > 테란 순으로 나타났다. 물론 실제 경기에서는 차이가 날 수 있다. 건물의 가격, 마나 유닛spell caster의 특수 기술, 플레이어의 컨트롤 등 너무나도 다양한 변수가 상존하기 때문이다. 하지만 우리는 확실하게 증명했다. 비록 저그의 유닛 하나하나가 약해보이고 저렴해 보여도, 저그라는 종족 자체는 가장 강하면서 비싸다는 것이다. 보이는 것이 전부가 아니다.

<스타>로 보는 합리적 선택

지구상 대부분의 생물은 눈이 있다. 그리고 눈이 있는 대부분의 생물은 눈이 두 개 있다. 왜 하필 한 개, 세 개, 150개가 아니고 딱 두 개일까? 눈이 한 개뿐이면 원근감을 인식할 수 없어 불리하고, 눈이 세 개나 되면 시각에 필요한 에너지에 비해 세 번째 눈이 주는 이득이 작기 때문이다. 시각 정보 처리에 소모되는 에너지를 최소화하면서 생존에 최대한 유리한 조건을 제공하는 형태가 양안시binocular vision이다.

에너지라는 자원의 희소성, 세 번째 눈을 얻기 위해 포기해야 하는 기회비용, 더 많은 눈에 대한 수요와 현실적으로 공급 가능한 에너지 사이의 균형점 등을 모두 고려했을 때 뒤통수에 눈을 하나 더 다는 것보다 예민한 고막을 달거나 고개를 돌리는 능력을 기르는 게 진화론적으로 '합리적 선택'인 것이다. 생명체는 최소비용으로 최대효과를 거두는 방향으로 진화한다.

현실 경제에도 비슷한 원리가 작동한다. 매 순간이 비용을 최소화하고 이득은 최대화하기 위한 결정의 싸움이다. 그 싸움에서 이기기 위한 비책을 〈스타〉를 통해 알아보자.

종족별로 보는 최소비용과 최대이윤

〈스타〉의 경제 관점에서 보면 어떤 플레이어든지 최소한의 자원으로 상대에게 최대의 피해를 입히는 것이 곧 전략의 기본 원칙이 된다(상대에게 입힌 피해가 왜 나에게 이득이 되는지는 더 이상 설명하지 않도록 하겠다). 이 원칙에 충실하기 위해서는 종족별로 다른 접근 방식이 요구된다. 마찬가지로 국가나 기업별로도 자신의 강점을 살려 최소비용으로 최대효과를 창출하는 전략을 활용한다.

저그의 경우, 생산 건물이 일원화되어 생산 회전력이 탁월하고, 유닛이 값싸며 기동성 또한 좋다. 그렇기 때문에 뛰어난 유닛 컨트롤을 바탕으로 소모전을 이끌어내 적의 유닛을 일대일의 비율로 상쇄시키기만 해도 상대적으로 유닛이 비싸고 느린 타종족 상대로 이득을 얻는 셈이 된다. 중국이 실로 엄청난 물량과 회전력으로 전 세계에 판로를 개척한 것과 유사하다. 다른 나라 기업들이 제아무리 품질이 뛰어난 제품을 개발한다 해도, 가격 면에서 월등히 저렴한 중국제품을 당해내기 힘들다. 설령 세계에 내놓을 수 있는 가격경쟁력을 갖춘다 해도, 어차피 OEM이나 현지 공장의 형태로 중국이나 인도 같은 노동 거점을 거쳐야 하기 때

OEM
A, B 두 회사가 계약을 맺고 A사가 B사에 자사상품의 제조를 위탁하여, 그 제품을 A사의 브랜드로 판매하는 생산 방식 또는 그 제품.

문에 이를 진정한 대책으로 보기는 힘들다.

테란은 유닛의 사거리가 길고 치료 및 수리가 가능하므로, 적의 공격을 견뎌내기만 해도 효율적인 전투를 할 수 있다. 일단 문을 걸어 잠그고 굳건한 방어 태세를 갖춘 테란의 방어진을 뚫자면 막대한 손실을 감수해야 함은 물론이고, 시즈탱크의 장거리 화력 지원을 먼저 맞고 들어가야 하는 상대로서는 심리적인 부담을 느낄 수밖에 없다. 테란의 이러한 효율성은 현대-기아자동차의 국내시장 점유 및 해외 판로 개척을 연상시킨다. 탄탄한 내수시장을 지키면서 동시에 멀리 북남미, 중동, 아시아까지 적극적인 브랜드메이킹을 통해 해외 유수의 메이커들 속에서도 살아남았다. 2008년 리먼브라더스 사태로 불거진 경제위기 당시 세계 굴지의 자동차 기업들이 미국 수출 판로가 막혀 울상일 때, 현대-기아자동차는 저가형 수입차라는 이미지를 이용해 위기를 견뎌냈을 뿐 아니라, 수출 호조라는 쾌거를 올렸다. 값싸게 막아내고, 멀리까지 때리는 테란식 경영의 결과였다.

프로토스의 경우 앞선 기술력을 활용해 적절한 병력 조합을 구성할 경우 전투에서 큰 이득을 볼 수 있다. 유닛 하나하나의 값은 비싸지만, 소수정예의 막강한 조합으로 더 많은 적을 상대할 수 있을 정도로 파괴력이 있기 때문에 최소한의 비용으로도 효율을 극대화할 수 있다. 이는 애플의 사업 판도 구축에 빗댈 수 있다. 애플은 기존의 아이팟과 맥북으로 구축해놓은 시장점유율을 활용해 아이폰, 아이패드 등 강력한 첨단 무기를 내세워 시장을 석권했다. 또한 자사 제품 간 연동과 소프트웨어 호환성을 극대화해서 제품군 내에서도 강한 시너지효과를 일으킨다. 일단 한 번 애플의 제품을 구매한 사람은 이러한 이점에 매료되어 비싼 가격이 책정되어 있는 다른 애플 제품까지 넘보게 되며, 그렇게 수많은 애플마니아들이 생겨난 것이다.

이렇듯 종족별로 이윤을 만들어내는 방식이 다르지만, 결국 최소비용-최대이윤이라는 공통된 원칙에 입각해 게임을 풀어나간다는 전략이 〈스타〉를 관통한다. 저그는 잘 싸우는 것이 중요하고, 테란은 잘 지키는 것이, 그리고 프로토스는 잘 갖추는 것이 중요하다고 볼 수 있다. 그렇다면 어떻게 싸우는 것이 효과적인 전투이고, 어떻게 지키는 것이 현명한 수비이며, 어떻게 갖추는 것이 효율적인 조합인지, 다양한 경제 이론들을 통해 살펴보자.

잘 싸우는 법 ①: 상성싸움으로 보는 보험

잘 싸우는 방법에 대해서는 '군사·전략' 편에서 이미 다루었다. 특히 종족 간, 스타일 간의 상성에 대해서 자세하게 살펴봤으므로 여기서는 조금 더 구체적인 상성, 즉 유닛과 유닛 사이의 상성을 경제학이라는 돋보기로 확대해보자.

아무리 강한 유닛이라도 천적이 있으며, 아무리 쓸모없어 보이는 유닛이라도 반드시 필요해지는 경우가 있다. 예를 들어 프로토스의 아콘은 저글링과 뮤탈리스크를 포함해 저그의 거의 모든 유닛에게 강하지만, 짧은 사거리 때문에 히드라리스크 앞에 서면 작아지는 경향이 있다. 따라서 프로토스가 많은 수의 아콘을 보유할 경우 저그는 히드라리스크를 주력으로 생산해 상성상 우위를 점할 수 있다. 하지만

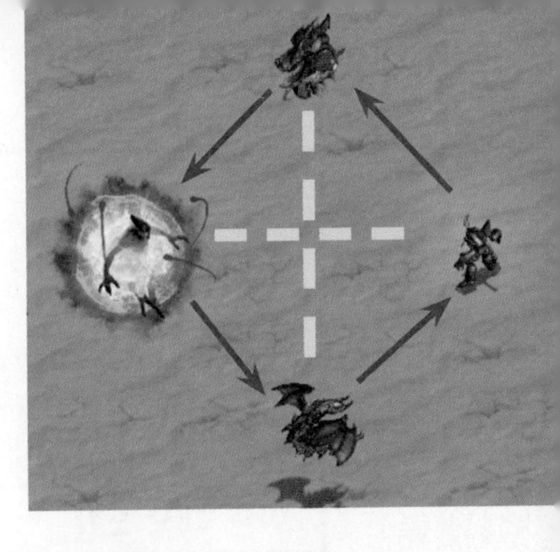

히드라리스크는 하이템플러를 만나면 무력해지므로, 대량의 히드라를 확인한 시점에서 프로토스는 아콘 생산을 중단하고 하이템플러 생산에 박차를 가할 것이다. 이를 다시 한 번 상쇄시키기 위해 저그는 하이템플러를 저격할 수 있는 뮤탈리스크를 생산하게 된다. 결국 아콘과 하이템플러, 히드라리스크와 뮤탈리스크가 혼재하며 상성상 우열이 다른 유닛들이 짬뽕이 되어 싸우게 된다.

이런 경우처럼 어느 한 유닛만을 보유했을 경우 생기는 리스크에 대비해 다른 종류의 유닛을 섞어 상성을 상쇄시키려 하는데, 이를 조합이라고 한다. 양쪽 모두 강력한 조합을 갖추고 싸울 경우 비로소 누가 더 상성을 잘 활용하는지, 즉 전투를 잘하는지가 중요해진다.

문제는 적군과 맞닥뜨리기 전에는 상대의 유닛 구성을 정확히 알 수 없다는 것이다. 즉, 프로토스 입장에서는 상대가 히드라를 갖췄는지, 뮤탈리스크를 갖췄는지를 모른다고 가정해보자. 이때 다음과 같은 상황이 벌어진다.

> 프로토스가 식민지 개척을 위해 템플러 8기로 구성된 추노推奴단을 보내려고 한다. 템플러 1기당 히드라 다섯 마리를 노예로 잡아올 수 있다. 하지만 원정 도중에 뮤탈리스크라는 해적단을 만나면 상륙도 해보지 못하고 목숨을 잃게 된다. 그래서 템플러 2기를 팔아

아콘이라는 해상보험을 들고 원정에 나선다.

이 경우 뮤탈이라는 재앙을 만나지 않을지도 모른다. 그러면 보험을 들기 위해 내다 판 템플러 2기는 낭비한 셈이 된다. 하지만 만에 하나라도 뮤탈을 만난다면 원정 자체가 불가능해지기 때문에 템플러 2기, 즉 히드라 10마리를 포기하더라도 아콘 보험에 가입하는 편이 이득이다.

이번엔 플레이어가 보험가입자, 템플러가 가입자의 자산, 아콘이 건강보험금, 그리고 뮤탈이 암이라고 생각해보자. 보험가입자는 미래에 대한 불확실성 때문에 자신의 자산 중 일부를 떼어 보험에 가입했지만, 암에 걸릴지 안 걸릴지는 사실 아무도 모른다. 하지만 확률에 상관없이 만에 하나라도 암에 걸리면 경제적으로 치명상을 입기 때문에 보험에 가입하게 되는 것이다. 이를 우리는 위험을 회피했다, 영어로는 리스크[risk]를 **헤지**[hedge]했다고 한다.

헤지

금융계에서 자주 쓰이는 단어로, "계란을 한 바구니에 담지 말라"라는 격언도 같은 맥락에서 이해할 수 있다. 헤지펀드(Hedge Fund)는 환위험이나 가격변동 리스크 등을 줄이는 금융보험상품을 뜻한다.

그런데 만약에 프로토스가 뮤탈이 있다는 사실을 알고 있었다고 생각해보자. 다시 말해 보험가입자가 자신이 암에 걸렸다는 사실을 알고 있었다고 생각해보자. 그렇다면 보험가입자는 최대한 많은 보험에 가입하여 보험금을 수령하려 할 것이다. 또 비슷한 생각을 가진 많은 암환자들이 보험사에 몰려 보험료는 계속 상승하고, 건강한 사람들은 가입하기를 꺼릴 것이다. 결국 보험사 입장에서는 불청객인 환자들만 남게 된다. 이를 **역선택**逆選擇**의 딜레마**라 한다. 보험사와 피보험자, 구매자와 판매자 사이에 존재하는 정보의 불균형으로 인해 불리한 의사결정을 하게 되는 것이다.

병력의 조합도 결국 선택과 역선택의 반복으로 결정된다. 서로가 상대의 병력 구성에 대한 정보를 보유하고 있으면 나는 나대로 유리한 상성을 지닌 유닛을 추가하고, 상대는 상대대로 유리한 상성을 지닌 유닛을 추가할 것이다. 그렇게 꼬리에 꼬리를 무는 상성싸움을 반복하다 보면 어느새 여러 유닛으로 조합된 병력을 갖추게 된다. 반면 한쪽만 상대에 대한 정보를 가지면, 비대칭적 정보를 활용해 상대방이 역선택을 하게끔, 즉 안 좋은 조합을 선택하게끔 강요할 수 있다. 그렇다면 양쪽 모두 서로에 대한 정보가 전무할 때는 어떤 현상이 발생할까?

잘 싸우는 법 ②: 수비자의 딜레마로 보는 게임이론

그런 상황을 분석할 때 요긴하게 적용할 수 있는 이론이 게임이론이다. 게임이론은 실화를 바탕으로 한 영화 〈뷰티풀 마인드〉의 실제 모델이기도 한 **존 내시**John Nash라는 수학자가 정립한 이론으로, 경제경영, 정치외교, 심리학을 비롯해 수많은 분야에 지대한 영향을 끼쳤다. 적용 분야도 다양하고 수학적 계산도 복잡한 만큼, 책 한 권으로도 다 분석할 수 없을 정도로 난해한 내용을 담고 있다. 그러므로 여기서는 〈스타〉를 통해 최대한 단순화시키는 시도라도 감히 해볼까 한다.

앞서 '군사·전략' 편에서 공격자가 안고 가야 하는 부담에 대해 얘기했다. 그 논리에 따르면 수비하는 쪽이 공격하는 쪽보다 무조건 유리하므로 초반에는 공격 병력을 생산하는 것이 손해가 된다. 하지만 그것은 이론일 뿐, 실제로는 어떤가? 양쪽 모두 정보가 없는 상황에서는 최소한의 병력이라도 생산하게 된다. '**죄수의 딜레마**Prisoners' Dilemma', 여기서는 '수비자의 딜레마' 때문에 발생하는 현상이다. 정민과 용욱 둘 다 서로에 대한 정보가 없고, 최종 목표는 자원 확보라고 가정하고 아래의 표를 보자.

죄수의 딜레마

자신의 이익만을 고려한 선택이 결국에는 자신과 상대방 모두에게 불리한 결과를 유발하는 상황.

		용욱	
		자원	병력
정민	자원	(8, 8)	(0, 9)
	병력	(9, 0)	(4, 4)

괄호 안의 숫자들은 각각 정민과 용욱이 경기 초반에 자원 확보 또는 병력 생산을 할 경우 얻게 되는 자원의 규모를 나타낸다. 만약 정민과 용욱이 모두 자원만 캐면 둘 다 8씩 얻게 된다. 만약 어느 한쪽은 자원을 캐는데 다른 한쪽은 병력을 생산하면 자원을 캐는

사람은 쫄딱 망하고 병력을 뽑은 사람이 이긴다. 수비할 병력이 없어서 경기를 그냥 내주는 꼴이다. 만약 둘 다 병력을 뽑는다면, 자원은 고작해야 4만큼 얻게 된다. 이럴 경우 정민과 용욱은 각각 어떤 전략을 선택하게 될까?

얼핏 보기에는 둘 다 암묵적 합의에 따라 자원만 캘 것 같다. 초반에 최대한 많은 자원을 캐서 더 강한 병력, 더 높은 테크, 더 많은 확장을 얻기 위해서이다. 하지만 각자의 입장에서 생각해보자. 정민의 경우, 용욱이 자원을 캐면 자신은 병력을 뽑는 게 이득이다. 용욱이 병력을 뽑더라도 자신은 병력을 뽑는 게 이득이다. 즉, 정민의 입장에서는 용욱이 뭘 하든 자신은 병력을 뽑는 것이 낫다는 판단을 하게 된다. 용욱의 판단도 마찬가지이다. 결국 둘은 서로 얌전히 자원만 캤으면 8이라는 이득을 챙겼을 텐데, 그러지 못해서 병력을 뽑았고 결국 4에 만족해야 했다. 최대다수의 최대행복을 추구하는 공리주의적 관점에서는 납득하기 힘든 결과이다.

서로에 대한 정보가 없을 경우, 쌍방의 선택이 암묵적인 합치점에 이른 상태를 내시의 이름을 따 '**내시균형**Nash Equilibrium'이라고 한다. 그리고 상대의 선택과 무관하게 유리한 선택을 '**우월한 전략**Dominant Strategy'이라고 말한다. 살펴본 사례의 경우, 정민과 용욱 모두 우월한 전략은 병력 생산이다. 이처럼 양쪽 모두에게 우월한 전략이 있고, 이 전략이 더 좋은 선택(8, 8)을 방해하는 경우를 '죄수의 딜레마'라고 한다.

이를 과연 합리적 선택이라고 볼 수 있을까? 정보의 집단적 부재가 야기한 쌍방의 역선택은 아닐까? 무리보다는 개체, '우리'보다는 '나'를 먼저 생각할 수밖에 없는 인간의 태생적인 한계는 아닐까?

리바이어던
성악설을 주장한 영국의 철학자 토마스 홉스가 쓴 책의 제목이자 성서에 나오는 바다 속 괴물이다. 거대한 필요악을 상징한다.

이러한 한계를 보완하기 위해 인간은 자신들도 모르게 무던히 많은 노력을 경주했다. 국가라는 '**리바이어던**Leviathan'을 만들어 개인의 무분별한 자유를 제한했고, 법이라는 형틀을 만들어 배신자는 처벌할 수 있는 강제력을 부여했다. 때로는 강제력의 한계를 깨닫고 인간 스스로가 자율적으로 이기심을 억제할 수 있도록 종교와 도덕을 내세웠다. 그것으로도 부족하자 **마이클 잭슨**Michael Jackson 같은 예술가는 최후의 보루인 양심에 호소하기에 이른다. 이런 노력에도 불구하고 여전히 이기심은 이타심을 압도한다. 몹시도 헷갈린다. 애초에 인간이 이기심을 버린다는 것이 가능하긴 했을까?

개미에겐 국가도, 법도, 종교도, 도덕도, 마이클 잭슨도 존재하지 않는다. 하지만 군체가 위기에 처하면 모든 개체가 홀연히 떨치고 일어나 전체를 위해 희생한다. 그런 면에선 만물의 영장이 한낱 개미만도 못하다는 소리이다.

개미 연구에 평생을 바친 **에드워드 윌슨**Edward Wilson 박사는 『인간 본성에 대하여』에서 "동물들에게 합리적으로 적용되고 있는 보편적인 생물학 원리들을 사회과학에까지 확장시킬 수 있다"라고 말한다. 먼 미래에 호모 사피엔스 사피엔스, 즉 '겁나게 생각하는 사람'을 대체할 유일한 종족은 개미가 아니라 '호모 아모레스 아모레스'이길 바란다.

'(서로를) 겁나게 사랑하는 사람'이란 뜻이다.

잘 지키는 법 ①: 심시티로 보는 외부경제 효과

잘 지키는 것에서 가장 중요한 것은 유닛과 건물의 배치라고 할 수 있다. 쳐들어오는 적을 맞아 견고한 진지를 구축하고 병력을 요소요소에 주둔시켜 유리한 싸움을 하기 위함이다. 수비 병력을 적절하게 배치할 때 필수적인 사항에는 긴 사거리를 지닌 유닛의 확보, 광역 데미지를 주는 대량살상화기의 개발 등이 있음을 '군사·전략' 편에서 확인했다. 그렇다면 건물은 어떤 식으로 배치하는 것이 수비에 도움이 될까?

우선 〈스타〉에 나오는 건물의 특성에 대해서 생각해볼 필요가 있다. 건물들은 대개 같은 값의 유닛에 비해 덩치가 크고 내구력 또한 비교할 수 없을 정도로 좋다. 따라서 가장 이상적인 형태의 수비 구도는 건물로 전방에 바리케이트를 설치해서 적군의 예상 진로를 차단함과 동시에, 후방에서 사거리가 긴 유닛들이 공격을 퍼붓는 형태이다. 적군의 입장에서는 진격하기 위해서 건물로 이루어진 견고한 방어벽을 깨야 하지만 그동안 자신의 병력이 입을 손실이 막대해지니 쉽사리 공격할 엄두를 내지 못한다. 건물을 활용해서 상대의 공격을 사전에 봉쇄하는 이러한 형태의 전술을 **'심시티**Sim City'라고 한다.

지금은 모든 종족의 필수적인 수비 전략으로 자리매김한 심시티이지만, 〈스타〉 초기에만 해도 획기적인 전략으로 숭상되었다. '쌈장 테란' 이기석이 서플라이와 배럭으로 성곽을 쌓듯이 입구를 막아 소수의 수비 병력으로 다수의 적 병력을 격퇴하는 모습은 많은 팬의 감

도시육성 게임의 시초 〈심시티〉

탄을 자아냈다. 이러한 기초적인 심시티가 계승되고 진화해 현재는 모든 종족이 유사한 형태의 방어진을 구축하기에 이르렀다. 최소의 비용으로 최대의 효과를 누리는 방어법, 즉 가장 경제적인 방어법이었기 때문이다.

심시티의 보편화가 불러온 가장 큰 변화는 전략의 다각화이다. 초기에는 병력만으로 병력을 막아내야 한다는 생각에 수비병력 생산에 치중한 나머지 자원과 테크, 즉 경제와 기술을 발전시킬 여지가 적었다. 하지만 심시티를 통해 적은 비용으로 수비를 할 수 있게 되자 대부분의 플레이어들이 병력보다는 자원과 테크에 힘을 쏟기 시작한 것이다. 자연히 더 복잡한 전략들이 생겨났고, 게임의 묘도 배가되었다. 앞서 언급한 '죄수의 딜레마' 공식이 깨져버린 것이다.

		용욱	
		자원	병력
정민	자원	(8, 8)	(9, 0)
	병력	(0, 9)	(4, 4)

심시티가 개발되기 전에는 초반에 병력을 선택한 쪽이 자원을 선택한 쪽을 일방적으로 유린할 수 있었다. 하지만 심시티의 개발로 초반에 병력을 생산해봤자 이득을 볼 수 없게 되면서 더 이상 병력 생산이 '우월한 전략'이 아니게 되었다.

이를 경제학에서 말하는 공공재, 외부효과와 연관지어보자. 공공재란 모든 사람이 공동으로 이용할 수 있는 재화 또는 서비스로, 그 재화와 서비스를 이용하는 대가를 치르지 않더라도 소비 혜택에서 배제할 수 없다는 특징을 가진다. 외부효과란, 다른 사람에게 의도하지 않은 혜택이나 손해를 주는 어떤 경제행위에 대해 대가를 받거나 비용을 지불하지 않는 상태를 말한다. 긍정적 외부효과는 외부경제를 낳고, 부정적 외부효과는 외부비경제를 낳는다.

이러한 정의에 따르면, 입구를 막기 위해 쌓은 성곽, 즉 심시티는 공공재에 해당한다고 볼 수 있으며, 심시티를 통해 얻어지는 외부효과는 게임 속 아군의 경제 전반에 걸쳐 파급된다. 수비 병력 생산에 쓰였을 자원이 심시티라는 공공재로 대체되면서 남는 자원을 일꾼 확보, 테크트리 발달, 추가 확장으로 고스란히 환원할 수 있게 된 것이다. 외부효과 중에서도 사회 전반에 이득을 주는 외부경제 현상이라고 할 수 있다.

잘 지키는 법 ②:
건물과 방어타워로 보는 외부비경제 현상

그렇다면 〈스타〉에서 외부**비경제** 현상은 발생하지 않을까? 안타깝게도 대단히 많은 부분에서 발생한다. 가장 흔히 발생하는 사례는 생산 건물을 과도하게 건설하는 경우이다. '**50 게이트 사건**'으로도 회자되는 2002 KPGA tour 2차 리그 8강 2경기, 이윤열(테란) 대 이재훈(프로토스)의 경기가 이러한 현상을 단적으로 보여준다. 당시 뛰어난 운영으로 경기를 잘 풀어가던 이재훈은 자신의 유리함에 지나치게 방심한 나머지 50개에 이르는 게이트웨이를 확보했다. 하지만 끝없이 밀어붙여도 기어이 막아내는 이윤열의 신묘한 방어로 인해 경기는 지구전으로 돌입, 양쪽 모두 자원이 고갈되기에 이른다. 결국 테란의 효율성을 바탕으로 끈질기게 버티던 이윤열이 잔여 병력을 결집해 진출했고, 건물만 남은 이재훈은 고배를 마시게 된다.

비록 한 글자 차이이지 투자와 투기는 엄친아(엄마 친구 아들)와 아친엄(아들 친구 엄마)만큼이나 그 의미가 다르다. 이때 이재훈이 게이트웨이에 투기한 자원이 약 7500, 병력으로 환산하면 질럿 75기인 셈이다. 만약 적정수의 생산 건물만 확보하고 나머지 자원을 병력이나 고급유닛 조합에 투자했더라면 경기의 양상은 크게 달라졌을 것이다. 종국에는 자원이 부족해서 그 많던 게이트웨이가 가동 중단되고 쓸모없는 애물단지로 전락하고 말았다. 우리는 여기서 세 가지 교훈을 배

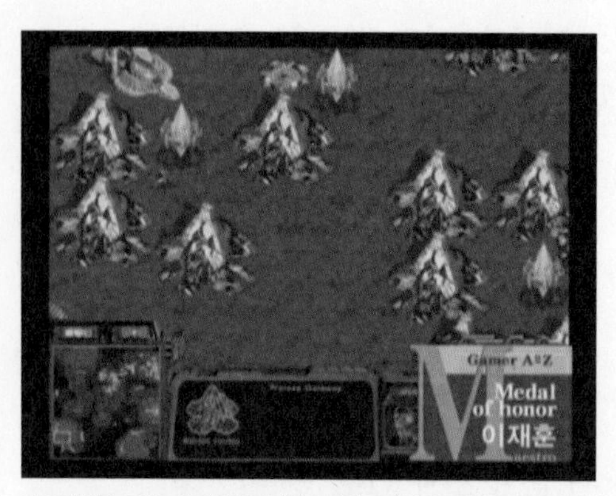

자원 부족 때문에 작동을 멈춘 게이트웨이들. 외부비경제 현상의 적절한 예이다.

워야 한다. 첫째, 교만은 패망의 선봉장이다. 둘째, 과도한 부동산 투기는 국가경제의 몰락으로 이어질 수 있다. 그리고 가장 중요한 셋째, 〈스타〉에서 건물이라는 공공재는 결국 외부비경제 현상을 낳는다.

앞서도 얘기했지만 건물은 여러 가지 이점을 갖고 있고 〈스타〉에서 유닛과 함께 필수불가결한 한 축을 담당하지만, 건물 그 자체로서는 큰 가치가 없다. 따라서 경제학적인 관점에서 볼 때, 건물의 순수한 가치는 경기가 극후반으로 치달을수록 떨어지며, 승패를 결정짓는 데서는 유닛의 역할이 더욱더 대두되기 마련이다.

방어타워도 예외는 아니다. 방어타워는 건물이 갖는 장점과 방어용 유닛이 갖는 장점을 모두 지니고 있다. 즉, 가격 대비 내구력이 좋고 공격력과 사정거리가 일반 유닛에 비해 월등히 좋은 경우가 대부분이다. 그렇기 때문에 수비 병력의 공백을 메우고 상대의 견제 및 공격에 대응할 때 요긴하게 쓰인다. 하지만 테란의 몇몇 건물을 제외한 모든 건물이 그렇듯이, 이동이 불가능하기 때문에 공격에 활용되지 못한다는 치명적인 한계가 있다(초반 포톤캐논 러쉬 등은 예외이다). 승리를 얻기 위해서는 언제까지 웅크리고 앉아 방어만 할 수는 없기에, 방어타워는 후반으로 갈수록 그 가치를 잃게 된다.

또한 유닛은 업그레이드가 가능하지만 방어타워는 초반이나 후반이나 같은 스펙을 유지한다는 점 또한 경기 후반으로 갈수록 방어타워가 경쟁력을 잃는 이유가 된다. 아무런 업그레이드도 되지 않은 상태의 저글링 6기로는 포톤캐논 1문을 파괴하기 어렵지만, 모든 업그레이드가 끝난 저글링 6기로 포톤캐논 1문을 격파하는 것은 일도 아니다.

마찬가지로 기술과 조합이 발달하면서 고급유닛을 생산하는 경기 후반에 이르면, 방어타워가 아무런 쓸모가 없어지는 경우도 발생한다. 머린 6기로는 성큰콜로니 1문을 파괴할 수 없지만, 머린 3기에 메딕 1기만 동행시켜도 쉽게 파괴할 수 있는 것과 같은 이치요, 디파일러를 대동한 저글링 단 몇 기만으로도 프로토스의 포톤캐논 밭을 해체할 수 있는 것 또한 마찬가지이다.

감가상각비
기물이나 설비의 노후에 따른 가치 하락을 계산한 비용.

이러한 이유에서 방어타워는 회수도 안 되고 반환도 불가능하며 **감가상각비**는 갈수록 증가하는 공공재로 볼 수 있고, 외부경제 효과 또한 기대하기 어렵다. 따라서 경기 극후반에 이르면 방어타워에 투자한 자원은 외부비경제 효과로 이어져 예산 낭비가 된다. 방어타워는 꼭 필요한 만큼만 짓자.

잘 갖추는 법 ①:
극후반전 운영으로 다시 보는 외부경제 효과

후반전 운영에 대해 조금 더 자세히 살펴보자. 후반 운영에 있어서 승패를 가르는 요소는 무엇일까?

일단 경기가 후반까지 전개되었다는 것은 어느 한쪽의 우세를 점치기 힘든, 다시 말해 쉽게 균형이 깨지지 않는 '**반땅싸움**'에 이르렀음을 의미한다. 이 같은 첨예한 교착상태를 흔히 '냉전구도'라 말한다. 양쪽이 분명히 교전 상태에 놓여 있지만, 아무래도 지키는 게 유리하기 때문에 섣불리 먼

반땅싸움
맵을 양분한 상태에서 하는 싸움. 주로 대치상태만 지속된다.

저 칼을 꺼낼 수 없는 상태이다. 이 경우 양쪽 모두 사태를 관망하면서 자신의 세를 불리는 데 집중하게 된다.

업그레이드를 통해 병력의 질을 향상시키는 것도 이러한 작업의 일환이다. 실제로 내가 실험해본 결과, 같은 종류의 유닛 한 부대끼리 특별한 컨트롤 없이 맞붙을 경우, 업그레이드한 쪽은 업그레이드가 한 단계 차이 나는 경우 약 5~10퍼센트, 두 단계 차이 나는 경우 약 10~20퍼센트, 세 단계 이상 차이 나는 경우 약 20퍼센트 이상의 유닛 생존율을 보였다(단, 공격력이 40 이상 되는 유닛은 제외). 실험 결과는 병력의 업그레이드 상태에 따라 전투의 결과가 판이하게 달라질 수도 있음을 시사한다.

여기서 주목할 만한 점은 유닛의 업그레이드 또한 공공재로 볼 수 있다는 것이다. 다시 말하지만 공공재(업그레이드)란 모든 사람(유닛)이 공동으로 이용할 수 있는(얻게 되는) 재화 또는 서비스로, 그 재화와 서비스에 대하여 대가를 치르지 않더라도 소비 혜택에서 배제되지 않는다는 특성을 지닌다. 일단 업그레이드가 완료되고 나면 그 업그레이드에 해당되는 모든 유닛이 업그레이드의 혜택을 받는다는 점에서 업그레이드와 공공재는 닮아 있다. 즉, 업그레이드는 외부경제효과로 이어진다. 예를 들어 테란의 보병장갑 업그레이드가 완료되는 순간, 존재하는 모든 아군 보병 유닛은 좋든 싫든 추가 장갑이라는 외부효과를 얻게 된다. 같은 조건에서 싸우더라도 미리미리 외부효과를 챙긴 쪽과 그렇지 못한 쪽은 큰 차이가 날 수밖에 없다.

교착상태에서 힘을 키우는 또 하나의 방법은 낡고 약한 무기를 새롭고 강한 무기로 대체하는 것이다. 충분한 자원을 갖고 있음에도 200에 한정된 인구수를 기본유닛으로 채우는 것은 미련한 짓이다. 한 번의 큰 전투에서 승리하기 위해서는 최강의 유닛을 최대한 많이 확보해야 한다. 물론 유닛 간 상성에 대비해 조합을 갖추되, 하이테크 유닛의 비중을 늘려 효율적인 전투를 펼치는 것이 후반 전투의 묘라고 할 수 있다.

최강의 유닛들로 구성된 최강의 조합. 이는 호혜적 외부경제 효과에 빗댈 수 있다. 양봉업자와 화훼농가가 서로 인접해 있으면 벌들은 꿀을 채취하기 쉬워지고 꽃들은 수분에 성공할 확률이 높아지듯이, 각자의 유닛들이 서로의 약점을 보완하며 시너지를 일으켜 서로에게 외부효과를 창출해주는 이로운 역할을 하는 셈이다.

잘 갖추는 법 ②: 고급유닛으로 보는 베블런효과

하지만 제아무리 끝장나는 유닛 조합이라도 적절한 '때'라는 것이 있는 법이다. 무조건 좋은 게 좋은 건 아니라는 이야기이다. 최강의 조합은 경기 후반부에나 나타날 수 있으며, 경기 초반에 시도하려면 상대가 모르게 갖추든지 두둑한 똥배짱이 있어야 한다. 많은 프로게이머조차 이를 간과한 채 초반부터 강력한 유닛들을 갖추려다가 적의 기본유닛에 속절없이 밀려버리곤 했다.

이런 얘기를 이 편의 후반부에 와서 꺼내는 이유는 초반부에 했으면 독자들에게 씨알도 안 먹혔을 경제 이야기 하나를 이제는 제법 이론적 조합을 갖추어 말할 수 있다고 믿기 때문이다. 그 이야기란 바로 베블런효과로, 잠시 사견을 곁들이고 다음 편으로 넘어가도록 하겠다.

먼저 베블런효과, 일명 과시적 소비는 가격이 오르는데도 일부 계층의 과시욕이나 허영심 때문에 수요가 줄어들지 않는 현상을 말한다. **소스타인 베블런**Thorstein Bunde Veblen은 그의 첫 번째 저서 『**유한계급**론』에서 개별 소비자의 소비 행태는 다른 소비자와 독립적으로 이루어지는 것이 아니라 서로 영향을 준다고 역설하며 **신고전학파**의 논리, 즉 가격이 하락하면 수요가 증가한다는 수요법칙을 의심했다. 그는 사람들이 자신의 허영심을 채우거나 다른 사람과 차별화하기 위해 오히려 경제적 접근성이 낮은 고가의 사치품에 유인된다고 주장했다.

안타깝게도 베블런의 논리는 현대사회에 와서 더 많은 조명을 받고 있다. 등록금 낮추라고 거품을 무는 대학생 시위대 속에 명품에 눈이 먼 몇몇 주접들이 섞여 설득력을 희석시키고, 털어서 쥐뿔도 안 나올 젊은이들이 카드라는 '빚'을 향해 날아드는 불나방이의 작태를 선보인다. 비단 사회의 구조적인 문제로만 치부하기엔, 또는 아프니까 청춘이라고 자위하고 말기엔 너무도 어설픈 가식들이 우리네 눈을 가리고 있는 것이다. 아니, 아프지 않다고 청춘이 아니라는 얘기는 아니지 않은가? 청춘이니 아파야만 한다는, 그런 '중2병' 차원의 얘기가 아니지 않은가? 겉치레를 하지 못해 느끼는 아픔이 찰과상이라면, 그 모자란 개념은 이미 뿌리 깊은 종양이다. 그 아픔이 과연 절실하고 선험적인 것인가, 아니면 어딘가에 돌을 던져야만 직성이 풀리는 철부지들이 마음속에 세워놓은 개구리인가를

유한계급

생산적 노동에 적극적인 의욕을 가지지 않고 비생산적 소비생활을 하는 계층.

신고전학파

케임브리지학파라고도 불리며, 영국 고전학파의 거두인 리카르도의 이론을 계승하였다. 1930년 대공황을 충분히 설명하지 못하고 케인즈학파에 밀려났다.

사치의 이유를 경제학적으로 설명한 베블런의 『유한계급론』

베블런은 되묻고 있다.

잡설이 조금 길어졌음을 양해해주시기 바란다. 결국 이 이야기도 〈스타〉와 관련이 있다. 국어를 못해 주제 파악이 안되고, 수학을 못해 분수를 모르는 사람을 현실에서는 뭐라고 하는지 모르겠지만, 〈스타〉에서는 '패배자'라고 부른다. 상대와 나의 실력이 비슷한데 상대가 나보다 훌륭한 명품 유닛들을 갖추고 있다면 답은 다음 두 가지 중 하나이다. ① 상대가 나보다 더 많은 자원을 확보하고 있거나 ② 그렇지 않다면 지금 허세를 부리고 있다는 것이다.

①이 답이라면 당신은 이미 이길 확률이 거의 없다. 돌이나 던지는 심정으로 한 번 들이대보고, "아니다…" 싶으면 두 손 들자. ②가 답이라면 바로 공격을 감행하라. 기본에 충실한 자의 소소한 조합으로 허세에 찌든 패배자의 한 줌 고급병력을 유린하는 재미를 느낄 수 있을 것이다.

프로토스 대 테란 전을 보면 프로토스 선수가 몰래 궁극의 유닛인 캐리어를 생산하다가 발각돼 일거에 치고 나오는 테란의 지상병력 앞에 낭패를 보는 경우가 심심찮게 있다. 또한 저그가 테란을 상대로 배째라는 심보로 '미친 저그'를 구사할 때, 테란이 바로 진출해서 실제로 저그의 배를 째는 경우도 자주 보인다. 모두 분수에 맞지 않는 '카드'를 꺼내들었을 때 따르는 위험을 보여주는 예이다. 하지만 뭐니 뭐니 해도 가장 한심한 짓은 상대가 허세를 부릴 때 그 허세를 따라 하는 것이다. 상대가 캐리어를 생산한다고 자신은 뒤늦게 배틀크루저를 뽑는, 그런 어처구니없는 일은 삼가도록 하자.

명품 조합은 그에 맞는 타이밍과 받쳐줄 만한 경제 수준에 도달해야 비로소 가능해진다. 사람도 마찬가지라고 본다. 명품이 무조건 나쁘다는 얘기가 아니다. 인생 초반 젊을 때 각자의 경제 수준을 끌어올리는 데 먼저 힘쓰고, 인생 후반 나이 들어서 그 수준과 안목에 맞게 생활하자는 것이다. 이는 자유민주주의 국가에서 당당하게 추구할 수 있는 권리이다. 명품을 걸치기 전에, 먼저 명품 인생을 거치자.

FOOD FOR THOUGHT 〈스타〉 유닛의 대사

〈스타〉의 유닛 하나하나마다, 상황에 따라 다른 대사를 읊는다. 그런데 특정 유닛을 반복적으로 클릭하면 이상한 소리를 해대는 걸 알 수 있다. 도대체 무슨 소리를 하는 걸까?

언어가 없어 '소리'를 내는 저그를 제외하고, 테란은 영어로, 그리고 프로토스는 영어와 그들의 고유 언어인 '칼라니'를 섞어 말한다. 〈스타〉 개발자들이 죄다 SF 덕후였는지, 유독 SF영화나 TV시리즈와 관련된 대사들이 많이 들린다. 대표적인 예를 살펴보자.

<u>프로토스</u>

- 아콘: "It all looks so different on this side… It's beautiful… They should've sent a poet."
  → 이쪽에서는 모든 게 달라 보여… 너무 아름다워… (과학자가 아닌) 시인을 보냈어야 했어.

◇ 영화 〈콘택트〉(1997)에서 천체물리학자인 조디 포스터가 시공의 반대편으로 여행하면서 내뱉는 대사.

- 커세어: "Zephram Cochrane, is that you? What happened to your hair?"
  → 코크란 씨, 당신 맞아요? 머리엔 무슨 짓을 한 거예요?

◇ 코크란은 드라마 〈스타트렉〉에서 최초로 항성 간 워프 장치를 발명하는 극중 인물.

- 드라군: Drop your weapons. You have 15 seconds to comply.

  → 15초 내로 무기를 버려라.

◇ 영화 〈로보캅 2〉에서 무인 전투로봇 ED-209의 대사.

- 하이템플러: "Your thoughts betray you … I find your lack of control disturbing."

  → 생각은 (행동을) 배신한다네… 너의 부족한 통제력(컨트롤)이 거슬리는군.

◇ 영화 〈스타워즈〉에서 다스베이더의 대사.

- 옵저버: "One small step for a man, one giant…"

  → 한 인간에게는 작은 발자국이지만, 전 인류에게는 위대한 도약이다.

◇ 최초의 달 탐사 우주인 닐 암스트롱Neil Armstrong이 달에 첫발을 내딛으며 내뱉은 말.

테란

- 드랍십: "In the pipe, five by five … Hang on, we're in for some chop."

  → 목표 지점 도착, 송수신 상태 안정… 꽉 잡으세요, 좀 흔들릴 겁니다.

◇ 영화 〈에일리언 1〉에서 조종사의 대사.

- 머린: "How do I get out of this chickenshit outfit?"
  → 이 촌닭 같은 의상 좀 벗으면 안 되나?

◇ 영화 〈에일리언 1〉에서 허드슨 일병의 대사.

- 베슬: "The ship, out of danger?"
  → 함선이 위기에서 벗어났나?

◇ 드라마 〈스타트렉〉에서 스팍의 대사.

- 레이스: "I'm just curious, why am I so good? … I gotta get me one of these."
  → 진짜 궁금해서 그러는데, 난 왜 이렇게 잘났을까?… 나도 이런 거 하나 장만해야겠군.

◇ 영화 〈인디펜던스 데이〉의 대사.

SF물은 비단 유닛의 대사뿐 아니라 〈스타〉의 전반적인 플롯과 스토리 라인에 많은 영향을 주고받은 것으로 보인다. 〈스타〉 개발자들이 소설 〈듄〉과 영화 〈에일리언〉, 〈스타쉽 트루퍼스〉로부터 영감을 받고, 〈에일리언 VS 프레데터〉 시리즈에 영감을 줬을 것이라는 추측이 신빙성을 얻고 있다. 이 외에도 프로토스의 '리버'가 〈바람 계곡의 나우시카〉에 나오는 '오무'라는 괴물과 대단히 흡사하고(실제로 〈스타〉의 'Special Thanks'에 〈바람 계곡의 나우시카〉의 감독인 미야자키 하야오宮崎駿의 이름도 나온다), 〈스타 2〉에 등장하는 프로토스의 '거신'은 〈우주 전쟁〉의 외계 기계 '트라이포드'와 상당히 닮아 있음을 볼 때, SF물이 블리자드의 창의력에 많은 영향을 주었음을 유추할 수 있다. 모방은 창조의 어머니라는 말이 다시금 와닿게 만드는 〈스타〉이다.

<스타>로 보는 경제 이론

지금까지 경제의 기본 원칙과 그에 따라 가장 합리적 선택을 할 수 있는 방법에 대해 알아보았다. 정리하면 인간은 자원의 희소성, 기회비용, 수요와 공급을 계산해서 최소한의 비용으로 최대한의 효과를 내는 '합리적 선택'을 추구한다는 것이다.

이제 〈스타〉라는 게임을 하나의 분석 도구로 활용해서 현실 경제를 설명해보겠다. 무역, 환율, 인구론 등 다양한 경제 문제를 재빠르게 살펴보자.

전투 구도로 보는 무역의 성립

경제학 입문서가 기회비용에 대해 설명할 때 즐겨 인용하는 두 가지 예화가 있다.

- 마이클 조던Michael Jordan은 자기 집 정원의 잔디를 깎지 않는다.
- 빌 게이츠Bill Gates가 길을 가다가 주인 없는 100달러짜리 지폐를 발견한다. 이를 줍는 것이 경제적으로 현명한 선택일까, 아닐까?

기회비용의 법칙에서 본 바에 따라 이제 우리는 경제적 선택은 기회비용을 최소화하는 방향을 따라간다는 것을 안다. 마이클 조던이 잔디를 깎음으로써 포기하는 기회비용은 코트에서 한 경기 뛰는 대가로 받는 1만 달러라고 했을 때, 당연히 조던의 입장에서는 잔디를 깎을 시간에 농구를 하고 정원사를 고용해서 몇 푼의 임금을 지불하는 편이 현명할 것이다. 하루에 수천만 달러를 버는 빌 게이츠 또한 굳이 시간을 들여서 허리 숙여가며 100달러를 주울 필요를 느끼지 못할 것이다. 물론 과장된 예화들이고, 빌 게이츠도 사람인 이상 눈먼 돈을 주우면 좋아하겠지만, 기회비용이 경제학에서 얼마나 중요하게 여겨지는 개념인지를 설명해준다.

위의 예화들이 또 한 가지 시사하는 점은 전문성과 분업에 관한 것이다. 본업이 농구선수인 조던은 자신이 전문성이 있는 분야에 시간을 투자함으로써 기회비용을 최소화할 수 있다. 물론 조던이 자신의 정원사보다 훨씬 더 스포티하게 잔디를 깎을 수 있을지도 모르지만, 기회비용의 측면에서 봤을 때는 자신이 잔디를 깎을 경제적 동기가 충분치 않은 것이다.

같은 원리가 적용되는 분야가 바로 무역이다. IT 강국인 한국이 파키스탄에 핸드폰을 수출하고 양탄자를 수입하는 이유도 조던의 경우와 같다. 한국이 파키스탄보다 더 많고 질 좋은 양탄자를 만들지도 모르지만, 한국의 전문성을 살려 핸드폰만을 만들고 양탄자는 파키스탄에서 수입해 오는 것이 기회비용을 고려했을 때 이득이라는 것이다. 이번에는 〈스타〉를 통해 무역론을 들여다보자.

정석이는 스카우트와 드라군 각각 1기씩을 보유하고 있고 요환이는 골리앗과 배틀크루저 각각 1기씩을 보유하고 있다. 이들 각각의 지상 및 공중 공격력은 다음과 같다.

	정석 (프로토스)		요환 (테란)	
	스카우트 (공중유닛)	드라군 (지상유닛)	배틀크루저 (공중유닛)	골리앗 (지상유닛)
대지	8	20	25	12
대공	28	20	25	20

대지에서는 드라군과 배틀크루저, 대공에서는 스카우트와 배틀크루저가 절대 우위에 있다. 각 유닛이 상대 유닛을 일대일로 마크한다고 가정할 때, 요환이와 정석이에게 가장 효율적인 전략은 무엇일까?

우선 정석이의 경우를 보면 드라군이 골리앗을, 그리고 스카웃이 배틀크루저를 공격하는 경우와 그 반대의 경우 가운데 하나를 선택할 수 있다. 드라군은 스카우트보다 대지 공격력이, 스카우트는 드라군보다 대공 공격력이 강하므로 이 경우에는 답이 바로 나온다. 드라군은 지상유닛인 골리앗을, 스카우트는 공중유닛인 배틀크루저를 공격하는 것이 최선의 전략이다. 이를 두고 경제학에서는 대지 공격력에서는 드라군이 절대우위에 있고, 대공 공격력에서는 스카우트가 절대

우위에 있다고 말한다. 정석의 경우 각 유닛의 전문 분야가 명확히 구분되니 쉽게 전략을 도출할 수 있다.

요환이의 경우는 약간 다르다. 골리앗이 드라군을, 그리고 배틀크루저가 스카우트를 공격하거나 그 반대의 전략을 택할 수 있다. 하지만 대지 및 대공 공격력 모두 배틀크루저가 골리앗보다 세기 때문에 요환이는 잠시 고민에 빠진다. 요환이의 배틀크루저는 잔디도 잘 깎는 조던과도 같은 존재. 결국 기회비용을 계산해보기로 한 요환은 다음과 같은 표를 작성한다.

	골리앗	배틀크루저
대지공격 단위당 대공공격 기회비용	20/12=1.67	25/25=1
	1.67 > 1	
대공공격 단위당 대지공격 기회비용	12/20=0.6	25/25=1
	0.6 < 1	

표의 내용을 분석해보면 골리앗은 대지를 공격할 때, 배틀크루저는 대공을 공격할 때 상대적으로 높은 기회비용을 지불해야 한다(비효율적이라는 뜻이다). 이윽고 결정을 내린 요환은 골리앗이 스카우트를, 그리고 배틀크루저가 드라군을 공격하는 것이 최선의 선택임을 깨닫는다. 이 경우 대지 및 대공 공격력 모두 배틀크루저가 절대우위에 있지만, 대공 공격에서는 골리앗이, 그리고 대지 공격에서는 배틀크루저가 상대우위에 있다고 말한다. 이를 통해 결국 최선의 선택은 절대우위가 아닌 상대우위에 의해 좌우됨을 알 수 있다. 요환의 입장

에서는 스카웃과 드라군의 파괴가 무역의 궁극적인 목표이고, 골리앗와 배틀크루저가 각각을 전담해 공격하는 것이 가장 효율적으로 그 목표를 이루는 방법이다.

무역이론은 팀플레이에서도 흔히 나타난다. 가령 한 명은 지상유닛만을 다른 한 명은 공중유닛만을 양산한다든지, 한 명은 대공화력이 우수한 유닛을 다른 한 명은 대지화력이 우수한 유닛을 뽑는 것이다. 각각의 플레이어들이 여러 가지 테크에 돈을 투자하고 다양한 유닛을 생산하는 것보다 한 가지 테크에 전념해 한두 가지 유닛을 양산하는 것이 이득이기 때문에 유저 간에 분업을 하게 되는 것이다.

생산비용으로 보는 규모의 경제

국가와 국가 간의 분업이 무역으로 이어진다는 생각의 토대를 제공한 사람은 애덤 스미스였다. 그는 『국부론』에서 분업과 특화를 통해 생산력을 증대시킬 수 있다고 주장했다. 쉽게 말해서 농민은 농사만, 어부는 어획만, 수공업자는 제품 생산에만 집중한 후 생산물을 서로 교환하는 것이 모든 일을 도맡아 하는 것보다 효율적이라는 것이다.

시간이 흘러 스미스의 논리는 경제 전반에 걸친 분업뿐만 아니라 구체적인 산업 내부의 분업에도 적용되기 시작한다. 예를 들면 열 번의 공정을 거쳐야 하는 제품을 노동자 열 명이 한 개씩 따로 만드는 것보다, 한 명당 한 번의 공정을 맡아 팀플레이로 제품을 완성하는 것이 더 효율적이라는 설명이다. 노동의 전문화에 따른 숙련도 향상, 경영효율 증가 등 복합적인 요인들 때문이다.

시간이 더 흘러 공장과 컨베이어벨트가 등장하면서 대규모 생산이 가능해지자, 스미스의 분업이론은 '규모의 경제와 비경제'에도 적용되기에 이른다. 규모의 경제란 생산 규모가 증가함에 따라 생산비용에 비해 생산량이 더 크게 증가하면서 생기는 경제적 이익을 말한다. 반대로 생산 규모가 증가함에 따라 생산비용에 비해 생산량이 적게 증가하는 경우 생기는 경제적 손실은 규모의 비경제라고 한다.

규모의 경제를 가능하게 만드는 다양한 요인에는 생산의 학습 효과로 인한 노동비용 절감, 원료의 대규모 구입에 따른 원가비용 절감, 금리우대에 따른 자본비용 절감 등이 있다. 하지만〈스타〉를 통해 볼 때 규모의 경제에서 가장 중요한 요인은 고정비용이라고 할 수 있다. 고정비용이란 생산량의 변동에 관계없이 일정하게 지출되는 비용으로, 임대료, 대출이자, 설비의 감가상각비 등을 포함한다. 간단한 예를 들어보자.

토쓰질럿공장의 오영종 질럿공장장은 본사로부터 질럿 2기를 생산하라는 명령을 하달받는다. 일단 전력 수급이 급선무인지라, 텅 빈 공장에 파일런사社의 발전기 한 개를 들여놓는다. 그다음에 게이트웨이사社의 생산라인 한 개를 들여놓는다. 게이트웨이를 두 차례에 걸쳐 돌린 후 질럿 2기를 얻는다. 이때 총 지출 내역은 아래와 같다.

파일런	게이트웨이	질럿 원료	총 지출	단위당 원가
100	150	100×2=200	450	450/2=225

이번에는 본사에서 질럿 4기를 생산하라고 명령한다. 단, 자원은 마음대로 쓰되, 마감 시간은 전과 같다고 말한다. 이에 오영종 공장장은 게이트웨이 한 개를 추가해 두 개의 게이트웨이를 두 차례에 걸쳐 돌린다. 이번에 들어간 지출 내역은 다음과 같다.

파일런	게이트웨이	질럿 원료	총 지출	단위당 원가
100	150×2=300	100×4=400	800	800/4=200

질럿 한 기당 원가가 225에서 200으로 줄었다. 게이트웨이와 질럿 원료는 질럿의 수에 비례해 증가했지만, 파일런은 더 장만하지 않아도 되었기 때문이다. 여기서 파일런은 고정비용에 해당한다. 생산 규모의 증가와 무관한 파일런이란 고정비용 때문에 질럿 하나당 원가가

감소하는 규모의 경제가 나타난 것이다. 게이트웨이 네 개를 두 번씩 가동해서 질럿 8기를 얻을 경우 규모의 경제는 더 확실히 나타난다.

파일런	게이트웨이	질럿 원료	총 지출	단위당 원가
100	150×4= 600	100×8= 800	1500	1500/8= 187.5

운영비용으로 보는 규모의 비경제

그러나 생산 규모가 적정 수준을 넘어 지나치게 커질 경우, 추가 생산 비용이 규모의 경제를 넘어서는 규모의 비경제 현상이 발생할 수 있다. 거대한 조직을 운영하기 위한 유지비가 상승하기 때문이다. 다음의 경우를 생각해보자.

> 공장 규모가 커져 오영종의 공장은 한 개의 파일런과 네 개의 게이트웨이를 보유하게 되었다. 하지만 공장이 커졌다는 소문과 함께 파일런을 노린 저글링 도둑들이 돌아다닌다는 흉흉한 소문이 들려온다. 동력을 담당하는 파일런을 도둑맞으면 공장도 마비될 터… 긴장한 오영종 공장장은 비상사태를 대비해 한 개의 예비 파일런을 추가적으로 구입하고 경계 시스템의 최고봉인 포톤캐논을 설치한다. 그 후 본부의 지시에 따라 질럿 8기를 생산한다. 지출 내역을 살펴보니 다음과 같다.

파일런	게이트웨이	질럿 원료	포톤캐논	총 지출	단위당 원가
100×2= 200	150×4= 600	100×8= 800	150	1750	1750/8≈218

전에는 187.5까지 떨어졌던 단위당 원가가 다시 218로 늘어났음을 볼 수 있다. 추가 파일런과 포톤캐논을 구비하는 데 350이라는 운영비를 썼기 때문이다. 생산 규모의 증가에 따른 운영비 증가가 대규모 생산의 이점을 상쇄시켜 규모의 비경제를 낳은 것이다.

규모의 비경제는 물리적으로도 발생한다. 특히 경기 후반에 대규모의 생산기지에서 대규모의 병력을 생산해야 하는 경우에 자주 발생한다. 도중에 전투라도 일어나면 전투를 수행하면서도 재빨리 다음 유닛을 찍어내야 하는데, 안 그래도 손 갈 곳이 많아지는 경기 후반에 이러한 멀티태스킹을 완벽히 수행하는 것은 프로게이머가 아닌 이상 어렵다. 이런 경우 어떤 게이트웨이는 질럿이 하나도 안 찍혀 있고, 어떤 게이트웨이는 5기씩 밀려 있는 등 규모의 비경제가 발생하는 것을 볼 수 있다. 플레이어의 집중력도 초반일 때보다 후반일 때, 회사의 운영 능력도 소규모일 때보다 대규모일 때 실수에 취약해진다.

그런 의미에서 규모의 경제와 비경제는 시사하는 바가 크다. 규모가 너무 작으면 이윤을 창출하기 어렵고, 너무 크면 비용을 관리하기가 어렵다. 그러므로 적절한 절충점을 찾는 것이 최선이라고 할 수 있다. 〈스타〉에서는 기지의 규모를 늘리되, 최대한 밀도 있게 늘려서 들어가는 비용 및 컨트롤을 최소화하는 것이 중요하다. 마찬가지로 한국의 기업들도 규모를 늘리되, 최대한 친밀도 있게 늘려서 고객과 소비자, 중소기업 및 벤처기업에게서 얻은 매출과 관심에 부합하는 대기업으로 성장하는 것이 중요하다. 대代를 잇는 기업이 되기 전에, 사회와 마주 보고 소통하는 대對기업이 되자.

체제 매니지먼트로 보는 범위의 경제와 비경제

규모의 경제/비경제가 말 그대로 규모에 따른 생산비용과 생산량의 변화를 조명했다면, 범위의 경제/비경제는 생산하는 상품의 종류에 따른 생산비용과 생산량의 변화를 다룬다. 여기서 범위란 상품과 서비스의 종류를 말하며, 범위의 경제란 몇 가지 상품을 함께 생산할 때, 각각의 상품을 따로 생산하는 것보다 낮은 비용으로 제품을 생산하게 되는 현상을 뜻한다.

가령 자동차공장은 승용차와 트럭을 함께 생산하고, 곱창집은 곱창, 대창, 양, 천엽을 함께 판다. 승용차 생산 공정을 약간만 손보면 트럭을 생산할 수 있고, 소 한 마리를 잡으면 곱창과 대창이 함께 나오듯이, 유사한 성격의 상품을 함께 생산할 경우 따로 생산하는 경우보다 상품의 생산, 유통, 판매에 드는 비용을 줄일 수 있기 때문이다. 범위의 경제를 누릴 수 있는 것이다.

그런데 어느 날 갑자기 자동차공장에서 생명보험을 같이 팔고, 곱창집에서 〈워낭소리〉 DVD를 같이 팔기 시작하면 어떻게 될까? 고객들은 마치 장례식장 옆에 위치한 산부인과를 보는 것처럼 찝찝할 것이고, 가게는 곧 문을 닫을 것이다. 차와 보험, 곱창과 소는 분명 같은 '범위'에 속하지만, 둘을 같이 취급하면 오히려 하나만 취급하느니만 못한 경우가 생기는 것이다. 이 경우 범위의 비경제가 발생했다고 한다.

마케팅적 관점에서 볼 때 범위의 경제가 발생한 케이스로는 요새 한참 핫한 백종원의 ㈜더본코리아를 들 수 있다. 이 기업은 '가성비'라는 간단한 철학을 가진 외식 프랜차이즈 기업으로 시작해 현재는 고깃집, 실내 포장마차, 카페 등 다양한 분야에서 입지를 다지고 있다. '음식'이라는 범위 내에서 범위의 경제를 만들어낸 것이고, 따라서 내일 갑자기 '백종원 횟집'이 등장한다고 해도 고객들은 이상하게 생각하지 않을 것이다. 이렇게 비슷한 가게들을 한데 모아놓으면 시너지가 경쟁을 압도한다. 동대문 옷 시장, 방배동 카페골목의 아구찜거리, 헤이리 예술마을이 모두 이와 같은 범위의 경제를 토대로 만들어졌다고 볼 수 있다.

반대로 범위의 비경제가 발생한 케이스로는 A1 소스의 실책을 들 수 있다. 한국인의 식탁을 고추장이 지켜왔다면, 미국의 식탁은 A1 스테이크소스가 지켜왔다. 미국에서 A1은 브랜드가 아닌 스테이크소스 그 자체이다. 그만큼 인기 있고 보편화된 조미료이다. 그런 A1도 뼈저린 실패를 경험한 적이 있다. 스테이크소스의 성공에 바람이 잔뜩 들어간 경영진이 A1 치킨소스를 출시했다가 낭패를 본 것이다. 소비자들에게 스테이크소스 업체로서의 이미지가 너무 강하게 각인되

어 있었고, 치킨소스는 오히려 이러한 이미지를 희석시킬 뿐이었다. 결국 A1 치킨소스는 퇴출되었다. 마케팅의 실패가 범위의 비경제로 이어진 좋은 예이다.

〈스타〉에서도 범위의 비경제 현상이 발생한다. 흔히 1-1-1(원원원) 전략이라고 일컫는 **빌드오더**가 범위의 비경제를 보여주는 가장 좋은 예이다. 1-1-1 전략이란 모든 체제의 건물을 하나씩만 건설해서 초반부터 탄탄한 테크트리를 확보하는 전략이다. 가령 테란의 기본 생산 건물인 배럭을 짓고, 배럭을 보완하는 아카데미와 엔지니어링 베이를 짓고, 바로 다음 단계인 팩토리를 짓고, 마지막 단계인 스타포트를 짓는 것이다. 이를 사업에 빗대자면, 어제는 인력회사를 열었으니 오늘은 자동차공장을 짓고 내일은 우주선 개발 회사에 투자하자는 꼴이다. 당연히 일관성이란 있을 수가 없고, 따라서 각 사업에 투입할 자본도 부족할 수밖에 없다. 당연히 경쟁력이란 생길 수가 없고, 모든 기업이 문을 닫게 될 것이 불을 보듯 뻔하다. 이 전략을 택했을 때 건물에 들어가는 자원을 계산해보자.

빌드오더
테크를 올리고유닛을 생산하기 위해 건물을 짓는 순서.

1배럭	1아카데미	1엔지니어링 베이	1팩토리+머신샵	1스타포트+컨트롤타워	총 지출
150/0 (미네랄/가스)	150/0	125/0	250/150	200/150	875/300

미네랄 875에 가스 300! 프로토스는 드라군 6기, 저그는 히드라 10마리 이상 뽑을 수 있는 자원이다. 아직 테란은 유닛을 뽑지도 못

했는데 말이다. 이렇게 기술 개발과 유닛의 질을 향상시키기 위해 모든 자원을 쏟아붓게 되면 자연히 병력의 수는 줄고, 그러다가 베블런 효과에서 봤듯이 적의 기본병력에 속절없이 무너지는 것이다. 심각한 범위의 비경제가 아닐 수 없다.

문제의 발단은 1-1-1 전략이 상품의 '범위'를 너무 넓게 설정했다는 데 있다. 경제 수준을 고려하지 않고, 단지 '테란 건물'이라는 지나치게 약한 연결고리에 집착하며 모든 사업에 손을 댔던 것이다. 만약 하나의 체제를 골라 그 내부에서 상품의 '범위'를 재설정했더라면 오히려 범위의 경제 현상이 일어났을 것이다. 즉, 바이오닉이면 바이오닉, 메카닉이면 메카닉을 선택해 하나의 체제를 발전해나갔으면 범위의 경제가 주는 효과를 톡톡히 봤을 것이라는 얘기이다.

투 배럭에서 출발한 바이오닉의 경우 아카데미만 올려도 조합을 갖출 수 있다.

2배럭	+	1아카데미	총 지출
150×2=300/0		150/0	450/0

투 팩토리로 출발한 메카닉의 경우 머신샵만 달아도 벌처-탱크 조합을 갖출 수 있다.

1배럭	2팩토리	+	1머신샵	총 지출
150/0	200/100×2 = 400/200		50/50	600/250

그 어떤 체제를 택하더라도 1-1-1 체제보다는 경제성이 있음을 보여준다. 바이오닉의 경우 이미 배럭이 있으니 아카데미만 얹으면 메딕을 조합할 수 있고, 메카닉의 경우 이미 팩토리가 있으니 값싼 머신샵만 달아도 탱크를 조합할 수 있다. 단지 '범위'의 개념을 생산 건물로 축소했을 뿐인데 범위의 비경제에서 경제로 전환된 것이다.

일꾼의 수로 보는 복리 효과

> 영호와 제동이가 내기 스타를 한다. 단, 영호는 초반에 정상적으로 일꾼 네 마리를 모두 활용하여 자원을 캐고, 제동이는 네 마리 중 한 마리를 휴가 보내고 세 마리만으로 자원을 캔다. 그 상황에서 서로가 최선을 다해 5분 동안 발전을 하고 맞붙어서 영호가 이기면 1만 원, 제동이가 이기면 10만 원을 가져가기로 한다. 제동이는 "그까짓 거 일꾼 하나 빼고 시작한다고 한 판을 못 이기겠냐"라고 생각하며 기세등등하게 1라운드를 시작한다. 그렇게 10판을 했고, 영호는 10만 원을 땄다.

제동이의 실력은 영호와 큰 차이가 없었는데 어쩌다가 그런 참패를 당했을까? 그건 애시당초 게임이 되지 않는 내기였기 때문이다. 우선 상식적으로만 생각해봐도 한 번에 자원 8씩을 캐는 일꾼이 100번만 캐도 자원은 800이 쌓인다. 그 돈이면 영호는 50원씩 하는 머린을 열여섯 마리 더 뽑고 싸움을 시작할 수 있는 것인데, 이는 비슷한 실력의 선수들 사이에서는 어마어마한 차이로 나타난다. 하지만 〈스타〉에는 항상 변수가 있기 마련인데, 그 정도로 0승 10패라는 참담한 성적을 설명할 수 있을까?

일꾼이 원금이고 일꾼들이 수급하는 자원을 이자라고 봤을 때, 앞에서 상식적인 수준으로 생각해본 경우는 그저 단리 이자에 불과하다. 즉, 미네랄 8이라는 이자를 100번 납부하면 끝난다고 가정한 것이다. 하지만 제동이가 패배한 원인은 휴가 보낸 일꾼 한 마리가 그만큼 자원을 캐지 않았기 때문이라기보다, 그 일꾼이 캐온 자원을 쓰지 못한 점, 즉 기회비용이 갈수록 쌓였다는 점에 기인한다. 영호의 경우 추가적인 일꾼 한 마리가 벌어 온 돈을 새로운 일꾼을 생산하는 데 투자할 수 있었고, 그 새로운 일꾼이 벌어 온 돈으로 또 새로운 일꾼을 생산하기를 반복한 것이다. 즉, 영호보다 25퍼센트나 원금이 적었던 제동이는 이자도 그만큼 적었고, 그 적은 이자가 더해져 만든 두 번째 원금 또한 같은 시점 영호의 원금보다 25퍼센트나 적었다. 그렇게 5분 후에도 마찬가지로 제동이의 경제 규모는 영호의 3/4에 그칠 수밖에 없었으니, 패배는 이미 약속이 되어 있는 것과 마찬가지였던 것이다. 제동이가 가진 세 마리의 일꾼이 두 번씩만 자원을 캐오면(세 마리 미네랄 8씩 두 번≒미네랄48≒일꾼 한 마리) 상황이 동등해졌을 만큼 미미했던 차이는 복리 효과 때문에 5분 후에는 비교도 안 되는 나비효과를 만들어냈다.

앞서 '군사·전략' 편에서 본 란체스터의 법칙과도 같은 맥락으로 〈스타〉에 적용되는 경제 역시 산술급수적이지 않고 기하급수적임을 보여주는 대목이다.

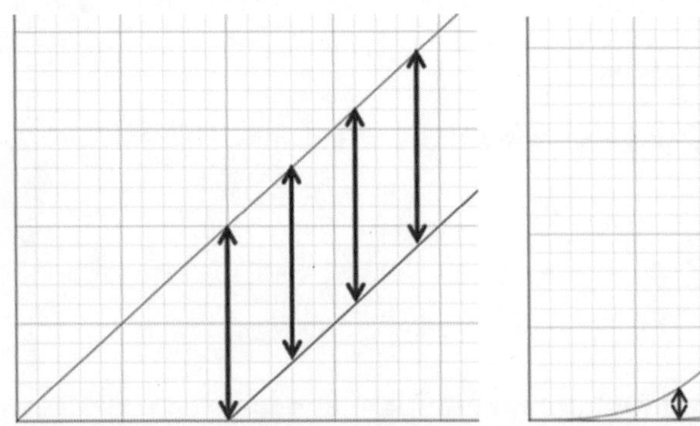
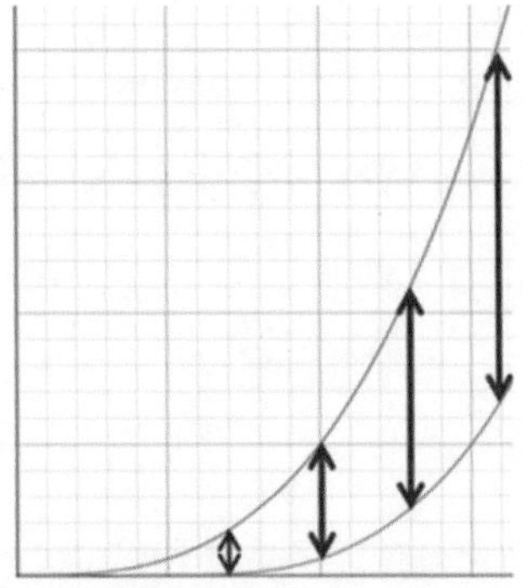
〈스타〉의 경제가 단리 이자에 가까웠다면 영호는 제동이보다 처음부터 끝까지 일꾼 1기만 앞섰을 것이다. 하지만 복리이자에 가깝기 때문에 차이는 기하급수적으로 벌어지게 된다.

미네랄과 가스 차이로 보는 맬서스 이론

산술급수와 기하급수에 대한 말이 나온 김에, **토머스 맬서스**Thomas R. Malthus의 인구론에 대해 알아보자. 맬서스는 "식량은 산술급수적으로 증가함에 비해 인구는 기하급수적으로 증가하므로 인류는 언젠가는 중대한 식량 부족 현상을 겪을 것이다"라고 주장했다. 하지만 맬서스의 우려와는 달리, 인류는 대체로 100년 전보다 훨씬 잘 먹고 잘 살고 있다. 과연 맬서스는 어디서 틀렸을까?

당시 맬서스가 간과한 점은 크게 다섯 가지이다.

토머스 맬서스
영국의 고전파 경제학자이다. 최초의 전업 경제학 교수이기도 했던 그는 첫 저서 『인구론』 발표 후 숱한 비판에 시달렸다. 하지만 경제학자로서는 분명 커다란 족적을 남겨 훗날 케인즈, 다윈 등 다방면의 선구자들에게 영향을 준 것으로 평가받는다.

① **농업 및 축산 기술의 발달**에 따라 식량도 기하급수적으로 증가한다.

② **인구제한 정책과 피임, 전쟁, 질병, 자연재해 등**에

의해 인구의 기하급수적 증가가 상쇄된다.

③ **인구와 식량의 항상성**으로 인해 인구의 증가도 불가피하게 한계ceiling에 부딪힌다.

④ **인구의 증가에 따른 노동생산성의 증대**에 의해 식량생산도 증가한다.

⑤ **인간은 언젠가 죽는다**. 그것도 생각보다 빨리, 그리고 쉽게.

이를 〈스타〉에 대입하여 맬서스 이론의 한계를 연구해보자.

우선 맬서스 이론을 〈스타〉의 언어로 바꾸면 이렇다. "(자원을 공급하는) 멀티는 한 개씩 늘어나는 데 비해 (자원을 소비하는) 유닛, 건물, 테크 등의 요소는 여러 개씩 늘어나므로 플레이어는 언젠가는 중대한 자원 부족 현상을 겪을 것이다." 하지만 맬서스의 우려와는 달리, 플레이어들의 자원 사정은 대체로 초반보다 후반에 훨씬 좋다. 여기서 우리가 간과한 점은 크게 다섯 가지이다.

① **멀티의 증가**에 따라 자원도 기하급수적으로 증가한다.

② **서플라이 디폿/파일런/오버로드의 파괴, 전투, 견제 등**에 의해 인구수의 기하급수적 증가가 상쇄된다.

③ **인구수와 자원의 항상성**으로 인해 자원이 없으면 인구수도 늘지 않는다.

④ **인구수의 증가에 따른 일꾼 수의 증가**로 인해 자원수급도 증가한다.

⑤ **인구수는 200이라는 한계를 맞는다**. 그것도 생각보다 빨리, 그리고 쉽게.

또 다른 예로 미네랄과 가스의 수급 차이를 들 수 있다. 다음 그래프는 경기 진행 시간에 따른 누적 자원수급량의 증가를 나타낸다. 앞서 배운 한계효용체감의 법칙을 염두에 두고 살펴보자.

가스수급 곡선은 직선에 가까운 데 반해, 미네랄수급 곡선은 완만한 곡선의 형태를 띰을 알 수 있다. 일대일 전용 맵의 경우 대개 기지 하나당 미네랄 아홉 덩어리, 가스 한 곳이 주어진다. 그리고 미네랄 한 덩어리당 일꾼 두 마리 정도, 가스 한 곳당 일꾼 세 마리가 채취하는 것이 이상적인 방법이다. 그렇다면 미네랄을 캐는 일꾼이 열여덟 마리, 가스를 캐는 일꾼이 세 마리가 적정수라는 계산이 나온다. 따라서 가스는 수급 속도가 일정하고, 미네랄은 (일꾼의 숫자가 열여덟 마리 이하일 때) 추가하는 일꾼의 수에 따라 수급 속도가 가속된다. 가스 채취량은 산술급수적이고 미네랄 채취량은 기하급수적이니, 맬서스의 이론대로라면 플레이어는 항상 가스 부족에 시달려야 한다.

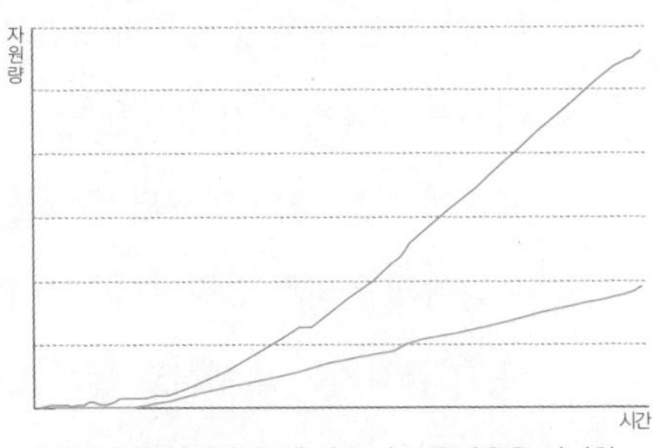

파란색 선은 미네랄, 녹색 선은 가스 증가율을 의미함.

하지만 대개의 경우 우리는 가스보다는 미네랄이 부족하다는 알림을 더 자주 받는다. 왜 그럴까? 첫째, 미네랄의 경우 경기 처음부터 끝까지 항상 소비되는 자원인 반면, 가스는 고급건물이나 고급유닛에만 쓰인다. 둘째, 대개의 건물과 유닛은 가스보다 미네랄을 많이 소비한다. 셋째, 전투 후 미네랄을 주로 사용하는 기본 유닛은 소모되나, 가스도 많이 소모하는 고급유닛은 생존할 가능성이 높기 때문에, 재생산에 들어가는 가스의 비중이 적다. 넷째, 미네랄은 언젠가 고갈되지만, 가스는 결코 소진되지 않는다.

이 모든 결과를 종합해보면 산술급수와 기하급수의 차이가 현실에서는 그다지 크지 않음을 알 수 있다. 현실에서 작용하는 여러 변수 때문에 어느 정도 상쇄되기 때문이다. 그러나 우리는 변수란 언제나 우리에게 유리한 방향에서 오지 않는다는 사실을 직시하고 있어야 한다. 지금까지는 다행히도 맬서스의 예견이 빗나갔지만, 언제 반대편에서 변수가 생길지 모른다. 고령화, 저출산, 환경오염, 기상이변 등의 인재·천재를 마주하고 극복해야 될 날이 언젠가는 올 것이다.

소모전으로 보는 환율

앞서 승리의 정의에 대해 논하며, "상대방과 내가 생각하는 승리의 기준이 다를 수 있다"라는 점을 암시했다. 이 점을 경제학적으로 재해석하면 "상대방과 내가 생각하는 부 또는 재화의 기준이 다를 수 있다"라는 논리가 도출된다. 작게는 국가 내의 빈부격차가, 크게는 국가 간의 환율 차이가 이를 잘 설명해준다. 예를 들어 대기업 회장의 지갑 속에 잠들어 있는 1만 원과 하루 벌어 하루 먹고살아야 하는 일용직 노동자의 부르튼 손이 움켜쥔 1만 원은, 그 생김새는 같을지 몰라도 그 가치에서는 천지 차이이다. 마찬가지로 외환보유고가 풍족할 때와 그렇지 못할 때 한 국가의 화폐 가치는 크나큰 차이를 보이기 마련이다. 여기에서 환율을 결정짓는 복잡다단한 요소들을 모두 언급할 수는 없지만, 개략적으로 환율이 어떤 방식으로 작동하는지를 이야기해 보고자 한다.

환율은 국가와 국가 간의 화폐 교환 비율이다. 가령 한국 원(KRW) 대 필리핀 페소(PHP) 간의 교환 비율은 약 20:1이므로(2017년 8월 기준) 1페소로 20원을 살 수 있다는 뜻이 된다. 하지만 문제는 원과 페소의 교환은 그리 흔히 있는 일이 아니어서 거래를 할 수 있는 은행이 많지 않고, 대체 1페소가 필리핀에서는 얼마만큼의 가치가 있는 돈인지 감이 안 잡힌다는 것이다. 이러한 문제를 해결하기 위해 정착된 제도가 **금본위제**와 **기축통화**이며 현재는 미국 달러가 기축통화, 즉 국제 화폐로 인정받고 있다. 간단히 말해 미국 달러라는 화폐로 국제 외환 시장에서 다른 나라 돈이라는 상품을 사고 파는 것이 바로 외환거래이며, 그 상품의 가격을 환율이라고 하는 것이다.

〈스타〉에서는 자원이 곧 기축통화요, 전장이 곧 외환시장이며, 상대의 유닛을 죽이는 것이 외환거래, 상대의 유닛을 죽이기 위해 소모된 아군 유닛의 양을 환율이라고 볼 수 있다. 역시 살벌한 게임임에 분명하다.

따라서 〈스타〉의 전장에서는 외환거래가 빈번하게 이루어진다고 볼 수 있다.

금본위제

화폐단위의 가치와 금의 일정량의 가치가 등가관계를 유지하는 본위제도.

기축통화

금과 더불어 국제외환시장에서 금융거래 또는 국제결제의 중심이 되는 통화

코프룰루항성계의 기축통화는 미네랄이고, 아이어행성과 제루스 행성의 화폐 단위는 각각 질럿과 저글링이다. 현재 환율은 4저글링/질럿, 즉 1질럿으로 4저글링을 살 수 있다. 그러던 어느 날, 제루스행성이 식민지 개척에 성공하면서 많은 양의 미네랄을 확보하기에 이른다. 기축통화인 미네랄의 증가로 제루스의 외환보유고는 풍족해져 경제 규모가 확장된다. 이에 맞춰 제루스의 재무상 자가라는 내수를 활성화하기 위해 저글링을 더 생산할 것을 명한다. 저글링이 많이 풀리자 저글링의 화폐 가치가 하락해, 아이어에서는 1질럿으로 8저글링을 살 수 있게 된다.

이 상황을 〈스타〉 언어로 바꾸면 간단해진다. 원래는 1질럿으로 4저글링만 죽이면 됐는데 저그가 확장을 해서 이제는 1질럿으로 8저글링을 죽여야 겨우 통을 칠 수 있게 된 것. 즉, 저그는 확장을 통해 더 많은 자원을 확보함으로써 유닛의 가치가 하락했고, 그러지 못한 프로토스는 상대적으로 유닛의 가치가 상승한 것이다. 계속 진행해보자.

하지만 수출에 의존했던 아이어는 이러한 환율 변동을 보고만 있을 수는 없었다. 수출해서 번 돈은 결국 제루스 화폐인 저글링인데, 그 저글링의 가치가 반값이 되니 기업들은 줄초상이 난 것이다. 대對제루스 무역수지는 적자에 빠져 국가 경제가 침체에 접어든다. 이에 아이어의 국방외무장관 피닉스는 자가라 재무상에게 "순순히 화폐 발행을 중단하면 유혈 사태는 일어나지 않을 것"이라고 발표하며 셔틀 함대를 식민지 근해로 전방 배치한다. 피닉스의 엄포에 겁먹은 자가라가 갑자기 저글링 발행을 중지하자, **디플레이션**을 걱정한 제루스의 시민들은 가진 저글링을 쓰지 않고 모으기 시작한다. 자연히 제루스의 내수는 악화되고 0.125질럿/저글링이었던 환율은 0.5질럿/저글링까지 상승한다. 이번에는 제루스에 비상이 걸렸다.

디플레이션
통화량의 축소로 인해 물가가 하락하고 경제활동이 침체되는 현상.

간단히 말하면, 저그의 확장을 두고만 볼 수 없었던 프로토스가 확장을 견제하기 위해 셔틀을 보내자 저그의 드론들은 버로우를 탔고, 저글링 생산에 차질이 생긴 것이다. 그 결과 1질럿으로 2저글링만 상대하면 되는 상황까지 온 것이다. 즉, 저그는 자원수급에 문제가 생기면서 유닛의 가치가 상승했고, 반대급부로 프로토스는 유닛의 가치가 하락한 것이다.

이런 상황 설정을 보면서 혹시 현재 미국과 중국의 상황이 떠올랐다면 아낌없는 박수를 보내드리고 싶다. 그렇다. 미국의 중국에 대한 위안화절상 요구를 〈스타〉에 대입해본 것이다. 질럿은 달러화, 저글링은 위안화, 피닉스의 발표는 미국의 위안화절상 요구, 셔틀은 중국을 위협하는 미국의 정치군사적 압박, 전장은 외환시장인 것이다. 두 강대국의 화폐전쟁은 이제 막 시작된 상태이다. 미국은 아직 정치와 군사라는 카드를 대놓고 휘두르지 않고 있고, 중국은 미국 국채라는 조커를 숨기고 있지만, 이미 서로의 패를 훤히 알고 있다. 환율에는 비단 국내외 경제적인 요소뿐 아니라 다분히 정치외교적인 이해관계도 반영된다.

다시 게임으로 돌아가보자. 〈스타〉에서는 상대와 나의 자원수급 상황에 따라 보유한 병력의 값어치와 중요성이 결정된다. 상대가 세 개의 기지에서 자원을 채취하고 있는데 나는 본진 자원만으로 연명하고 있다면, 내가 보유한 병력으로 세 배에 달하는 상대의 병력을 상대해야만 최종 승리를 거머쥘 가능성이 생기는 것이다. 따라서 상대가 나보다 많은 자원을 먹고 있으면 나는 소모전을 할수록 불리해진다. 그런 악조건을 만회하기 위해 행하는 것이 견제이다. 정면으로는 승산이 없으니 옆구리를 찌르는 것이요, 나의 힘을 기를 수 없으니 상대의 힘을 빼놓는 것이다. 이를 명심하고, 불리한 상황에서는 뒤로도 돌격할 줄 아는 용감한 겁쟁이가 되자.

지금까지는 <스타크래프트>를 통해 군사와 경제의 각종 이론과 현상에 대해 살펴봤다. 이 장에서는 조금 더 현실적이면서도 중요한 문제들을 조명하고자 한다. 국가와 국가의 관계, 특히 한국을 둘러싼 안보 문제도 <스타>로 풀어볼 수 있을까? 21세기 미 · 중 패권경쟁, 북핵문제와 그로 인해 파생된 사드 배치 문제는 어떠한 형태로 <스타>에 나타나는가? 평화는 정녕 구현될 수 없는 인류의 공허한 유산인가?

이 장에서는 다소 어려운 주제와 민감한 이야기도 과감하게 다루고자 한다. 따라서 <스타>를 통해 딱딱한 정보를 '통역'하는 데 중점을 둔 군사 · 경제 파트와는 달리, 여러 현안을 점검하면서 개인적인 견해도 가감 없이 담아내려 한다. 들어가기에 앞서 독자 여러분의 양해를 구한다.

<스타> 한 판을 게임이 아닌 우리가 살고 있는 냉엄한 국제정치의 현실이라고 가정하고, 내가 속한 진영이 우리나라라고 생각하며 이 장을 읽어보자.

4장

스타크래프트, 정치·외교의 참고서

<스타>로 보는 국력과 이념

강자는 욕구대로 할 수 있고, 약자는 요구대로 할 수밖에 없다

The strong do what they can, and the weak suffer what they must.

-투키디데스

경기를 하다 보면 촉이 올 때가 있다. "이번 전투는 내가 질 것 같다. 피해야겠다"라든가 "분명 내가 유리한 빌드인데 왜 밀리는 기분이 들지?" 같은 경우 말이다. 내가 지거나 이길 것만 같은 그 느낌적인 느낌은 두 진영 간의 '힘'의 차이에서 비롯된다고 볼 수 있다. '군사·전략' 편과 '경제·경영' 편에서는 무력과 재력이라는 힘에 대해 논했다면, 이번 장에서는 조금 배짱을 부려서 국가 수준에서 놀아볼까 한다. '국력'이란 무엇인가?

국제질서를 조종하는 신이 있다면, 해방 후 한반도는 국력을 실험하는 실험실과도 같았을 것이다. 가장 짧은 시간 내에 가장 극명한 국력의 대비를 보여준 두 국가가 한반도의 양쪽에 서 있다. 똑같은 전쟁의 폐허에서 시작한 남북한은 어쩌다가 이렇게 큰 국력 격차를 보이게 되었는가? 한국은 어떻게 성공했으며, 북한은 왜 어려워졌는가?

더 강한 국력을 얻기 위해서는 더 좋은 국가 엔진을 골라야 하는 법. 국가의 엔진이라 할 수 있는 국가의 체제, 즉 정치경제 이념 간의 지난한 경쟁은 성장과 분배라는 이름으로 여전히 현재 진행 중이다. 20세기 말 공산주의는 붕괴했지만 그 잔해는 자본주의라는 옷에 묻어 북유럽식 사회주의, 중국식 사회주의라는 새로운 패션을 등장시켰다. 과연 궁극의 엔진이란 존재하는가? 한국의 미래 엔진은 무엇인가?

국력이란 무엇인가?

우리는 어렸을 때부터 힘이라는 원시적인 권력과 그에 따른 서열을 경험하며 자란다. (남자의 경우) 군대에서 제도적 권력을 경험하고, 사회에 나가서는 관계의 권력, 돈의 권력 등 다양한 권력게임에 노출된다. 인간은 권력의 동물이다.

권력을 사회의 가장 큰 단위로 확장시킨 것이 국력으로, 국가의 힘을 뜻한다. 국력의 사전적 의미는 한 나라가 지닌 정치, 경제, 문화, 군사 따위의 모든 방면에서의 힘이지만, 현실의 국제관계에서 의미하는 국력이란 '국가 간에 작용하는 권력'이라고 해석한다.

국력을 측정할 수 있는 절대적인 방법은 없지만, 편의에 따라 경성국력과 연성국력으로 구분한다. **경성국력**은 계량 가능한 객관적인 국력으로 군사력, 경제력, 기초 국력 등이 포함된다. 〈스타〉에서는 자원(경제력)과 병력(군사력)의 상호 작용에 의해 경성국력이 결정된다. 자원이 아무리 많아도 이를 병력으로 환산하지 못하면 의미가 없고, 병력이 아무리 많아도 그 병력을 활용해 새로운 자원을 창출하지 못하면 승리에 다가갈 수 없다.

연성국력은 계량할 수 없는 주관적인 국력으로, 국제사회에서의 위상, 문화력, 외교력, 내부 단결력 등이 포함된다. 〈스타〉에서는 배틀넷 전적, 프로게이머의 승률 등 위치권력과, 컨트롤, 경험, 게임과 전략에 대한 이해도 등 문화권력이 연성국력에 해당한다고 볼 수 있다.

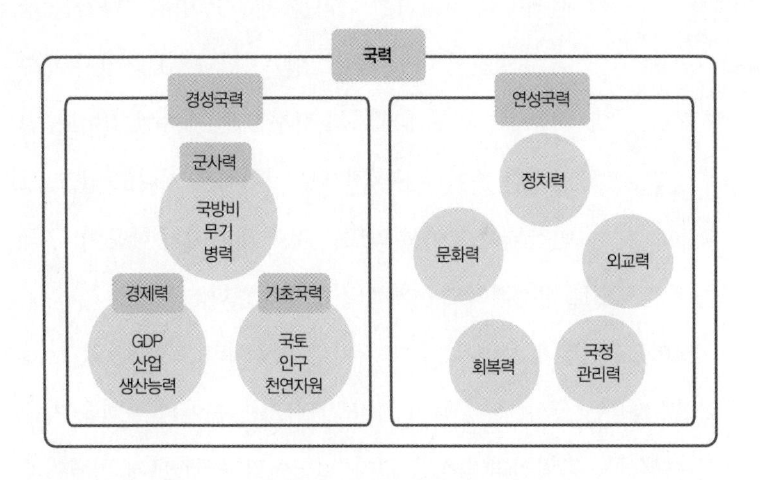

국력을 '국가가 그 목표나 정책을 달성하기 위하여 보유하는 능력'이라고 할 때, 경성국력은 힘으로 강제하는 기능을, 연성국력은 동조를 구해 협조와 설득을 이끌어내는 기능을 담당한다고 볼 수 있다.

국제사회를 힘에 따라 결정되는 무정부 상태로 간주하는 현실주의 국제정치학은 경성국력을 중요시하고, 국가 간의 협력과 다자안보 체제로 국제 분쟁을 해결할 수 있다고 보는 자유주의 국제정치학은 연성국력을 강조한다.

현대사의 민주화democratization-세계화globalization 기조로 전통적인 국가 대 국가 간의 국가안보 경쟁 외에도 집단안보와 인간안보가 더욱 부각되는 추세이다. 자연히 국력이라는 개념도 전통적인 국가 대 국가 차원의 경쟁에 초점을 둔 군사력과 경제력에서 국가의 내부 단결력, 국민의 행복 수준, 국제적인 위상과 네트워크(위치권력)로 그 중요성이 점차 이동하고 있다. 하지만 **"인간은 국가적 동물"**이라는 아리스토텔레스의 지적처럼 나라를 세우고 영위해나가는 행위는 인간의 숙명이라고 할 수 있다. 그 숙명이 계속되는 한, 국가 대 국가의 경쟁 또한 계속될 것이다. 인간이란 존재는 본질적으로 이기심을 지니고 있고, 그 인간들이 모여서 만드는 것이 국가이기 때문이다. 국가는 본질적으로 경쟁적이고 이기적일 수밖에 없다.

인간은 국가적 동물

아리스토텔레스의 저서 『정치학』에 나오는 구문으로, 정확한 표현은 "인간은 폴리스적 동물"이다. 평등하고 자유로운 시민에 의해 운영되는 민주적 국가인 폴리스(도시국가)라는 정치공동체를 이루고 살 수밖에 없다는 의미이다.

〈스타〉도 어떻게 보면 국가 대 국가의 싸움이라고 할 수 있다. 그리고 그 싸움은 군사, 경제 등 국가가 가진 모든 분야의 총력을 기울여서 수행하는 총력전의 양상을 띤다. 일꾼이라는 국민民과 병력이라는 군인軍이 힘을 합쳐 경쟁국가의 국력을 압도하는 것이 목표인 민군民軍작전 게임인 셈이다.

남북한 또한 전쟁이라는 총력전을 시작으로 70년 가까이 국력 전쟁을 지속해왔다. 그런데 한쪽은 세계 11위의 강국이 되어 국제사회에서 인정받고 있고, 다른 한쪽은 유일한 생존 도구인 핵무기에 매달리며 국제사회로부터 각종 제재에 시달리고 있다. 어쩌다가 남과 북 사이에 스무 배가 넘는 국력 차이가 발생했을까?

남북한 국력 격차

6·25 전쟁 직후에는 북한이 한국보다 잘살았다. 한반도의 산업 인프라가 집중되어 있었던 북한과 달리 한국은 농업 경제에 의존하고 있었고, 그마저도 일제의 수탈과 전쟁의 피해를 입어 참담한 실정이었기 때문이다. 대부분의 학자가 한국의 국력이 북한의 국력을 추월하기 시작한 시점을 1960년대 후반으로 본다. 한국은 어떻게 반세기 만에 아시아 끝자락의 최빈국에서 북한을 앞지르고 G20의 지위에 올랐을까?

그 이유에 대해서는 여러 해석이 가능하겠지만 아주 단순하게 접근해보자. 지독하게 가난하고 쥐뿔도 없었던 사람이 성공을 하게 되는 몇 가지 시나리오를 생각해볼 수 있다. 첫째, 내부적 '노오력'이다. 지도자가 면밀한 분석을 통해 올바른 해결책을 수립하고, 국민은 최선을 다해서 그 계획을 이행한 경우이다. 둘째, 외부적 조력이다. 누군가가 어떠한 이유로 막대한 지원을 해준 경우이다. 셋째, 로또이다. 그냥 운이 겁나게 좋은 경우이다. 갑자기 옆 나라에 내전이 터져 수출이 급상승하거나, 생각지도 않았던 곳에서 유전이 발견되는 경우라고 할 수 있겠다. 한국은 이 세 경우 중 어떤 경우에 속하는가?

셋 다이다. 내부적으로는 기적을 일구어낼 국민이 있었고, 경제발전을 진두지휘할 경영자와 세계 최강대국과 동맹을 맺은 설립자가 있었다. 그 동맹을 바탕으로 막대한 원조를 활용할 수 있었을 뿐 아니라, 상호방위조약이라는 처마 밑에서 경제에 올인할 수 있었다. 그리고 이 모든 대내적 조건과 대외적 환경이 일식의 해와 달처럼 가지런히 배열된 것은 순전한 운, 그 이상도 이하도 아니다.

폐허밖에 안 남은 두 진영이 싸우기를 멈추고 발전만 꾀한다고 생각해보자. 65년이 지나자 한쪽은 수많은 확장기지, 빵빵한 테크와 삼삼한 업그레이드를 갖춘 최정예 병력을 지니게 된 반면, 다른 한쪽은 겨우 본진에서 연명하며 저글링만으로 인구수 200을 채우고 있다. 어쩌다 이렇게 되었을까?

첫째, 뛰어난 프로게이머가 문제의 본질을 꿰뚫고 가장 필요한 조치들을 가장 알맞은 타이밍에 취했고, 노는 유닛 하나 없이 전 병력이 합심해서 발전에 성공한 것이다. 둘째, 동맹군이 본진에 탱크 박고 터렛 깔아주니 아군은 그사이 테크와 확장에만 심혈을 기울일 수 있었다. 그 결과 게이트웨이 체제에서 스타게이트 체제까지 단숨에 산업 전환에 성공했고, 이윽고 사이오닉 스톰 개발이나 질럿 발업 같은 인재 육성과 교육에 힘쓰게 된 것이다. 셋째, 이 모든 것이 한순간에 가능했던 것은 천운, 그 이상도 이하도 아니다.

북한은 왜 가난해졌나

그렇다면 북한은 왜 우리처럼 잘나가지 못했을까? 북한도 나름대로 강력한 지도 체계를 지녔고, 소련과 중국으로부터 상당한 지원을 받았으며, 휴전 후에도 남한보다 잘 개발된 국토를 물려받는 행운을 얻었다. 북한은 우리에 비해 무얼 그렇게 잘못했기에, 부카니스탄이라 불릴 정도로 가난해졌는가?

가장 먼저 생각할 수 있는 원인은 줄을 잘못 섰다는 것이다. 1980년대부터 가속화된 공산진영의 정치경제적 몰락으로 인해 북한에게 제공되던 원조와 차관 등이 감소한 것이 시작점이었다. 결정적으로는 1991년 소련의 붕괴로 북한은 오로지 중국에 의존할 수밖에 없게 되었으며, 미국의 제재와 봉쇄로 자유진영과의 경제 교류도 사실상 불가능해지자 경제 악화가 노정되었다.

운도 지지리 안 따라줬다. 1995년 북한을 강타한 홍수는 '자력갱생(이라 쓰고 자진고립이라 읽는다)'의 실패로 인해 안 그래도 어려워진 북한의 경제를 최악의 상황으로 몰아넣었다. 이후 5년간 수많은 인민이 굶어 죽는 '고난의 행군'이 시작되었으니, 사실상 이때부터 남북 간의 격차는 더 이상 좁힐 수 없을 정도로 벌어졌다. 대한민국이라는 이무기가 아시아의 용으로 용트림하는 사이, 북한이라는 이무기는 실지렁이로 쪼그라든 것이다.

북한 내부적인 문제도 컸다. 독재 정치에서 비롯된 부정부패와 사치, 서해갑문사업 등 정책적 '삽질'이 경제 악화를 가속시켰다. 그뿐 아니라 남한 경제력이 일취월장하자 북한은 흡수통일에 대한 노이로제가 생겼고, 이를 극복하기 위해 '선군정치'를 표방하며 군사력에 몰빵하면서 민생은 도탄에 빠졌다. 또한 모든 사회주의 국가가 피해가지 못한 계획경제 실패-배급체제 붕괴-노동의욕 상실이라는 악순환의 고리를 북한 역시 피해가지 못했다.

북한은 일꾼을 늘려야 할 타이밍에 병력을 뽑았고, 테크트리를 올려야 할 타이밍에 생산 건물만 늘렸다. 확장에 전념해야 할 때에 문을 닫아걸었고, 복지라는 업그레이드를 돌려야 할 때에 핵개발이라는 리서치 단추를 눌렀다. 결국 국가경제는 만신창이가 되었고, 인민의 삶은 피폐해졌다. 하지만 북한이 가난해진 가장 근본적인 원인은 뭐니뭐니 해도 애초에 잘못된 경제체제를 선택했다는 것이다. 소련의 붕괴로 이미 실패가 기정사실화된 공산주의를 뒤쫓은 것이다. 북한에게는 이제 그 실패를 반면교사 삼아 새로운 체제를 도입할 지도자가 절실하다 하겠다.

그렇다면 옳은 '체제'란 과연 무엇인가? 더 좋고 나쁜 것이 있기는 한 것일까? 분배와 성장의 관점에서 조명해보자.

분배 대 성장

제동이와 정우가 경기를 한다. 단, 경기의 목표는 최대한 빨리 최종 테크를 올리고 모든 업그레이드를 돌리는 것이다. 제동이는 멀티를 먼저 먹고, 정우는 테크와 업그레이드부터 신경 썼다. 과연 누가 이기게 될까?

제동이는 초반에 멀티를 먹는 데 자원을 소비하느라 테크와 업그레이드가 늦었지만, 일단 멀티가 돌아가기 시작하자 풍족한 자원을 바탕으로 여러 가지 테크와 업그레이드를 동시다발적으로 돌릴 수 있었다. 반면 정우는 제동이보다 테크와 업그레이드를 빨리 시작했으나, 자원이 부족해 하나씩 차례대로 돌릴 수밖에 없었다.

제동이는 성장을, 정우는 분배를 우선시했다고 볼 수 있다. 제동이는 먹는 자원의 양을 먼저 늘렸고, 정우는 모든 유닛에게 혜택이 돌아가는 테크와 업그레이드를 먼저 시작했다. 〈스타〉를 해본 사람은 알겠지만, 물량에는 장사 없다. 대부분의 경우, 먼저 많이 먹는 쪽이 업그레이드부터 돌린 쪽보다 경기를 유리하게 진행할 수 있다. 프로게이머들이 일반적으로는 앞마당부터 먹고 시작하는 빌드를 선호하는 것도 이 때문이다.

분배가 먼저냐 성장이 먼저냐에 대한 논쟁은 산업혁명이 시작된 순간부터 계속되어왔고, 그 귀결이 바로 공산주의 대 자본주의의 이념 경쟁이었다. 공산주의는 분배에 중점을 두고, 결과의 평등을 추구하며, 그 전제조건으로 이타주의/공동체주의를 필요로 하는 이상적인 이념이다. 자본주의는 성장에 중점을 두고, 기회의 평등을 추구하며, 그 전제조건으로 이기주의/합리주의를 요구하는 현실적인 이념이다. 공산주의는 이상적인 만큼 비현실적이며, 자본주의는 현실적인 만큼 비이상적이다.

문제는 공산주의의 실패가 이미 공산권의 몰락으로 증명되었다는 것이다. 공산권 몰락의 대표적인 원인으로는 국가 계획경제 체제의 비효율성, 권력층의 부패, 인간 본성에 대한 그릇된 이해를 들 수 있다. 수요와 공급에 의한 시장원리를 무시한 계획경제 체제는 가격 조절의 실패로 이어졌고, 당이라는 절대권력의 부패는 만민이 평등해야 하는 공산주의 체제하에서 오히려 자본주의 진영보다 극심한 빈부격차로 이어지게 되었다. 하지만 무엇보다 인간이 태생적으로 평등함을 추구하고 공동체를 위해 개인이 헌신할 수 있다는 공산주의의 기본 전제가 틀렸다. 인간은 그 어떠한 동물보다도 지배와 피지배에 익숙하며, 이익과 손해에 민감하다. 일해도 더 높이 올라갈 수 없고, 모두가 일한 만큼 똑같이 나눠 갖는 공산주의 체제는 결국 노동의 동기를 앗아가는 결과를 낳았다.

결과적으로 자본주의의 모순을 지적하며 등장한 공산주의는 그 자체의 모순을 이기지 못하고 먼저 몰락했다. 하지만 그렇다고 자본주의의 모순이 사라진 것은 아니다. 자본주의의 폐해에 대한 공산주의의 지적은 여전히 유효타를 날리고 있으며, 선진국 후진국 할 것 없이 세계의 많은 나라가 빈부격차에 신음하고 있다. 그 결과 21세기 들어 공산주의는 '사회주의'라는 새로운 형태로 재등장하고 있다.

자본주의와 포퓰리즘

공산주의가 실패한 이유를 한 문장으로 정리하면 '인간의 선善에 대한 과대평가'라고 할 수 있다. 반면 오늘날 자본주의가 진통을 겪는 원인은 '경제 시스템과 정치 이념 간의 괴리'라고 할 수 있다.

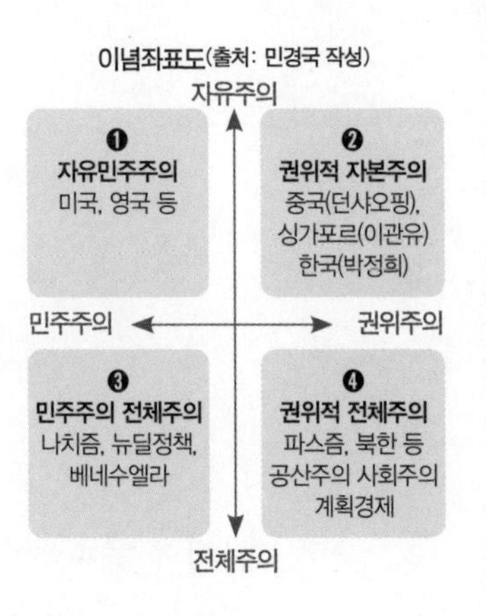

공산주의는 권위주의와 그 맥을 같이해왔다. 즉, 공산주의라는 경제시스템은 일당독재라는 권위적 정치 시스템을 통해 운영되었다. 독재 시스템이 부정부패 등 경제에 여러 악영향을 끼친 것은 사실이나, 독재가 그 자체로 경제에 위해를 가하지는 않았다. 공산주의의 몰락은 경제 내적인 요인에서 촉발된 경향이 크다.

반면 자본주의라는 경제 시스템은 자유주의라는 정치 '이념'으로부터 파생되었다. 자본주의라는 시스템의 모태는 "인간의 자유는 그 어떠한 것으로도 침해받지 않는다"라는 **존 로크**John Locke의 천부인권적 해석에서 출발한 경제적 자유주의 이념이다. 자유주의에 대한 정치적 해석은 국민 한 사람 한 사람이 불가침의 권리를 가지고 국가의 주인이 된다는 민주주의라는 정치 시스템을, 경제적 해석은 국민 한 사람 한 사람이 불가침의 경제적 자유의지를 행사할 수 있다는 자본주의라는 경제 시스템을 낳은 것이다. 자유주의가 낳은 자본주의와 민주주의는 항상 함께 걸어왔다.

그런데 여기서 민주주의의 치명적인 약점이 드러난다. 현대민주

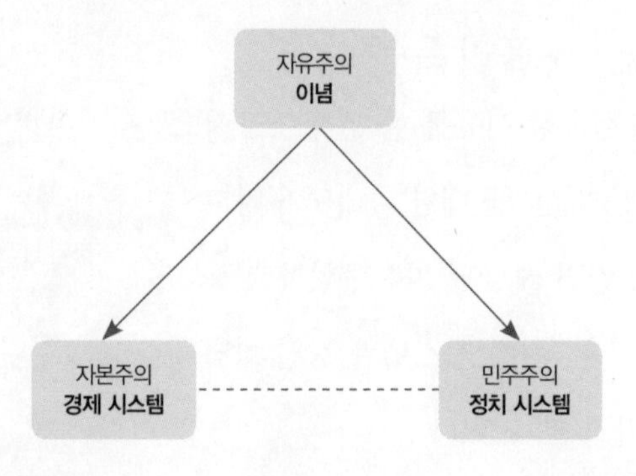

주의의 가장 중요한 원칙은 '1인 1표'이다. 인간은 누구나 평등하다는 대원칙하에 세워진 이념이기 때문에 부자와 가난한 자, 여자와 남자, 식자와 무식자라는 차이와 무관하게 모두가 동등하게 한 표만을 행사할 수 있다. 그런데 돈이 돈을 버는 자본주의의 특성상 빈익빈 부익부 현상이 발생할 수밖에 없다. 그러다 보니 부유한 소수와 빈곤한 다수가 같은 정치생태계에서 살아가야 하는 필연과 마주하게 된다. 이러한 현상은 권력 지상주의적인 일부 정치인들에게 좋은 먹잇감을 제공한다. 국가의 장기적 안녕을 고려하지 않는 선심성 퍼주기 공약으로 국민의 대다수를 차지하는 '체감' 서민층을 공략할 수 있는 것이다. 하지만 국가의 부富는 한정되어 있기 때문에 무분별한 퍼주기의 끝에는 국가경제의 부도가 기다리고 있음을 우리는 그리스, 베네수엘라, 아르헨티나를 통해 이미 목격했다. 세 국가의 공통점은 국민 다수의 지지를 받는 포퓰리스트 정당이 집권하면서 분배만을 강조하는 정책을 내세운 결과 나라가 성장 동력을 잃고 무너졌다는 것이다. 자원은 떨어져가는데 멀티를 먹을 생각은 않고 부지런히 업그레이드만 돌린 대가라고 할 수 있다.

이러한 폐해를 방지하기 위한 방법으로 제도적 규제, 중산층 양산, 복지 시스템 강화를 들 수 있다. 미국처럼 대의민주주의 정치 시스템을 확립해 다수의 횡포로부터 국가를 보호하거나, 스위스처럼 체감 빈곤층을 중산층으로 끌어올려 포퓰리즘이 설 자리를 없애거나, 스칸디나비아의 국가들처럼 세금 인상을 통해 복지 시스템을 강화해 아예 사회의 불만을 없애는 것이다.

확실한 점은 공산주의도 자본주의도 정답이 아니라는 것이다. 앞서 언급했듯이 공산주의는 인간 본성에 대한 그릇된 전제를 극복하지 못했다. 자본주의는 성장에 중심을 두다 보니 호화로운 소수와 가난한 다수가 공존하는 불평등한 사회를 조장하고, 이는 정치적 포퓰리즘이라는 부메랑이 되어 되돌아온다. 일당독재(정치 시스템)와 자본주의(경제 시스템)가 결합된 중국식 사회주의와, 민주주의(정치 시스템)와 사회주의(경제 시스템)가 결합된 북유럽식 사회민주주의가 등장한 것도 결국 성장과 분배 중 어느 한쪽만 좇아서는 답이 없다는 것을 배웠기 때문이다.

남북한과 〈스타〉만 보더라도 성장 뒤에 분배가 뒤따르는 것이 올바른 순서라는 것에는 이의를 제기하기 힘들 것이다. 파이의 전체적인 크기부터 먼저 키우고 나서 파이를 나누는 것이 효과적임은 이제 기정사실로 인정받고 있다. 하지만 이제는 파이가 충분히 커졌으면 나누는 것이 모두를 위해 최선의 선택이라는 것을 배워야 할 때이다. 확장을 먹었으면 업그레이드를 돌려라.

〈스타〉 속의 자본주의와 공산주의

〈스타〉에서는 공산주의와 자본주의를 모두 찾아볼 수 있다. 먼저 〈스타〉의 게임 방식 자체는 공산주의 시스템처럼 작동한다. 일꾼이 거둬들이는 모든 자원은 일단 플레이어의 국고로 들어온 후 플레이어의 계획경제 체제에 따라 필요한 요소에 투자된다. 일꾼, 기본유닛, 고급유닛이 각자 맡은 바 임무를 다하며 플레이어라는 '당'의 영도를 충실히 이행한다.

하지만 거시적으로 보면 각 플레이어는 철저히 자본주의적 시장경제 체제에 입각해서 플레이를 펼쳐나간다. 즉, 모든 정황을 인식하고 분석해서 가장 합리적인 소비행위가 무엇인지 결정하고, 오류를 보완해나가는 과정을 반복한다. 가장 합리적인 결정을 내린 플레이어는 그 결정에서 얻은 이득을 바탕으로 새로운 이득을 창출해내기 쉬운 반면, 비합리적인 결정을 내린 플레이어는 그 결정이 낳은 손실 때문에 지속적으로 불리한 여건에 노출된다. 빈부격차가 발생하는 것이다.

〈스타〉는 게임이기 때문에 빈부격차가 발생하는 것이 당연하다. 빈익빈 부익부 현상이 없다면 어느 한쪽도 이기지 못하고 게임은 계속될 것이다. 잃을수록 얻고, 얻을수록 잃는다면 승부가 나지 않을 것이기 때문이다. 하지만 모든 플레이어는 일꾼 네 마리, 미네랄 50과 기본건물 한 동을 가지고 게임을 시작한다. 기회의 평등이 보장되는 것이다. 그런 면에서는 확실히 현실의 자본주의보다는 공평하다고 하겠다.

세상은 〈스타〉처럼 공평하지 않다. 누구는 금수저를 입에 물고 태

어나 평생 집 걱정 없이 살고, 누구는 흙수저를 물고 태어나 평생을 노력해도 자기 명의로 된 집 한 채 사보지 못하고 죽는다. 하지만 같은 흙수저라도 누군가는 자수성가하여 금수저를 자식에게 물려준다. 한국과 한국인이 그 산 증인들이다. 북한이 모두의 입에 흙수저를 물릴 때, 한국의 모든 국민은 자기 자식 입에 금수저를 물릴 날을 꿈꾸며 달려왔기에 지금의 국력을 이룩할 수 있었다. 이제 한국의 화두는 '누구의 입에 금수저를 물려줄 것인가'이다.

따라서 앞서 제기했던 물음, 즉 성장이 옳으냐 분배가 옳으냐의 문제는 다음 질문으로 바뀔 수 있다. 한국은 충분히 성장했는가? '예'라고 대답한 사람은 분배를, '아니요'라고 대답한 사람은 성장을 주장할 것이다.

한국이라는 흙수저는 자수성가하여 금수저가 되었다. 모두가 노력하여 일군 결과이다. 이제는 흙수저, 금수저를 떠나 모두를 먹일 수 있는 큰수저가 필요한 때라 하겠다.

<스타>로 보는 헬조선과 통일

원래 하나였던 것은 다시 하나가 되어야 한다.

Jetzt wächst zusammen, was zusammengehört.

-빌리 브란트

내 개인적인 이야기를 조금 할까 한다. 나는 미국의 한 대학교에서 동아시아 정치학을 전공했다. 그때까지만 해도 외교관이 꿈인 국제관계학도였다. 세계라는 '숲'속에서 한국이라는 '나무'가 살아나갈 방법을 찾고 싶었다. 그런데 공부를 하면 할수록, '나무'를 살리기 위해서는 '숲'의 섭생에 대한 이해도 중요하지만 무엇보다 그 '나무'에 대한 연구가 중요함을 깨닫게 되었다. 첫 연구 주제로 '군대'를 택했고, 그렇게 미국 시민권을 포기하고 대한민국 해병대 중위로 복무했다.

해병대에는 나무가 한 그루뿐이었다. 북한이라는 적수敵樹가 그것이었다. 국군은 필요한 상황이 발생하면 그 나무를 베어내는 나무꾼이었다. 힘과 폭력을 통한 평화만이 진리였다.

하지만 막상 전역을 하고 나니 그동안 국가가 힘을 통해서 얻은 것은 아무것도 없다는 결론과 마주했다. 힘은 무언가를 지키기 위해 있는 것이지, 무언가를 얻기에는 한계가 있음을 깨달았다. 힘이라는 남편에게는 대화라는 부인이 필요하다. 외교 행사는 항상 **동영부인**으로 치러지기 때문이다. 반대로 대화라는 마누라는 힘이라는 바깥양반을 필요로 한다. 힘이 없이는 대화가 안 통하기 때문이다.

동영부인

존경하는 부인과 함께라는 뜻으로, 초청장 따위에서 부부 동반을 이르는 말.

북한이라는 '나무'가 적이 아니라, 같은 밑둥에서 나온 작지만 고약한 '가지'로 보이기 시작했다. 그래서 그 '가지'에 대해 공부하면서 북한학 석사를 취득했다. 결국 통일부에서 일하게 되면서 나무꾼에서 목수로 변신했다. 통일부에서 국제협력 업무를 맡고 있으니, 목수보다는 조경사가 알맞은 비유일지도 모르겠다. 현재의 목표는 한국이라는 나무를 다시 하나로 만들기 위해 주변의 초목을 활용하는 방법을 연구하는 것이다.

'우리의 소원은 통일'일까? 적어도 21세기를 사는 젊은이들에게는 아닌 것 같다. '헬조선'이라는 말이 유행어가 될 만큼 암울한 현실을 살고 있는 신세대에게 통일이란 그저 쉰세대의 동요 정도로 들릴 뿐이다.

나는 통일에 대한 열망이 강하고, 통일이 왜 필요한지를 안다. 하지만 많은 사람이 그 필요성에 공감하지 못하고 있다는 것 또한 잘 안다. 그런 의미에서 이번 장에서는 더 큰 사명감을 갖고 왜 통일이 필요한지에 대해 게임을 통해 얘기해보려 한다.

'헬조선'과 한국의 문제

〈스타〉로 현재 한국의 상황을 묘사해보자. 빈약한 자원으로 5,000년을 이리 치이고 저리 치이면서 버티다가 결국 이웃 섬나라에게 영원히 GG를 칠 뻔한 나라가 있었다. 다행히 그 이웃 나라가 더 큰 섬나라에 핵 두 방 맞고 먼저 GG를 치는 바람에 극적으로 첫 판에서는 살아남을 수 있었다. 그런데 두 번째 판 시작하자마자 원래 한편이었던 북쪽 진영에서 동맹을 풀고 쳐들어오는 바람에 또 한 차례 평지풍파를 겪게 된다. 운이 지지리도 없는 전반전이었다.

후반전 시작과 함께 이 나라는 부서진 건물을 다시 세우고 일꾼을 늘렸다. 다른 기지로 일꾼을 보내 자원을 릴레이로 채취하기도 했고, 동맹의 원정 작전에 병력을 보탠 대가로 자원 몇 덩이를 원조받기도 했다. 초기 재건 노력의 결과로 먼저 본진의 테크를 빠르게 올릴 수 있었고, 이를 바탕으로 세계 곳곳으로 멀티를 늘려나갈 수 있었다. 자원과 일꾼은 넘쳐났고, 병력도 우수해졌다. 모두 입을 모아 기적이라고 말했다.

그런데 멀티를 늘리는 속도보다 자원이 떨어지는 속도가, 그리고 유닛을 생산하는 속도보다 유닛을 소모하는 속도가 빨라졌다.

그나마 다른 국가에서 잘 먹히던 질 좋고 값싼 유닛들도 이제 다른 국가들이 테크를 쫓아오면서 경쟁력이 떨어졌다. 경쟁자를 압도할 수 있는 새로운 테크도 찾지 못하고, 인구수는 계속 떨어지고 있으며, 가용한 자원 또한 떨어져가는 총체적인 난국이다. '저성장의 늪'이라고 불리는 현상이다. 보통 선진국에 진입할수록 경제 규모가 커지면서 성장률은 자연스럽게 낮아지지만, 한국은 아직 선진국의 문턱에 확실히 진입하지 못한 상태에서 저성장이 고착화되고 있다는 점이 우려된다. 현재 한국은 인구수 50에 벌써부터 자원이 말라가는 프로토스이다.

현실로 돌아와서 얘기하자면, 저성장의 늪에 빠지게 된 주요 원인은 경제구조 개혁 지연으로 인한 내수 감소, 수출의존형 경제체제하에서 진행되는 수출 둔화, 저출산으로 인한 생산가능인구 감소이다. 현 상황을 타파하기 위해서는 정치, 사회, 경제 등 여러 분야에서의 포괄적 접근이 필요하다. 국내외 정치의 안정을 도모하며 적극적으로 해외 판로를 개척함과 동시에 외국인 투자를 촉진할 필요가 있다. 추가 자원을 확보하는 것이다. 사회적으로는 인구 감소를 제어하기 위한 현실적인 정책을 수립해야 한다. 충분한 인구수를 확보하는 것이다. 경제적으로는 신산업 동력을 찾아서 현재 고전하고 있는 반도체, 조선, 통신 산업의 후발주자로 적극 양성해야 한다. 앞선 테크를 통해 경쟁력을 확보하는 것이다.

그런데 이 모든 숙제를 한꺼번에 해결할 수 있는 방법이 있다. 통일이다.

통일의 비용과 편익

20년 전까지만 해도 〈우리의 소원은 통일〉이라는 노래가 들렸다. 통일의 당위성을 민족주의적 관점에서 조명한 노래였다. 하지만 요새는 '통일 대박', '통일 특수' 등 통일의 실리적인 측면에 초점을 맞춘다. 그만큼 21세기를 사는 세대는 감성보다는 이성에서 통일의 정당성을 찾으려고 하는 추세가 반영되었다고 볼 수 있다. 통일이 왜 필요한지 지극히 실리적인 측면에서 살펴보자.

통일의 비용 대비 편익을 저울질해보자. 통일이 우리의 국익에 실질적인 도움이 되기 위해서는 다음의 부등식이 성립해야 한다.

분단비용 + 통일비용 < 통일편익

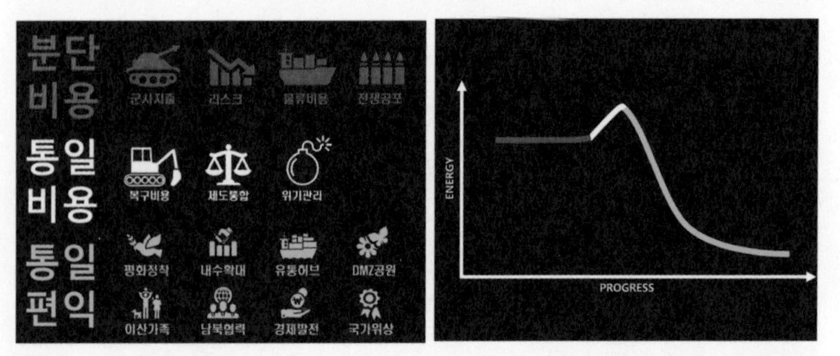

통일의 과정은 화학반응과 비슷하다. 분단에서 통일로 가기 위해서는 일정량의 에너지(비용)를 투입해야 한다. 그리고 '준비'라는 촉매를 통해 이 에너지를 줄일 수 있다.

먼저 통일의 기회비용, 즉 통일이 되지 않아서 우리가 현재 지불하고 있는 '분단비용'이 있다. 지금 이 순간에도 우리는 남북 간 대치로 인한 군사 지출, 전쟁 공포로 인한 코리아 디스카운트, 대륙으로의 육상 수송 불가로 인한 추가 물류비용에 수백조 원을 소비하는 것이다. 한마디로 다른 나라들이 확장과 테크트리 개발에 박차를 가할 때 우리는 쓸데없이 병력만 뽑아야 했고, 곧 전투가 벌어질 것처럼 보이니 주변국들이 투자를 꺼리며, 지정학적으로 섬이 되어버리면서 셔틀에 의존한 유닛 수출만이 가능한 상황이다. 다행히 분단비용은 통일이 되면 자연히, 그리고 영구히 소멸되는 비용이다.

그다음은 통일비용, 즉 통일에 실제로 소모되는 비용이 있다. 대표적으로 북측의 부족한 삶의 질과 인프라를 복구하기 위한 비용, 남북 간 이질적인 법·사회제도·문화를 통합하기 위한 제도적 비용, 통일 후에 혹시 모를 위기의 재발을 방지하기 위한 관리 비용 등을 들 수 있다. 열악한 북한 진영에 방어타워를 지어주고, 체제의 테크트리를 우리 수준으로 올려주며, 지하로 숨어든 반통일 게릴라로부터 진영을 지키기 위한 비용이다. 통일비용은 통일이라는 문턱을 넘기 위해 필요한 일회성 비용이지만, 어떠한 방식으로 통일이 이루어지느냐에 따라 비용이 기하급수적으로 늘어날 수도 있고 생각보다는 줄어들 수도 있다.

그렇다면 통일은 어떠한 편익을 가져올 것인가? 먼저 통일은 북핵 문제라는 가장 심각한 안보 위협의 해소를 의미한다. 리스크가 제거됨에 따라 코리아 디스카운트는 코리아 프리미엄으로 전환되어 국내외로부터 투자가 촉진되고 내수가 진작될 것이다. 또한 그동안 군비 경쟁에 매몰되었던 국방 예산은 다른 산업 분야에 투자될 수 있다. 병력 생산에 사용될 자원과 인구수로 테크를 올리고 확장을 시도할 수 있는 것이다.

통일에 본격적으로 착수하게 되면 수많은 일자리와 산업들이 재기할 수 있다. 마치 미국의 **프랭클린 루즈벨트**Franklin Roosevelt 대통령이 대공황의 타개책으로 국내 산업과 인프라에 대한 투자와 일자리를 늘리는 '뉴딜정책'을 실시했듯이, 한국 정부와 기업들은 북한 내 인프라를 멱살 잡고 **하드캐리**하며 그동안 침체되었던 인프라를 회생시킬 것이다. 또한 8,000만의 인구와 희토류 등 새로운 지하자원을 바탕으로 한국 경제에 절실했던 내수와 신성장동력을 동시에 찾을 수 있다. 자원을 쓰지도 벌지도 못하는 상황에서 새로운 활로를 열어주는 멀티가 통일인 셈이다.

하드캐리
팀워크가 중요한 게임에서 팀을 승리로 이끄는 플레이어 또는 그러한 행위.

물류 환경에도 큰 변화가 예상된다. 통일한국은 대륙과 대양을 잇는 교량국가로 발돋움하기에 최적의 입지 조건을 갖고 있다. 철도를 통한 유라시아대륙으로의 내륙 수송, 항구를 이용한 태평양으로의 원양 수송으로 아시아의 물류허브로 자리매김할 것이다. 통일 전에는 드랍십으로만 해외 진출이 가능했다면, 통일 후에는 벌처들이 마음껏 맵 전체를 활보할 수 있게 되는 것이다.

외교적으로는 미국과 중국의 패권 경쟁에서 지금보다 주도적으로 처신할 공간을 확보할 수 있을 것이다. 38선으로 분단된 이래 한국과 북한은 각각 자유진영과 공산진영의 '입술' 역할을 해왔다. 지금까지 통일이 안 된 이유 중 하나도 두 진영 모두 이가 시릴까 봐 입술을 잃지 않도록 관리를 잘했기 때문이라고 볼 수 있다. 통일이 되면 상황이 완전히 바뀐다. 통일 전에는 미국과 중국이 각각 한국과 북한을 지원하면 됐는데, 통일 후에는 미중 양국이 통일한국이라는 단일국가를 서로에게 빼앗기지 않기 위해 한층 더 노력할 것이고, 우리는 지금보다 안정된 상황을 기대할 수 있다. 2:2 싸움이 1:1:1 싸움으로 바뀌면 누구도 선불리 먼저 공격할 수 없게 되는 것과 같은 이치이다. 이는 한국 외교에 전대미문의 기회를 제공할 수 있다.

물론 지금까지 언급한 장밋빛 꿈들은 통일이 가장 이상적인 방식으로 진행되었을 때에만 실현 가능한 이야기이다. 따라서 통일 자체만큼이나 중요한 것이 '어떻게 통일하느냐'이다.

통일의 방식

한반도 통일의 방식으로는 크게 베트남식 무력통일, 독일식 흡수통일, 합의에 의한 평화통일을 생각할 수 있다.

무력통일은 전쟁으로 귀결되어 안보 위협이 증가하고, 인구는 감소하며, 인프라는 파괴되는 결과를 낳기 때문에 바람직한 통일 방식으로 볼 수 없다. 일단 전쟁이 발발하면 양쪽 모두 궤멸적인 피해를 입고 시작할 수밖에 없다. 병력끼리 전선에서 치고받으며 발생하는 피해 외에도 본진에 들어온 드랍에 의한 일꾼 피해, 건물 피해가 심각할 것이며, 엘리전으로 가기라도 한다면 승리를 하더라도 의미가 없다. 현실은 남북한만 참가하는 'one on one' 경기가 아닌, 수많은 나라가 각축전을 벌이는 'melee' 경기이기 때문이다.

흡수통일은 한쪽의 붕괴를 전제한다는 점에서 실현 가능성이 낮고, 북한이 붕괴된다 하더라도 정전 상태인 한반도의 특성상 섣부른 진출은 오히려 북한 주민의 반발을 초래할 가능성이 높다. 상대방이 갑자기 게임하다 말고 컴퓨터는 켜놓은 채 밥을 먹으러 가는 상황을 떠올려보자. 비록 유닛들이 조직적인 저항 움직임을 보이진 못하겠지만, 적을 굴복시키러 적진으로 진입한다면 자동으로 반격하도록 프로그래밍된 AI 때문에 산발적인 반격에 마주하게 될 것이다. 결국 무력통일과 마찬가지로 통일비용이 너무 크다는 단점이 있다.

이러한 두 통일 방식에 비해 남북 간 합의에 의한 점진적·단계적 평화통일은 여러 가지 이점을 갖고 시작한다. 우선 사회적·제도적 통합과 인프라 복구를 위한 과도기를 거칠 수 있기 때문에 위험 부담이 덜하다. 또한 전쟁 없이 양쪽 모두 윈-윈 할 수 있다는 점에서 전체적인 판으로 볼 때 유리한 통일 방식이다. 남한과 북한이라는 두 플레이어가 채팅창에서 상호 불가침을 언약하고 도발을 중단한 후 동맹을 맺는 것과 같다. 남북 간의 일대일 전쟁에서는 동맹을 맺음으로써 양쪽 모두 승리로 경기를 매듭짓고, 국제사회라는 melee전에서 승리하기 위해 힘을 합치는 것이다.

이렇게 간단하고 좋은 통일 방식이 있는데 왜 우리는 여태까지 통일을 이룩하지 못했을까?

연방제 대 연합제

여러 가지 이유가 있겠지만, 대내적인 이유는 남한과 북한이 추구하는 평화통일에 차이가 있기 때문이다. 한국은 **'민족공동체통일방안'**하에 '1단계: 화해협력', '2단계: 남북연합', '3단계: 통일국가'의 통일

과정을 제시한다. 반면 북한은 '선 남조선 혁명, 후 조국 통일' 노선을 추구하다가 1980년부터 '1단계: 낮은 단계 연방제', '2단계: 고려연방제', '3단계: 통일'의 통일 과정을 추구하기 시작했다.

민족공동체통일방안
김영삼 대통령이 제시한 통일 방안으로, 노태우 정부의 한민족공동체통일방안을 계승했으며, 냉전의 종결과 남북 화해 분위기 등 당대의 시대 상황을 반영했다.

두 통일 방식은 '연합제confederation'와 '연방제federation'라는 극명한 차이를 보인다. 연합제는 유럽연합EU처럼 두 개 이상의 나라가 조약에 따라 결합하고, 일정 범위의 국가 기능을 대표 기관을 통해 행사하는 구조이다. 각 회원국은 국제법상으로 평등한 국가로서 개별적인 주권, 군사권, 외교권을 지닌다. 한국이 추구하는 '남북연합'은 2국가 2체제 2정부의 과도체제로, 남북 간 체제의 차이와 이질성을 감안해 정치공동체 이전에 경제-사회공동체를 먼저 발전시키기 위한 구상이다.

연방제는 고도의 자치권을 가진 두 개 이상의 지방으로 구성되는 하나의 국가 체제이다. 대표적인 연방제 국가로는 50개의 주로 이루어진 미국이 있다. 각 주는 자치권, 예산권, 치안권 등을 가지지만 주권, 군사권, 외교권은 중앙정부만이 행사할 수 있다. 북한이 추구해온 '고려연방제'는 1국가 2체제 2정부로, 일반적인 연방제 국가의 1국가 1체제 2정부와 달리 남북 각자의 체제를 상호 인정한다.

2000년 6월 15일, 일명 6·15 공동성명을 통해 남북은 "통일을 위한 남측의 연합제 안과 북측의 낮은 단계의 연방제 안이 서로 공통성이 있다고 인정하고, 앞으로 이 방향에서 통일을 지향한다"라는 데 합의했다. '낮은 단계 연방제'는 '고려연방제'와 1국가 2체제 2정부를 추구한다는 점에서는 같지만, 군사권/외교권이 정부에 있다는 점에서 연합제에 더 가깝다고 평가받는다.

국가를 〈스타〉의 플레이어별 '색깔(경기 시작 시 자동으로 부여되는 유닛과 건물의 표지색)', 체제를 플레이어별 종족, 정부를 플레이어, 군사권/외교권을 다른 플레이어와 동맹을 맺고 풀 수 있는 권한이라고 생각해보자. 속주(어느 나라에 속하여 있는 주)의 자치권이 높은 순서대로 배열하면 다음과 같이 정리할 수 있다.

	국가(색깔)	체제(종족)	정부 (플레이어)	군사권/외교권	〈스타〉의 유사한 동맹 형태
연합제	2	2	2	각 국가	Top vs Bottom의 동맹
낮은 단계 연방제	1	2	2	각 정부	Team Melee의 변종
고려 연방제	1	2	2	연방정부	Team Melee
연방제	1	1	2	연방정부	집정관 모드

연합제는 'Top vs Bottom'의 동맹 관계와 비슷하다. 2인 이상의 플레이어(정부)가 각각의 종족(체제)과 색깔(국가)을 그대로 지닌 채 동맹을 맺는다. 컨트롤(군사권)과 동맹권(외교권)은 각 플레이어에게 있다.

연방제는 〈스타크래프트 2〉에 새로 도입된 '집정관 모드Archon Mode' 라고 볼 수 있다. 마치 하이템플러 둘이 합쳐져 하나의 아콘이 되듯

이, 2인 이상의 플레이어(정부)가 하나의 종족(체제)과 색깔(국가)하에 경기를 펼친다. 컨트롤(군사권)과 동맹권(외교권)은 팀(연방)이 통합적으로 행사하는 구조이다.

고려연방제는 'Team Melee'라고 할 수 있다. '집정관 모드'와 비슷하나, 플레이어별로 다른 종족을 선택할 수 있다는 점이 다르다. 즉, 네 명이 한 팀일 경우, 한 명은 테란, 한 명은 프로토스, 두 명은 저그를 선택해서 SCV 1기, 프로브 1기, 드론 2기로 경기를 시작할 수 있다.

낮은 단계 연방제는 고려연방제와 유사하나 군사권과 외교권이 연방정부가 아닌 속주의 정부, 즉 남한 정부와 북한 정부에 주어진다는 점에서 차이가 있다. 단일 국가인데 군사권과 외교권을 속주에서 결정한다? 이는 문제의 소지가 다분하다. 〈스타〉로 치면 Team Melee를 하는데 플레이어마다 서로 다른 상대편과 동맹을 맺고 풀 수 있는 것과 같다. Team의 의미가 없어지는 것이다. 한국이 현재 누구랑 Team을 맺고 있는지를 생각할 때, 북한이 낮은 단계 연방제를 통해 Team의 의미를 없애려는 이유는 굳이 말하지 않아도 알 수 있겠다.

제3의 길, 통일

물론 남한과 북한 각각의 이해관계와 입장이 있기 때문에 어떠한 방식의 과도체제가 통일과 한반도의 미래를 위해 좋을지는 대화를 통해 상호 이해를 바탕으로 조율해나가야 한다. 통일은 필요하고 중요한 만큼 지극히 어려운 국가의 중대사이다.

한국의 역대 정부마다 각기 다른 대북정책을 추진해왔다. 김대중 정부의 햇볕정책에서 박근혜 정부의 한반도신뢰프로세스까지 다양한 접근법이 시도되었다. 방식은 달랐으나, 모든 정부는 한반도의 평화로운 통일이라는 공통의 목표를 추구했다. 국가, 정부, 국민, 공무원은 바보가 아니다. 30여 년에 이르는 세월 동안 좋든 싫든 같은 목표를 추구해온 것은 통일이 실제로 절실한 우리 민족의 대계이기 때문이다. 단지 통일의 방식을 두고 차이가 있었을 뿐이다.

역사를 보면 우리나라를 위기에서 구해낸 영웅들은 '제3의 길'에 주목한 이들이었다. 거란이 쳐들어왔을 때 투항론과 할지론으로 고려 조정의 의견이 나뉜 상황에서 서희는 당시 국제정세에 대한 이해를 바탕으로 '외교'라는 제3의 길을 통해 오히려 거란으로부터 압록강 유역의 땅을 얻어냈다. 임진왜란 당시 조선 조정이 노론과 소론으로 갈라져 붕당 싸움에 여념이 없을 때 이순신 장군과 율곡 이이는 '국방'이라는 제3의 길을 내다보고 대처했다. 비록 실패했으나, 구한말 백범 김구는 자본주의와 공산주의로 양분된 한반도에서 '민족'이라는 제3의 길을 주장했다. 이들의 공통점은 '패러다임의 전환paradigm shift'을 꾀했다는 것이다.

〈스타〉에서도 패러다임의 전환이 심심찮게 발견된다. 전투에 여념이 없는 와중에도 몰래 멀티를 확보해 장기전에 대비하고, 상대가 확장에 전념할 때 병력에 올인해서 한 번의 전투를 준비하는 경우와 같이 말이다. 기존의 교착상태를 풀어내는 전략의 묘미는 항상 상대가 예상하지 못한 지점에서 시작되기 마련이다.

21세기 한반도의 분단은 국경이 아닌 우리의 머릿속을 가르고 있다. 민족 대 국가, 친중 대 친미, 성장 대 분배, 남 대 여, 좌 대 우 등등 셀 수 없이 많은 기준들에 의해 5,000만이 둘로 나뉘어 서로를 향해 돌진하고 있다. 아무리 강한 힘이라도 반대 방향에서 같은 힘으로 들이받으면 힘의 총합은 '0'이 된다. 하지만 제3의 힘이 수직 방향으로 살짝만 작용해도 마주보는 두 힘은 폭발적인 상승효과를 낼 수 있다.

그런 의미에서 통일은 '헬조선'을 타개하기 위한 제3의 힘이자 패러다임의 전환일지 모른다. 통일의 당위성, 정당성, 필요성에서 한발 물러나 큰 그림을 그려볼 필요가 있다. 통일은 그 자체만으로 국제정세와 우리의 사회, 경제, 안보에 대한 기존의 패러다임을 송두리째 바꾸는 혁명으로 다가올 것이기 때문이다.

통일은 결혼이다. 나를 포함한 요새 젊은 층은 결혼에 대해 회의적이다. 혼자서 더 잘 살 수 있는데 왜 굳이 사서 고생을 하냐고 되묻는다. 물론 혼자서 더 부유하고 자유롭게 살 수 있을지 모른다. 하지만 결혼을 하지 않으면 자손을 낳을 수 없다. 즉, 그 가문에 미래는 없다.

통일도 마찬가지이다. 한국이 북한 없이 더 부유하고 자유롭게 살 수 있을지 모른다. 하지만 반쪽짜리 한반도에 미래는 없다. 고령화와 신성장동력 부재로 신음하는 헬조선에 미래는 없다. 현재 대한민국은 나처럼 노총각이고 솔로이다. 이제는 짝을 찾아 나설 때이다.

FOOD FOR THOUGHT 〈스타〉 게임플레이 모드와 동맹

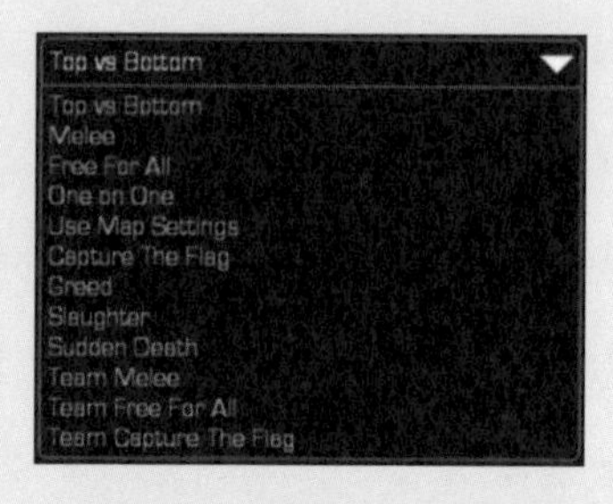

〈스타〉에서는 섬멸전, 각개전투, 팀전 등 총 열두 개의 경기 방식을 고를 수 있다.

섬멸전melee은 가장 일반적인 경기 형태로, 두 명 이상의 플레이어가 상대로부터 항복을 받아내거나 상대의 건물을 모두 파괴하면 승리한다. 다른 플레이어와 동맹을 맺거나 해제할 수 있다. 국제정치의 현실과 가장 닮은 경기 형태라 하겠다.

각개전투free for all는 각자도생의 경기형태이다. 섬멸전과 똑같으나 동맹을 맺을 수 없다. 만국의 만국에 대한 투쟁 상태가 드러나는 현실주의 국제정치의 극단적인 형태를 반영한다고 볼 수 있다.

팀전top vs bottom은 두 팀이 편먹고 싸우는 경기 형태이다. 경기가 시작하는 순간부터 팀별로 동맹이 맺어져 있으나 경기 도중에 동맹을 해제할 수도 있다. 팀은 항상 두 개라는 점에서 냉전기 국제질서와 유사하다.

팀섬멸전team melee은 팀전과 유사하나 여러 명의 플레이어가 하나의 기지에서 하나의 고정된 팀으로 시작한다는 점에서 차이가 있다. 따라서 동맹을 맺고 풀 수 없다. 서로 다른 민족국가nation state가 하나의 체제하에 통합된 제국주의 국제질서와 비슷하다.

일대일one on one은 기본적으로 섬멸전과 같으나, 두 명만 경기에 참가할 수 있기 때문에 동맹이란 개념 자체가 성립하지 않는다. 크게는 미소/미중의 양극체제, 작게는 남북한이 대립 중인 한반도의 현실을 연상시킨다.

유즈맵use map setting은 일반적인 경기와 많이 다르다. 쉽게 말하면 〈스타〉의 유닛과 건물로 전혀 새로운 룰의 게임을 만든 것이다. 대표적인 유즈맵으로는 한 가지 유닛만으로 싸우는 블러드, 각종 유닛의 컨트롤 능력을 시험하는 컨트롤, 방어타워를 적재적소에 배치해 컴퓨터 유닛의 진입을 막는 디펜스 등 셀 수 없이 많은 종류의 게임이 있다. 미리 정해진 세팅 속에서 살아남고 승리하기 위해 아등바등하는 모습은 각각의 나라가 세계정부가 짜놓은 판에서 놀아나고 있다는 음모론과 닮아 있다. 섬멸전, 팀전 등과 달리 경기 결과가 배틀넷에 승리 또는 패배로 기록되지 않는다.

〈스타〉로 보는 국제정세와 동맹

적의 적은 나의 친구이다.

- 『아르타 샤스트라』(고대 힌두 전략서)

친구의 친구가 내 친구는 아니다.

- 울피아누스(고대 로마 법학자)

"4:4 헌터를 안 해본 사람은 〈스타〉를 논하지 말라." 나의 〈스타〉 친구인 김 모 씨가 입버릇처럼 하는 말이다. 오로지 개인의 기량에 의해서만 승패가 결정되는 1:1과 달리, 4:4는 개인기보다는 팀워크에 따라 승패가 좌우되기 때문에 그만큼 역동적이고 변수도 많다. 우주의 전장에서 4:4 대전을 벌이노라면 균형과 편승, 연루와 방기, 동맹과 배신의 실상을 적나라하게 볼 수 있다.

현실의 국제정치도 1:1보다는 4:4에 가깝다. 국가 간의 동맹에 따라 진영이 갈리고 적성국이 설정된다. 동맹체제하에서도 강대국은 약소국의 이탈을 막기 위해, 약소국은 강대국으로부터 버림받지 않기 위해 외교에 심혈을 기울인다. 그리고 국제관계의 지각변동에 따라 동맹은 신설되기도 하고 파기되기도 한다. 헌터에서 동맹군에게 뒤통수를 맞아본 사람은 알 것이다. "영원한 동맹이란 없다."

이 장에서는 동맹이란 무엇인가라는 근본적인 물음에서 출발해, 20세기 세계 질서를 돌아보고 21세기 동북아 정세를 파악한다. 나아가 미국과 중국이라는 두 베헤모스의 사이에 끼인 한국의 현 상황을 진단하고 앞으로 한국이 나아가야 할 길을 판단한다.

동맹이란 무엇인가

동맹이란 "둘 이상의 개인이나 단체, 또는 국가가 서로의 이익이나 목적을 위해 동일하게 행동하기로 맹세하여 맺는 약속이나 조직체"이다. 좁게는 국가와 국가끼리의 동맹부터 넓게는 진영이나 **블록**bloc 등도 동맹의 범주에 포함된다.

블록
특정한 목적을 가지고 결성되는 연합이나 지역권을 칭하는 말로, 주로 정치적·경제적 관계가 깊은 인접 국가들이 역내 교류를 촉진하는 목적으로 형성하고 있다.

통일이 결혼이라면 동맹은 연애라고 할 수 있다. 첫째, 동맹과 사랑은 움직이는 것이다. 급변하는 국제정세하에서는 영원한 동맹도 적도 없다.

Team Melee나 Top vs Bottom처럼 강제적이고 태생적인 동맹이란 현실세계에는 존재하지 않는다. 오로지 Melee처럼 맺고 풀 수 있는 동맹만 존재한다. 국제관계는 기본적으로 Free for all이기 때문이다.

둘째, 동맹과 사랑은 대등하지 않다. 완전한 국력의 균형이란 없기 때문에 동맹 내에서도 갑과 을이 분명히 나뉜다. 보통 상대를 더 좋아하거나 필요로 하는 쪽이 을이 된다. 갑은 을 때문에 골치 아픈 일에 엮이지 않기 위해 조심하고, 을은 갑한테 버림받지 않기 위해 항상 어필한다. 이를 유식한 말로 '연루'와 '방기'의 딜레마라고 한다. 두 명이 동맹을 맺고 경기를 할 때, 잘하는 사람은 못하는 사람을 구해주러 가야 할까 봐 노심초사하고, 못하는 사람은 잘하는 사람한테 버림받을까 봐 노심초사한다.

셋째, 동맹과 사랑은 서로 필요한 부분을 보완한다. 한쪽의 일방적인 필요 때문에 맺어지는 관계는 동맹이 아닌 식민 지배이며, 사랑이 아닌 강간이다. 서로가 서로에게 없는 부분을 채워줄 수 있을 때만 동맹과 사랑은 성립한다. 배틀넷에서 모르는 사람들과 2:2를 하다 보면 승리가 기정사실화된 경우 동맹을 풀어버리고 같은 편을 공격하는 짓궂은 사람들을 종종 볼 수 있다. 이미 승리가 확실한 상황에서는 동맹을 지속할 유인이 사라져버리기 때문에 발생하는 현상이다.

넷째, 동맹과 사랑은 이분법적이지 않다. 동맹의 동맹이라고 해서 나에게 반드시 호의적일 것이라는 보장은 없다. 반대로 연적의 연적은 또 다른 연적일 뿐, 동지가 아니다. 적과 아군의 구분이 불명확한 것이다.

바둑판을 백돌과 흑돌로 채운다고 가정해보자. 단, 서로 같은 색의 돌끼리는 맞닿을 수 없다. 이 경우 체스판처럼 흑백이 교차하게 될 것이다. 그런데 국제정세는 그렇게 흑과 백으로 채울 수 없다. 색이 너무 많고, 칸의 크기가 일정하지 않기 때문이다. 즉, 정치, 경제, 종교, 인종, 역사 등 수많은 요소가 뒤엉켜 있고, 각각의 요소가 행사하는 영향력의 지분 또한 서로 다르다.

최근 시리아의 정세가 이러한 상황을 극명하게 보여준다. 시아파 대 수니파의 종교전, 쿠르드족 대 터키인의 인종전, 서방 대 러시아의 외교전, 정규군 대 반군의 정치전 등 오만가지 싸움이 난마처럼 얽힌 형상이다. 적을 때리고 적의 적도 때리는 아비규환의 난타전이 벌어지고 있다. 〈스타〉에서도 A가 B와 동맹을 맺고 B가 C와 동맹을 맺었다고 해서 A와 C가 자동으로 동맹이 되지는 않는다.

물론 적의 적이 친구가 되는 경우도 많다. 2차 대전 당시 독일이라는 공통의 적에 대항하며 앙숙인 영국과 프랑스가 손을 잡았고, 이스라엘에 대항하여 수니파와 시아파가 하나된 목소리를 내듯이 말이다. 중요한 것은 동맹과 국제관계에서 힘의 역학을 이해하는 데 이분법적 접근법만 고수해서는 큰 그림을 읽을 수 없다는 점이다.

20세기 진영 싸움

국제관계가 체스판처럼 가지런히 나열alignment 되는 정세가 조성되면, 동맹은 '진영'으로 발전한다. 지금까지 지구상에 세계적인 나열은 세 번 발생했고, 두 번의 뜨거운 전쟁과 한 번의 차가운 전쟁으로 이어졌다.

첫 번째 나열은 1차 대전이었다. 19세기 말, 과학기술이 발전하면서 대량생산의 길이 열리자 세계 산업을 주도하던 영국, 프랑스, 일본 등은 생산된 물품을 팔 수 있는 시장을 확보하기 위해 혈안이 되었다. 그 결과 인도, 아프리카, 동아시아에 식민제국이 등장했고, 뒤늦게 이 경쟁에 뛰어든 독일 등 신흥 제국주의 국가와 기존의 제국주의 국가가 벌인 일전이 바로 1차 세계대전이었다. 전형적인 지키려는 자와 빼앗으려는 자 간의 싸움이었다. 멀티를 몽땅 먹은 쪽과 그 멀티를 빼앗으려는 쪽의 싸움으로 볼 수 있다. 결과는 미리 멀티를 먹은 쪽의 승리였다.

두 번째 나열은 2차 대전이었다. 1차 대전의 승전국들은 식민지를 바탕으로 비교적 빠른 속도로 전후 피해를 복구했지만, 패전국인 독일은 그러지 못했다. 이에 불만이 쌓인 독일에 나치 정권이 들어서며 일본의 군국주의 정권, 이탈리아의 파쇼 정권과 함께 1차 대전 승전국인 영국, 프랑스, 미국을 상대로 전쟁을 일으켰다. 독일, 일본, 이탈리아의 공통점은 전체주의 정권이 집권하고 있었다는 것이고, 영국, 프랑스, 미국의 공통점은 자유주의 정권이 집권하고 있었다는 것이다. 비유하자면 전체를 위해 개체의 희생을 강요하는 저그의 군단과 전체를 위해 개체가 자발적으로 희생하는 프로토스의 전사들이 맞붙은 것이다. 결과는 프로토스의 승리였다.

세 번째 나열은 냉전이었다. 2차 대전의 포화가 멎자, 승전국들끼리 새로운 경쟁을 시작했다. 미국, 영국, 프랑스를 위시한 자유주의 진영 대 소비에트연방하의 공산주의 진영으로 나뉘어 총성 없는 전쟁이 시작되었다. 공산주의자들은 자본주의라는 해처리 테크가 약점(모순성)을 극복해 레어 테크인 사회주의로 이행하고, 궁극적으로 하이브 테크인 공산주의 이상 사회 건설이 가능하다고 보았다. 소련의 목표는 하이브 테크 유닛을 바탕으로 주변의 해처리들을 접수해서 전 맵을 크립으로 뒤덮는 것이었다. 하지만 그들이 간과한 점이 있다. 자유진영은 애초에 종족 자체가 다르다는 것이었다. 자유 진영은 테크가 아닌 자원(자본)과 효율에 중점을 둔 테란과도 같았다. 결국 하이브 테크는 찍었으나 자원이 떨어진 저그는, 부지런히 멀티를 먹으며 효율적으로 자원을 소비한 테란을 상대로 싸움다운 싸움 한 번 못 해보

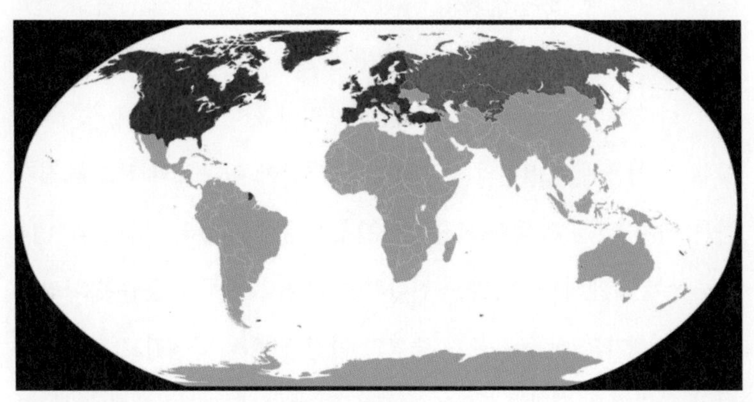

냉전기 자유진영(파란색)과 공산진영(빨간색)의 대립.

고 자멸하고 말았다.

냉전이 끝난 후부터 20세기 말까지는 미국이라는 초강대국의 패권 시대였다. 공산권의 몰락과 함께 **'역사의 종언'**을 선언하는 사람도 있었다. 9·11테러와 중동 정세의 변화에도 불구하고 국제관계의 패러다임에서 거시적 변화는 감지되지 않았다.

하지만 21세기 들어 중국이 부상하면서 공산권의 유혼이 부활할 조짐을 보이고 있다. 미국과 중국이라는 두 거인의 양극체제가 가시화되면서 다시 한 번 진영이 짜이고 있다. 냉전의 차가운 불씨가 조용히 타들어가던 한반도를 둘러싸고 말이다.

역사의 종언
자유민주주의가 공산주의를 이기고 인류의 궁극적 이데올로기가 되었다고 주장한 미국의 정치학자 프랜시스 후쿠야마(Francis Fukuyama)의 논문.

21세기 합종연횡

2,000여 년 전, 전국시대 말엽의 중국은 서쪽의 떠오르는 다크호스 진秦나라와 동쪽의 '연조위제한초' 6국으로 정리되었다. 당시 소진蘇秦과 장의張儀라는 두 명의 유세가가 있었다. 소진은 강성한 진나라에 대항해 나머지 6국이 동맹을 맺어야 한다는 합종책合從說을 주장했고, 장의는 진나라가 힘으로 나머지 6국을 다스려야 한다는 연횡책連衡說을 주장했다. 처음에는 소진의 합종책이 힘을 받아 진나라의 진출을 견제하는 데 어느 정도 성과를 거두었으나, 나중에는 장의의 연횡책에 따라 6국이 각개격파당하면서 진나라는 최초로 중국을 통일한 나라가 된다. 유세가의 최종 목표가 중원의 안정과 백성 구제라고 할 때, 장의의 연횡책은 결과론적으로 전쟁을 없애는 데는 성공했다고 볼 수

있다. 하지만 진나라의 압제로 무수한 사람들이 고난을 겪었음을 볼 때, 백성을 구제하는 데는 오히려 실패하는 아이러니가 발생했다.

약한 편끼리 뭉칠지, 강한 편에 빌붙을지는 국제관계뿐 아니라 인간의 역사에서 끊임없이 제기되어온 질문이다. 세 명의 플레이어가 경기를 할 때, 가장 약한 플레이어는 가장 강한 플레이어에게 먹히지 않기 위해 두 번째로 강한 플레이어와 동맹을 맺어 가장 강한 플레이어를 견제할 수도 있고, 아예 가장 강한 플레이어에게 붙어서 함께 승자가 될 수도 있다. 유식한 말로 전자를 '**균형**balancing'이라고 하고, 후자를 '**편승**bandwagoning'이라고 한다.

얼핏 보면 비굴하더라도 강자에게 숙이고 들어가서 같이 승리를 누리는 것이 현명해 보일 수도 있다. 하지만 2등이 사라지면 1등은 더 이상 3등을 필요로 하지 않게 됨을 우리는 역사를 통해 여러 차례 배운 바 있다. 촉나라가 망하자 오나라는 위나라에게 병탄되었고, 요나라(거란족)가 망하자 송나라(한족)는 금나라(여진족)에게 잡아먹혔다. 카르타고가 무너지자 지중해의 소도시들은 로마에 항복했다. 편승을 택해 전체적인 균형을 무너뜨리는 순간 가장 힘이 약한 나라는 새로운 동맹을 확보하지 않는 이상 무조건 잡아먹히게 되어 있는 것이다.

21세기의 합종연횡은 동북아를 중심으로 전개되고 있다. 현재 동북아의 진영을 〈스타〉로 표현하자면 이렇다. 인구수 50에 자원이 떨어져가는 프로토스(한국)가 있다. 그 위로는 인구수 25에 자원은 오래 전에 떨어졌으나 핵을 보유한 테란(북한)이 있다. 왼쪽으로는 세계 최대의 인구수를 바탕으로 부지런히 크립을 늘려온 저그(중국)가 자리

잡고 있고, 한때 세계의 반을 호령했으나 비효율적 자원 채취와 활용으로 망한 뒤, 이제는 마지막 남은 병력을 모아 서쪽으로 최후의 진출을 꾀하고 있는 저그(러시아)도 있다. 태평양 건너 먼 곳에는 섬 멀티(영국)의 섬 멀티로 시작했으나 지금은 게임을 주도하는 프로토스(미국)가 있다. 미국은 자원이면 자원, 병력이면 병력, 테크면 테크, 모든 분야에서 최강이며, 심지어 저그와 테란의 일꾼을 마인드컨트롤하며 다양성에 기반을 둔 최강의 체제를 구축했다. 한국 오른편에는 섬 멀티에서 출발해 한때 잘나갔지만, 바다 건너 미국한테 깝치다가 골로 가버린 후 이제는 미국과 동맹을 맺고 치고 나갈 타이밍만 노리고 있는 또 다른 프로토스(일본)가 있다.

군사적으로만 보면 현재 프로토스 동맹 대 테란-저그 연맹으로 3:3 진영이 짜인 상황이다. 3프로토스 동맹은 한미동맹, 미일동맹이라는 두 개의 축을 바탕으로 구성되어 있다. 한일은 동맹을 맺지 않았으나, 2016년에 논란 끝에 한일 군사정보보호협정GSOMIA을 맺었다. '얼라이Ally'를 맺지는 않았으나 '비전Vision'을 체크해 서로의 시야를 공유함으로써 더 많은 정보를 수집하기로 합의한 것이다. 하지만 비전을 체크하기 오래전에 일본은 한반도를 멀티기지로 만들고 자원을 강탈해갔던 전력이 있기 때문에 한국이 일본과 군사동맹을 맺을 가능성은 없어 보인다. 한미일의 합종을 통해 중국을 상대로 역내 균형을 이루기를 원하는 미국 입장에서 이는 굉장한 골칫거리가 아닐 수 없다.

테란-저그 연맹은 팽창의 야욕을 버리지 못한 두 저그(중국과 러시아)와 스스로 핵을 안고 고립을 택한 테란(북한)으로 구성된다. 러시아는 유라시아대륙 서쪽에서 우크라이나를 합병하는 등 영토를 늘려 가고 있고, 중국은 동남쪽에서 **일대일로**一帶一路 정책을 펼치며 대륙과 대양으로 뻗어나가려 한다. 그 길목에 각각 나토와 한미일 삼각동맹이 떡하니 버티고 있는 것이다. 북중러의 합종을 통해 미국을 상대로 세계적 균형을 이루고자 하는 중국 입장에서 이는 굉장한 골칫거리가 아닐 수 없다.

미국과 중국은 각자의 목표를 이루기 위해 연횡의 줄다리기를 펼치고 있다. 그리고 한국은 그 틈바구니에서 분단국가라는 현실, 중국에의 경제적 의존도, 미국에의 안보적 의존도 때문에 좌고우면하는 상황이다. 두 거대진영 사이에서 한국은 어느 쪽을 선택할 것인가? 아니면 누구에게 선택받을 것인가?

한미동맹

한미동맹은 '혈맹'이라고 표현한다. 70년이란 긴 시간 지속되었고, 두 번의 큰 전쟁에서 함께 피를 흘렸기 때문이다. 하지만 세계 최강대국과 약소국이 동맹을 맺은 예는 역사에서 그리 흔하지 않았다. 강대국 입장에서 약소국의 편승정책은 필연적으로 연루의 위험을 동반하기 때문이다. 미국도 크게 다르지 않다. 혈맹이라는 상징적 수사 뒤에는 그보다 훨씬 구체적인 실리가 숨어 있다.

지금까지 미국이 한국과 동맹을 지속한 데는 크게 세 가지 이유가 있다. 첫째, 상징적 측면이다. 6·25와 베트남전에서 피를 나눈 혈맹이자, 자유진영이 공산진영을 가장 극단적으로 압살해버린 살아 숨 쉬는 사례가 바로 한국이다. 둘째, 지정학적 측면이다. 미국은 오래전부터 한국의 지정학적 중요성을 간파하고 과거에는 소련, 현재는 중국을 견제하기 위한 발판으로 여기고 있다. 미국 입장에서 한반도는 유라시아대륙에 실제로 발붙일 수 있는 유일한 땅으로, 중국에 비해 상대적으로 긴 보급로를 만회할 수 있는 현지 멀티기지의 역할을 한다. 셋째, 현실 정치적 측면이다. 한국이라는 세계 11위의 자유진영 동맹국이 미국이 주도하는 질서에 편입됨으로써 패권을 튼튼히 하는 데 도움이 되는 것이다.

이 세 가지 이유는 상호배타적이거나 독립적이지 않다. 냉전기 한반도가 갖던 지정학적 중요성 때문에 미국이 6·25전쟁에 참전했고, 현실 정치적으로 한국이 자유진영의 동료이기 때문에 지정학적 의미가 큰 것이며, 6·25 참전을 통해 한국을 지켜냈기에 한국이 아직까지 자유진영이 공산진영을 압도한 상징으로 남아 있는 것이다.

한미동맹의 상징적·지정학적 측면은 한국이 어떤 정체성을 띠든 상관없이 미국 입장에서는 한국과 동맹을 유지하고자 하는 유인이 된다. 즉, 동맹이라는 방정식의 상수이다. 반면 현실 정치적 측면은 변수이다. 미국 입장에서는 한국이 미국의 편을 들지 않고, 자국의 국익을 저해하는 행동을 한다고 판단할 경우 굳이 동맹을 유지할 이유가 없다.

문제는 현실 정치적으로 한국과 동맹을 유지할 이유가 없어진다면, 미국 입장에서는 한국과 동맹을 맺

음으로써 생기는 지정학적 이득보다, 한반도 문제에 연루됨으로써 감수해야 할 지정학적 손해가 더 크다고 느낄 수 있게 된다는 것이다. 자원도 얼마 안 남은 멀티를 지키기 위해 사방으로 터렛을 둘러치고 탱크를 박느니, 그냥 그 멀티를 포기하고 꼭 필요한 멀티(일본)에 방어자산을 투입하는 편이 더 효율적이라고 판단할 수 있는 것이다.

미국이 전통적인 우방국을 적성국으로 돌린 예는 많다. 1차 대전에서 미국은 일본과 함께 싸웠지만, 2차 대전에서는 일본을 상대로 싸웠다. 소련-아프가니스탄 전쟁 때 아프가니스탄을 지원했지만, 21세기 초에는 아프가니스탄을 대대적으로 침공했다. 영원한 동맹은 없음을 가장 잘 보여주는 나라가 미국이다. 반면 미국은 예전의 적이라도 자국에게 깡다구 좋게 맞서 싸운 나라는 인정하는 경향도 있다. 2차 대전에서 미국에 핵을 두 방이나 얻어맞은 일본은 아이러니하게도 현재 미국의 최측근을 자처하고 있고, 최근에는 미국-베트남 관계 또한 중국이라는 공동의 위협에 맞서 급진전하고 있는 추세이다. "우리를 상대로 저렇게 맞서 싸울 정도라면 우리의 동료로 만들면 더욱 괜찮겠다"라는 가진 자가 부리는 여유라고도 할 수 있다. 현재 북한이 길게 보고 노리는 바 또한 이와 무관치 않을지 모른다.

미국은 패권을 유지하기 위한 노력의 일환으로 적성국의 2인자를 지원해 친미정권을 수립하는 외교 전략을 곧잘 구사해왔다. 왜 하필 1인자가 아닌 2인자를 지원할까? 1인자는 아쉬울 것이 없기 때문에 미국의 말에 복종할 필요를 못 느끼지만, 2인자는 국내에서 힘의 열세를 극복하기 위해 국외에서의 지원을 필요로 하기 때문에 미국의 말을 고분고분 들어줄 수밖에 없기 때문이다. 미국의 눈에 과연 한반도의 1인자와 2인자는 누구일까? 한국일까 북한일까? 1인자든 2인자든, 우리의 고민은 깊을 수밖에 없다.

한중관계

만에 하나라도 한미동맹이 깨지게 된다면 한국은 곧바로 중국의 영향권에 속하게 될 것이다. 우리나라의 친중 인사들은 환영하는 바일 수도 있겠다. 이들은 어차피 동북아가 언젠가 중국의 영향권에 속하게 될 것이므로, 차라리 지금부터 준비를 하고 고개를 조아리며 들어가는 편이 낫다고 보기 때문이다. 옛 촉나라의 초주처럼, "오나라에 항복하였다가 훗날 다시 위나라에 항복하기보다는, 처음부터 위나라에 항복하는 편이 낫다"라고 생각하고 있는 듯하다. 전형적인 편승론자(연횡론자)들의 생각이다.

하지만 이들이 간과하는 부분들이 있다. 첫째, 중국의 세계관이다. 역사적으로 우리나라를 가장 많이 침략하고 괴롭힌 것은 북한도 일본도 아닌 중국이었다. 미국은 단 한 번, 신미양요 때 배 한 척으로 한국을 공격한 바 있다. 반면 중국은 한반도에 사람이 살기 시작한 순간부터 꾸준히 겐세이를 넣어왔다. 중국인들은 조야朝野할 것 없이 한국을 역사적 속국으로 생각하는 경향이 강하다. 한국을 속국이라고 생각하기 때문에 사드 배치 문제에 그렇게 흥분하는 것이기도 하다. "원래 우리의 멀티기지였던 애들이 대가리 좀 컸다고 감히 경쟁 국가가 터렛을 깔게 해?"라는 생각이 기저에 깔려 있는 것이다. 일본이 사드를

배치할 때 아무런 반응도 보이지 않은 것과는 퍽 대조적이다.

둘째, 지리적으로 볼 때 중국은 한반도와 접해 있고, 미국은 멀리 떨어져 있다. 중국이 미국에 비해 동아시아 권역에서 힘을 행사하기에 더 유리한 입지 조건을 갖추고 있다고도 볼 수 있다. 하지만 같은 이유로 중국은 한반도에 직접적인 위해를 가할 수 있는 입장인 반면, 미국은 그럴 이유가 없음을 방증하기도 한다(백번 양보해 일각의 음모론대로 미국이 한반도에 무기를 팔기 위해 전쟁을 일으킨다고 해도, 한미동맹이 존재하는 이상 미국이 한국의 편에 서서 싸울 것이라는 점에는 변함이 없다). 헌터에서 한국이 11시에 위치했다면, 중국은 12시, 미국은 5시에 위치해 있다. 'Free for all'인 국제정치의 현실하에서 우리는 과연 누구를 가장 먼저 경계하는 것이 정상인가?

마지막으로, 중국이 언제 미국을 따라잡을지, 따라잡을 수나 있는지는 아무도 알 수 없다. **조지 프리드먼**George Friedman 등의 석학은 미국의 단극패권이 중장기적으로 지속될 것이라고 내다본다. 미국의 국방력은 세계 모든 나라의 국방력을 합친 것보다 강하다. 당장에 최종병기와도 같은 캐리어의 수만 보더라도 미국은 열두 척, 중국은 두 척으로 비교가 안 된다. 미국의 경제 또한 전에 없이 호황을 누리고 있고, 최근에는 셰일가스 발견으로 중동의 오일머니에 대한 대책도 생겼다. 빵빵한 테크와 새로 발견한 가스 멀티를 바탕으로 더욱 강한 경쟁력을 얻은 것이다.

반면 중국은 해처리 테크에서 레어 테크까지는 무사히 진입했으나, 하이브 테크로 전환하는 문턱에서 중진국 함정에 빠져버린 상황이다. 경제가 발전함에 따라 임금(가격)이 상승하는데, 추가 생산 요소를 투입하기에는 불가능한 상황에 직면한 것이다. 같은 양의 자원으로 이제는 러커가 아닌 울트라를 뽑아야 되는 상황에 빠진 것이다.

하지만 뭐니 뭐니 해도 미국과 중국의 가장 큰 격차는 국가의 소프트웨어이다. 미국은 지난 두 세기를 호령하며 눈으로는 볼 수 없는 저력을 쌓았다. 두 차례의 대공황급 경제 위기를 버텨냈으며, 수차례의 전쟁을 승리로 이끌었다. 다양성에 기반을 둔 사회와 이를 관통하는 선도적 문화도 있다. 수천 판의 게임을 통해 위기관리 능력과 싸우는 방법을 통달한 프로게이머를 생각하면 되겠다. 테란, 저그, 프로토스 할 것 없이 모두 다룰 줄 알기 때문에 상대가 어떤 종족을 고르든 상대하는 방법을 안다. 반면 중국은 청나라 말기에 열강의 먹잇감으로 전락했다가 최근에야 힘자랑을 시작했다. 나라다운 모습을 갖춘 후 아직까지 한 번도 큰 위협에 노출된 적이 없으며, 민족적·정치적 다양성을 경계한다. 이제 중국은 **진주목걸이 전략** 등을 들고 나오며 세계로 영향력을 확대하려는 중이다. 그 진주목걸이가 책임 있고 건전한 패권국가의 목에 걸릴지, 등 따시고 배부른 돼지의 목에 걸릴지는 중국에게 달려 있다 하겠다.

진주목걸이 전략

중국이 인도양 및 말라카 해협 주변의 여러 나라와 관계를 강화하고 그 항구들에 영향력을 확보하는 전략. 일대일로一帶一路 정책의 '해상 실크로드 전략'과 밀접한 관련이 있다.

한국의 전략적 선택

큰 틀에서 볼 때, 한국의 전략적 고민은 동북아 내 지역적 패권과 전 세계적 패권 간의 불일치에서 기인한다. 즉, 세계적으로는 미국이 맹주이지만, 동북아에서는 중국이 사실상 맹주인 상황에서, 동북아 국가로서 계산서가 안 나오는 것이다. 동북아에서 중국에 편승해 세계에서 미국과 균형을 이루거나, 동북아에서 미국과 손잡고 대중국 균형을 이루며 세계적으로 미국에 편승하는 전략이 가능한데, 두 전략 모두 미국과 중국 중에 어느 한쪽을 택해야만 한다는 전제가 붙는다.

혹자는 이를 기회로 보기도 한다. 미중 사이에서 이른바 '균형외교'를 통해 영리하게 행동하면 양쪽 모두로부터 뭔가를 얻어낼 수 있는 꽃놀이패를 쥐고 있다는 뜻이다. 실제로 인도는 미중을 상대로 이러한 등거리 외교 전략을 시도한 지 오래되었고, 양쪽으로부터 나름의 이익을 거두고 있다.

하지만 한국과 인도의 입장은 판이하게 다르다. 인도는 사실상 핵보유국인 반면, 우리는 핵무기도 없이 핵무기를 쥔 북한을 마주하고 있다. 세계 11위 경제대국이라고는 하지만, 인구는 내수 보장을 위한 최소 인구인 1억 명에도 미치지 못하며, 시장으로서도 엄청나게 매력적이지는 않다. 뭐니 뭐니 해도 우리나라 내부적으로도 좌우로 나뉘어 균형을 잡지 못하는 판국에, 미국과 중국이라는 두 거대 세력의 틈바구니 사이에서 균형을 잡는다는 발상은 전략적 코미디에 가깝다. 2차 대전 이전에 중립을 선언한 약소국들이 개전 후 어떠한 운명을 마주했는지를 상기할 필요가 있다.

한미동맹을 파기하고 친중체제를 확립하자는 얘기는 합종책을 저버리고 연횡책을 채택하자는 말과 같다. 이는 최하책이라고 볼 수 있다. 최상책은 미중 양쪽과 잘 지내는 것이겠지만, 국제관계의 냉엄한 현실은 이를 허락하지 않을 것이다. 북한이라는 특수 관계가 맞물려 있기 때문이다. 그렇다고 해서 미중 어느 쪽과도 편먹지 않는 중립국 구상 또한 비현실적이다. 대륙과 해양이 대립하는 반도의 지정학 때문이다. 안타깝게도 우리는 결국 진영논리로 회귀할 수밖에 없을 것이고, 이러한 현실 아래서 차하책보다는 차상책을 고르기 위해 부단히 노력해야 할 것이다.

역사는 선택지를 제공하지 않는다. 대신 국가를 특정한 정치적 환경에 노출시켜 힘의 논리와 이해관계에 따른 선택을 하도록 강요한다.

개인과 마찬가지로 국가도 안 좋은 선택을 강요받을 때가 있다. 중요한 것은 악조건하에서도 최선을 다하며 그다음 선택을 유리하게 끌어가는 능력이다. 역사는 선택지를 제공하지 않지만, 그 선택의 집합이 결국 역사가 된다.

<스타>로 보는 핵억제와 북핵문제

나는 죽음이요, 세상의 파괴자가 되었도다.

I have become death, the destroyer of worlds.

-로버트 오펜하이머

내가 아직 소위이던 2013년 2월, 처음으로 휴가다운 휴가를 갔더랬다. 모처럼 만에 집에서 TV를 보는데 속보가 떴다. "함경북도 지역에 진도 4.0 강진." 속으로 '어이구, 가뜩이나 힘든 나라가 안됐네…' 라며 동정하던 찰나 정정 속보가 떴다. "함경북도 풍계리 일대서 3차 핵실험 추정." 아무것도 모르던 '쏘위'였던 나는 그저 놀라서 허겁지겁 전투복으로 갈아입고 대기태세를 유지한 기억이 있다. 그런데 5년이 지난 지금은 수소폭탄 실험 소식이 들려와도 별 감흥이 없다.

비단 나만의 이야기는 아닐 것이다. 언제부턴가 북한의 핵실험은 매년 한 번쯤 들려오는 연례행사 정도로 여겨지기 시작했고 오히려 '핵노잼'이다 뭐다 하면서 '핵'이란 말을 자꾸 접하다 보니 '핵'이라는 단어가 친근하게 느껴질 지경이다. 전쟁 난다고 라면을 사재기하던 친구는 5차 핵실험 속보에도 아랑곳하지 않고 컵라면을 흡입했다. 핵이 주는 공포에 대한 면역반응인지 도피반응인지fight or flight는 모르겠으나, 확실한 것은 우리는 지금 핵이 지배하는 국제관계, 핵을 마주한 안보상황 속에서 살고 있다는 것이다.

'군사·전략' 편에서 짧게나마 핵을 다루었는데, 이번 장에서는 조금 더 구체적이고 현실적인 차원에서 살펴보고자 한다. 인류 역사상 가장 무서운 무기, 핵무기는 국제정치에 어떤 영향을 주었는가? 당면한 북핵문제에 해법은 없는가?

핵이란?

인류 역사상 수많은 신무기가 등장했지만 핵무기처럼 절대적인 위용을 떨친 무기는 없었다. 화약, 기관총, 전투기의 발명이 작전술의 차원에서 큰 변화를 불러왔다면, 핵무기는 그보다 한 차원 높은 국가안보의 대전략에 지각변동을 일으켰기 때문이다. 즉, 이전의 모든 무기가 전쟁을 어떻게 하면 더 잘하고 이길 수 있을지 고민한 끝에 나온 결과물이라면, 핵무기는 전쟁을 어떻게 피할 수 있을지, 전쟁을 꼭 해야만 하는지에 대한 물음을 함께 낳았다. 진정한 의미의 억제라는 개념을 탄생시킨 것이다. 핵은 그 위력만으로 전쟁에 대한 기본 방정식을 바꾸기에 충분했다.

첫째, 전쟁의 시작과 끝이 같아졌다. 몇 개월, 몇 년 걸리던 전쟁이 핵으로 말미암아 단 하루 만에 끝나게 된 것이다. 맵 중앙에서 벌어지는 지루한 힘싸움 대신 한 방의 대규모 리콜로 경기를 끝낼 수 있게 된 것이다. 핵탄두 속에 응축된 것은 우라늄이 아닌 전쟁 그 자체인 셈이다.

둘째, 공멸이 가능해졌다. 기존의 전쟁은 어느 한쪽이 승리를 거두거나 양쪽이 휴전 합의에 이르러야 종료되었다. 하지만 핵전쟁에서는 한쪽이 핵을 쏘면 다른 쪽도 살아남은 핵능력으로 반격을 가하기 때문에, 승리자 없이 공멸하는 전쟁이 가능해졌다. 폭탄드랍이 크로스카운터로 들어가 양쪽 모두 엘리될 수 있는 것이다.

셋째, 기술이 물량을 압도하기 시작했다. 핵무기의 등장은 전쟁 능력의 질적 발달(기술)이 양적 발달(물량)을 압도한 변곡점이었다. 기존의 전쟁은 양 대 양의 싸움이었다. 저그가 수십 기의 히드라를 보유하면, 프로토스는 그에 맞춰 수십 개의 캐논을 깔아야 했다. 핵의 등장은 이러한 양 대 양의 공식을 무너뜨렸다. 캐논을 다섯 개 더 까는 것보다 최대한 빨리 사이오닉 스톰이라는 핵무기를 갖추는 편이 나아진 것이다.

넷째, 약자가 강자를 이길 수 있게 되었다. 핵무기 이전의 전쟁은 국력 대 국력의 총력전이었기 때문에 약소국이 강대국을 이기기란 불가능에 가까웠다. 본진 자원만으로 연명하는 테란이 멀티 세 개 먹은 저그를 이길 수 있을 리 없었다. 하지만 핵이 등장하면서 전쟁을 일거에 뒤집는 것이 가능해졌다.

핵의 이러한 특징들 덕분에 핵무기는 최고의 억제력으로 자리 잡았다. 억제의 사전적 정의는 "한쪽이 공격하려고 해도 상대편의 반격이 두려워서 공격하지 못하도록 하는 힘"이다. 보복의 두려움에 기초한 힘인 것이다. 동시에 상대가 나에게 보복할 힘이 없다면 억제는 성립되지 않는다는 얘기이기도 하다. 여기서부터 핵억제력이라는 문제가 복잡해진다.

핵억제 시나리오와 핵확산 대 비확산

적대 상태에 놓인 A국가와 B국가가 있다고 해보자. 이들 간 핵억제력과 관련해서는 다음과 같이 네 가지 핵보유 시나리오를 생각할 수 있다.

	A	B
시나리오1	X	X
시나리오2	X	O
시나리오3	O	X
시나리오4	O	O

시나리오1의 경우 A와 B 모두 핵이 없기 때문에 억제가 성립하지 않는다. 따라서 A와 B 모두가 전쟁을 일으킬 수 있다. 시나리오2와 시나리오3의 경우 핵을 지닌 쪽은 억제력을 갖기 때문에 전쟁을 일으킬 수 있지만, 핵을 지니지 못한 쪽은 먼저 전쟁을 일으킬 수 없다. 시나

리오 4의 경우 A와 B 모두에게 핵이 있기 때문에 서로 전쟁을 일으킬 수 없다.

핵무기를 아비터의 리콜이라고 생각해보자. 시나리오1에서는 A와 B 모두 본진에 리콜을 맞을 염려가 없기 때문에 서로 상대 진영으로 쳐들어갈 수 있다. 시나리오2와 시나리오3에서 아비터가 있는 쪽은 상대가 쳐들어온다 싶으면 상대 본진에 리콜을 해버릴 수 있다. 따라서 아비터가 없는 쪽은 먼저 쳐들어오지 못하지만, 아비터가 있는 쪽은 먼저 쳐들어갈 수 있다. 시나리오4의 경우 A와 B 모두 본진에 리콜을 맞을 수 있기 때문에 서로가 쳐들어갈 수 없다. 즉, 서로 본진에 병력을 쌓아두고 아비터로 간만 보는 상황이 연출된다.

이런 네 가지 시나리오 중 유일하게 전쟁이 일어나지 않는 시나리오는 시나리오4뿐이다. **케네스 월츠**Kenneth N. Waltz 등의 핵확산론자들은 이 점에 착안해 핵보유국이 늘어날수록 전쟁은 줄어들 것이라고 주장했다. 이를 '**세력의 균형**balance of power'에 빗대 '공포의 균형balance of terror'이라 부르며 안정적인 국제관계라고 보았다. 실제로 이 주장은 미소 냉전기를 통해 어느 정도 타당성을 입증받는 듯했다.

반면 **스콧 세이건**Scott Sagan을 비롯한 핵비확산론자들은 우발적 충돌과 오판, 국가의 핵통제력 상실, 인류 공멸의 가능성을 지적하며 범세계적 핵 감축만이 해답이라고 주장했다. 핵이라는 무시무시한 무기가 극단적인 집단의 수중에 떨어질 경우 전 세계가 피해를 볼 것이라는 이야기이다. 21세기의 전쟁 양상은 테러와의 전쟁임을

케네스 월츠

국제정치학의 기초를 마련한 미국의 정치학자. 신현실주의이론의 창시자이다.

세력의 균형

두 강대국이 서로 비슷한 힘을 지니고 있을 때, 전쟁 발생 가능성이 낮아진다는 이론.

감안할 때, 이들의 주장도 설득력이 있어 보인다.

핵억제력의 다른 변수

이론적으로는 쉬워 보이지만, 사실 핵억제의 방정식에는 훨씬 많은 세부 변수들이 숨어 있다. 간단히 살펴보도록 하자.

① 2격 능력

핵억제력에 있어서 핵보유국과 비핵보유국의 격차만큼이나 큰 영향을 미치는 부분이 2격 능력second strike capability의 유무이다. 만약 상대가 먼저 내 본진에 핵을 쏴서 나의 고스트와 핵사일로를 모두 제거한다면, 나의 억제력은 사라질 것이다. 따라서 상대는 선제 핵공격의 유혹을 꾸준히 받을 것이다. 2격 능력은 이러한 유혹을 막을 수 있는 추가적인 억제력이다. 핵능력을 이동식 미사일 발사대, 폭격기, 잠수함에 분산배치해서 적의 선제적 핵공격에 살아남고 핵으로 반격을 가할 수 있는 능력인 것이다.

② 핵우산

비핵보유국은 핵보유국의 공격에서 보호받기 위해 동맹의 핵우산을 빌려 쓰는 방법을 택할 수 있다. 적이 핵공격을 감행할 경우 우방이 대신 핵보복을 가할 것을 약속함으로써 핵억제력이 발휘되는 것이다. 하지만 핵우산은 불가피하게 신뢰도 문제를 동반한다. A의 적국 B가 2격 능력을 갖추고 있을 경우, A의 동맹국인 C도 핵보복을 당할 수 있기 때문에, C의 입장에서 과연 자국을 희생하면서까지 A를 위해 보복해야 하는지 딜레마에 빠지게 된다. 소련의 핵위협이 커지자 프랑스의 **샤를르 드골**Charles De Gaulle 대통령이 "미국이 파리를 위해 뉴욕을 희생할 리 없다"라며 독자적 핵개발을 강행했다는 일화는 유명하다.

③ 미사일방어 체제

핵무기의 4요소는 탄두, 투발 수단, 지휘통제 체제, 핵교리이다. 미사일방어Missile Defense, MD 체제는 그중 투발 수단인 미사일을 요격하기 위해 존재한다. MD라는 개념이 처음 등장했을 무렵 미국과 소련은 아이러니하게도 이를 상호확증파괴Mutually Assured Destruction, MAD에 기반을 둔 전쟁억지를 훼손하는 기술로 간주하고, 이를 제한하기 위해 탄도미사일요격제한Treaty on the Limitation of Anti-Ballistic Missile Systems 조약을 체결했다. 어느 한쪽이라도 고스트가 탄 드랍십을 요격할 수 있는 레이스를 뽑는다면, 지금까지 유지되었던 억제의 균형이 무너지고 선제 핵공격의 유혹이 커질 것이라 생각한 것이다.

북한이 핵무기를 개발한 원인

북핵문제를 이해하기 위해서는 북한이 왜 핵을 만들었는지 살펴볼 필요가 있다. 북한이 핵을 통해 얻고자 한 바는 시대와 상황에 따라 변

해왔다. 나는 이를 힘을 통한 억제, 협상, 체제 결속 수단을 의미하는 '3M(망치[Maul], 돈[Money], 거석[Monolith])'의 관점에서 살펴보고자 한다.

초기에 북한은 방어적 목적으로 핵을 갈구했다. 6·25전쟁 동안 미국의 융단폭격에 궤멸적 타격을 경험한 북한은, 미국의 힘에 대항할 수 있는 방안은 핵무기밖에 없다고 결론 내렸다. 결정적으로 남한의 국력이 북한의 국력을 추월하기 시작하자, 북한은 본격적으로 핵이라는 **군사적 억제력**[Maul]을 확보하는 데 집착하게 되었다.

그러다가 1990년대 들어 '고난의 행군'으로 경제적 어려움이 극심해지자, 북한은 핵을 **협상 수단**[Money]으로 사용하는 행보를 보인다. 즉, 핵으로 국제사회를 위협해 핵의 가치를 높인 후, 핵을 동결한다는 조건으로 경제적 보상을 받고자 한 것이다. 그 당시 북한의 내부 위기가 심각한 수준이었음을 고려할 때, 김정일로서는 당장의 정권 생존을 위해 핵개발을 잠시 유보할 수밖에 없었을 것이다.

하지만 내부 위기가 해결되고 핵능력이 발전하자, 북한은 핵을 더 공세적으로 활용하기 시작한다. 이때부터 초기의 군사적 억제 목적을 넘어서, 전략적 협상 목적으로 핵을 활용하기 위한 움직임이 본격화된다. 핵을 대가로 북미 평화협정을 맺고, 주한미군을 철수시킨다는 전략이 이 시기에 활발히 전개되기 시작했다. 이전에는 핵이라는 안보기제를 통한 '안보 대 경제'의 교환을 노렸다면, 2000년대 들어서는 본격적으로 '안보 대 안보'의 등가교환을 노리기 시작한 것이다.

김정은 집권 이후에는 핵의 억제와 협상 역할 위에 체제결속을 위

한 **기념비**Monolith의 역할이 추가되었다. 핵개발을 김일성, 김정일의 유훈으로 포장해 김정은 체제의 정당성을 선전하고, 핵능력을 대내외적으로 과시하기 위함이다. 3대에 걸친 핵프로그램을 완성하는 단계인 것이다.

결과론적으로 북한의 핵은 3M의 목적을 모두 달성했다고 볼 수 있다. 그들이 핵을 '만능의 보검'이라고 자랑하는 게 전혀 근거 없는 주장은 아닌 셈이다.

북한의 핵개발 과정

북한이 핵을 개발한 과정이 순탄하지는 않았다. 본격적으로 핵개발을 시작한 1990년대 초, 제1차 북핵위기가 불거지자 클린턴 행정부가 북한의 핵시설에 외과적 타격surgical strike을 가할 것이라는 소문이 돌았고, 북한은 "서울을 불바다로 만들겠다"라고 맞섰다. 한국을 인질 삼아 위기를 타개하고자 한 이런 노력은 예상외로 잘 먹혀서 당시 김영삼 정부는 미국의 군사행동을 극구 만류했다.

제2차 북핵위기 시에는 9·19공동성명을 발표함으로써 국제사회를 안심시켰으나, 이내 1차 핵실험을 실시해 핵 야욕을 버릴 생각이 없음을 보여주었고, 영변원자로의 냉각탑을 폭파하는 모습을 전 세계에 중계하는 등 보여주기식 조치만 취했다. 때로는 한국과 중국 등 외부세계의 도움으로 위기를 극복하기도 했다.

하지만 결국 여섯 차례의 핵실험과 수십 번의 미사일 실험을 통해 북한은 사실상 핵보유국de facto nuclear weapons state이 되었다. 이제는 잠수함발사탄도탄Submarine-Launched Ballistic Missile, SLBM이라는 2격 능력마저 확보해 미국의 핵우산을 찢어버리고, 한반도에서 주도권을 확보하기 위해 혈안이 되어 있다.

우리로서야 당연히 북한의 이러한 움직임을 비난할 수밖에 없다. 미국 입장에서도 북한이 적성국이며 미국이 쌓아 올린 NPT 체제를 뒤흔드는 별종이기 때문에 북한을 강하게 비난하는 것이 정상이다. 국제사회의 평화를 어지럽히는 북한은 욕을 먹어도 싸다.

하지만 한반도의 역사에서 6·25전쟁 이후만 똑 떼어내서 본다면 북한이 핵을 개발하게 된 것은 어찌 보면 살아남기 위한 유일한 방법이었을 것이다. 북한 입장에서는 세계 최강대국이자 핵보유국인 미국과, 그런 미국과 상호방위조약을 맺은 한국을 감당할 수 있는 유일한 방법이 핵개발이었다. 만일 한미동맹이 존재하지 않고 북중동맹만 존재했다면, 한국부터 핵무장을 생각했을 것이다.

그런 필연적 행보를 알면서도 막지 못한, 그리고 막지 않은 국제사회도 책임에서 자유로울 수 없다. 한국도 마찬가지이다. 햇볕정책이든 북한붕괴 전략이든 결과적으로는 실패했기 때문에, 북한의 핵개발에 대한 책임에서 자유로울 수 없다. 하지만 북한이 핵개발 완성 단계에 돌입한 지금, 우리에게 중요한 것은 북핵에 대한 공허한 책임론보다는 실질적인 대응책이다. 과연 어떤 대응책이 있는지 자세히 확인해보도록 하자.

핵에 대한 대응법: 핵포기

물론 가장 좋은 해결책은 평화적인 방법이다. 북한으로 하여금 왜 핵을 포기하는 편이 국익에 부합하는지를 대화로 설득하고, 힘으로 강제하는 것이다. 현재 미국을 위시한 국제사회가 북한에 강한 경제적 제재와 외교적 압박을 가하면서 대화를 통한 해결을 촉구하는 것 또한 평화적인 해법이 모두에게 득이 되기 때문이다.

실제로 평화적으로 비핵화를 실현한 국가들이 있다. 남아공은 앙골라에 주둔한 5만의 쿠바군을 안보 위협으로 판단하고 핵개발을 시도했으나, 소련이 붕괴하면서 쿠바군이 철수하자 더 이상 핵을 보유할 이유가 없어졌고 그래서 핵을 버렸다. 적이 없어졌으니 굳이 핵에 귀중한 미네랄과 가스를 쏟을 이유가 없어진 것이다.

리비아는 이스라엘에 대항하고자 핵개발을 서둘렀으나 이내 국제사회의 강력한 경제제재에 직면해 고사 직전까지 몰렸다. 핵무기를 완성하기에는 자원과 시간이 턱없이 부족했기 때문에 결국 핵을 포기하기로 결정한다. 주변국의 봉쇄 조치로 자원은 떨어져가는데 이제 겨우 코버트 옵스를 달기 시작한 리비아로서는 핵개발보다 핵포기를 통한 미국과의 친선관계 구축이 더욱 현실적이고 확실한 안보 기제였던 것이다.

우크라이나는 소련의 붕괴로 본의 아니게 핵을 떠안게 된 케이스이다. 핵을 직접 만들어본 적도 없고, 다뤄본 적도 없었기 때문에 핵무기 관리 기술에 한계가 있었다. 따라서 우크라이나 정부는 핵을 계속 보유해서 러시아 및 서방 세계와 갈등을 일으키기보다는 핵을 포기해 경제적 보상을 받는 편이 국가 이익에 부합한다고 판단했다. 실수로 본진에서 핵을 터뜨린 트라우마도 핵포기 결정에 한몫했다. 체르노빌 원전 사고로 핵에 대한 공포가 극대화된 상황에서 핵보유를 강행하기에는 대내적 리스크도 컸던 것이다.

남아공, 리비아, 우크라이나의 핵포기에는 공통점이 있다. 핵보유보다 핵포기가 국가 안보에 이득이었다는 점과, 핵포기의 대가로 제법 쏠쏠한 경제 보상을 받았다는 점이다. 외교 안보적 압박과 보장, 경제적 제재와 보상이라는 채찍과 당근이 어우러진 결과였다.

문제는 평화적인 해법이 가장 이상적이지만, 동시에 가장 실현 가능성이 낮다는 것이다. 특히 미국이라는 초강대국을 안보 위협으로 인식하고, 웬만한 경제제재는 견뎌낼 수 있는 폐쇄적인 체제를 지니고 있으며, 핵개발을 사실상 완료한 북한으로서는 위에 언급한 세 나라와는 핵보유에 대한 갈망이 본질적으로 다를 수밖에 없다. 결과적으로 세 나라 중 한 나라의 독재자는 비참한 죽음을 맞이했고, 또 한 나라는 이웃 강대국에게 영토를 빼앗겼다는 사실은 이러한 갈망을 더욱 강화시킬 뿐이다.

다행히 현재 한국의 문재인 정부와 미국의 트럼프 정부가 각각 착한 경찰과 나쁜 경찰 역할을 수행하며 북한의 셈법을 바꾸는 데 나름의 효과를 거두고 있다. 하지만 앞서 '국제 정세와 동맹' 부분 말미에 언급했듯이 우리는 항상 차선책을 가지고 있어야 한다. 평화적 해법이 결렬될 경우, 우리에게는 어떠한 옵션이 남는가?

핵에 대한 대응법: 핵무장

핵에 대한 가장 교과서적인 해결책은 핵무장이다. 상대가 핵을 가지고 있으면 나도 핵을 가져서 상호확증파괴의 균형을 이루는 것이다. 한국은 세계적인 수준의 원자력 기술을 보유하고 있기 때문에 주변 눈치 안 보고 마음만 먹으면 6개월 내로 핵무기를 개발할 수 있다는 것이 통설이다.

하지만 국가의 핵무장은 그렇게 쉬운 일이 아니다. 먼저 국제사회의 제재를 피할 수 없다. 한국의 수출의존형 경제구조는 북한의 폐쇄적인 경제구조에 비해 제재에 취약할 수밖에 없기 때문에, 핵무장은 안보를 대가로 경제적 희생을 강요하게 될 것이다.

혹자는 북핵 위협이라는 명분이 있기 때문에 국제사회가 제재를 가하지 않을 것이라고 하는데, 천만의 말씀이다. 나에게 배틀크루저라는 궁극의 무기가 있으면, 상대는 배틀크루저를 뽑지 못하게 하고 싶은 것이 게이머의 심리이다. 마찬가지로 핵보유는 본질적으로 상대적이고 배타적인 문제이기 때문에 핵보유국들은 새로운 핵보유국이 등장하는 것을 꺼린다. 세계의 핵질서를 주도하는 레짐이 '비핵화' 레짐denuclearization regime이 아닌 '비확산' 레짐Non-Proliferation Treaty, NPT인 점, 유엔 상임이사국 5국(미국, 러시아, 중국, 영국, 프랑스)이 NPT에서 공인하는 다섯 개 핵보유국과 일치한다는 점도 이와 무관하지 않다. 따라서 한국이 핵무장을 강행할 경우, 북중일뿐 아니라 국제사회 전체가 무

거운 제재를 내릴 것이다.

무엇보다도 핵억제력이 북한처럼 비이성적이고 예측 불가능한 상대에게는 큰 효과를 발휘하지 못한다는 점도 염두에 두어야 한다. 억제가 성립하기 위해서는 상대가 나의 보복을 두려워해야 한다. 그런데 양쪽이 모두 억제력을 보유하고 있으면 누구의 두려움이 더 큰지에 대한 치킨게임이 시작된다. 그런 면에서 북한처럼 잃을 것이 없는 나라가 과연 한국만큼 핵보복을 두려워할지 의문이다. '공포의 균형'이 이루어지지 않을 수도 있는 것이다. 자원이 많은 멀티를 지키려 하는 플레이어와 적은 멀티를 지키고자 하는 플레이어의 의지는 다를 수 밖에 없다.

마찬가지 이유로 핵무장을 통해 상호확증파괴의 균형을 이루어도 북한의 재래식 도발까지 억제할 수는 없다는 단점이 있다. 상대도 핵이 있는 상황에서는 소규모 도발에 핵으로 대응할 수는 없는 노릇이므로, 핵의 보유는 소규모 도발에 대한 억제력으로 작용하지 못한다. 양쪽 모두 캐리어 부대를 보유하고 있다고 해서, 셔틀을 통한 견제가 사라지지는 않듯이 말이다.

핵에 대한 대응법: 방어, 선제, 보복

여러 이유를 감안할 때 핵무장은 당장의 정답이 아닌 것으로 보인다.

그렇다면 핵 없이 핵보유국을 상대해야 한다는 말이 된다. 비핵보유국이 핵보유국을 상대하기 위해 취할 수 있는 전략은 크게 네 가지이다.

상대 테란이 핵개발을 아직 완료하지 않았다고 가정해보자. 핵개발을 막기 위해서는 상대의 뉴클리어 사일로와 코버트 옵스를 부수거나, 핵 투발 수단인 고스트를 뽑지 못하도록 아카데미와 배럭을 파괴해야 한다. 이처럼 핵이 완성되기 전에 때리는 방안을 우리는 예방타격preventive strike이라고 한다.

만약 상대가 북한처럼 핵개발에 성공한 시점이라면 내가 취할 수 있는 행동은 세 가지로 나뉜다. 첫째, 고스트를 잡는다. 둘째, 고스트가 탄 드랍십을 잡는다. 셋째, 핵 한 방 맞아주고 적 본진을 엘리시킨다. 이 세 가지 방법을 유식한 말로 선제타격-방어-보복의 '3축 억제체계'라고 한다. 억제력이 발휘되는 시점에 따라 과거-현재-미래의 세 가지 축으로 나눈 체계라고 볼 수 있다.

선제타격은 미사일을 발사할 조짐이 식별되면 발사 전에 때려버리는 방안으로, 한국에서는 킬체인Kill Chain이라 불린다. 가장 확실하고 깔끔한 방법이지만, 이동식 미사일 발사대Transporter-Erector-Launcher, TEL, 잠수함발사탄도미사일 스텔스폭격기의 등장으로 사전 징후 식별이 어려워졌고, 발사 의도와 진의가 불확실한 상태에서는 상대에게 확전의 빌미를 제공할 수 있다는 단점이 있다. 최근 미국은 물리적 타격뿐 아니라 사이버전 등의 비물리적 수단을 통해 선제타격하는 '**레프트 오브 론치**Left of Launch' 작전도 수행하는 것으로 알려졌다.

방어는 날아오는 북한의 미사일을 격추시키는 방안으로, 한국형

레프트 오브 론치
발사 시점을 시간 도표에 표시할 때 발사 이전, 즉 도표의 왼쪽 시점에 미사일을 선제 타격한다고 하여 붙여진 이름이다.

미사일방어체계KAMD로 불린다. 정당한 자위권 행사이기 때문에 가장 떳떳하고 뒤탈이 없는 방법이지만, 정확도를 100퍼센트 보장할 수 없으며 실패하면 끝이라는 단점이 있다. 또 웬만한 지대지 미사일보다 가격이 비싸기 때문에 적이 수백 발의 미사일을 동시에 발사할 경우 모두 방어하기 곤란하다는 교환비cost-exchange ratio의 문제가 있다.

보복은 적으로 하여금 핵공격 시 궤멸적 타격을 입게 될 것임을 인식하게 하는 방안으로, 사실상 핵에 의한 억제와 같다. 한국형대량응징보복KMPR 작전개념으로도 알려져 있다. 한국과 같은 비핵보유국이 억제에 성공하기 위해서는 당연히 대칭전력에서 확실한 우위를 점해야 한다. 또 적이 가장 아파할 만한 부분이 어딘지를 알고 있어야 확실한 억제력으로 작용할 수 있다.

잘 아시다시피 〈스타〉에도 핵이 있다. 하지만 자주 등장하지도 않을뿐더러, 경기 운영 측면에서도 전략적으로 큰 역할을 하지 못한다. 실제 〈스타〉 경기에서 핵은 프로토스의 스카우트와 저그의 퀸과 함께 경기의 승리를 알리는 축포 정도로 전락한 지 오래이다.

하지만 우리가 살펴보았듯이 현실세계에서 핵이란 국제정치판의 게임체인저이다. 우리는 지금 그 게임이 체인지하는 상황 한복판에 놓여 있기 때문에 앞서 살펴본 대응 방안들이 더욱 중요하게 다가올 수밖에 없다. 북핵문제에 대한 만병통치약은 없으나, 핵무장, 선제타격, 방어, 보복이

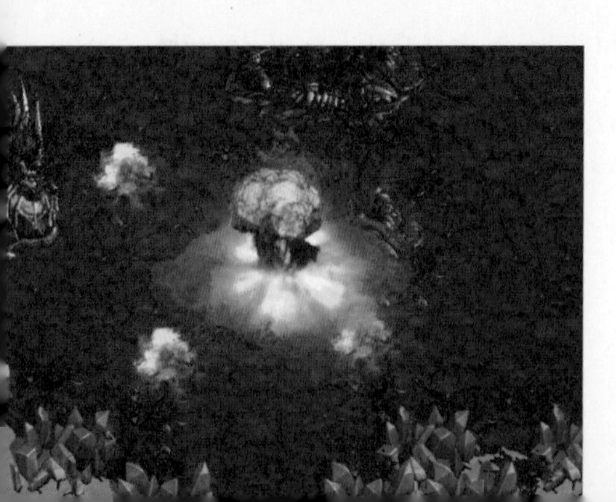

라는 네 가지 약재를 적절히 배합해 주어진 환경에서 최선의 약을 찾을 필요가 있다. 그것조차 못 한다면 우리는 다섯 번째 처방을 쓰게 될지도 모른다. 'GG(항복)' 말이다.

<스타>로 보는 MD체제와 사드 문제

억제는 실패하기 전까지 성공한다.

Deterrence works, until it doesn't.

-로렌스 프리드먼(영국의 전략가)

전쟁은 항상 창과 방패의 싸움이었다. 창이 날카로워지면 방패는 두꺼워졌고, 방패가 두꺼워지면 창은 날카로워졌다. 따라서 방패의 변천사는 창의 발달 방향에 따라 결정되는 측면이 강하다. 총알이 화살을 대체하자 위장전투복이 갑옷의 자리를 꿰찼으며, 곡사포가 발달하자 성곽은 참호로 변했다. 치명성의 증가에 발맞춰 방어력의 개념도 진화를 거듭하는 것이다.

그런 측면에서 미사일로 미사일을 막아낸다는 생각은 현대전에서 가장 기발하면서도 황당한 시도라고 볼 수 있다. 방패 대신 창끝으로 창을, 화살촉으로 화살을 막아내는 것과도 같기 때문이다. 실제로 미사일방어는 총알로 총알을 맞추는 것보다 어렵다고 하니, 무기 기술의 발전이 얼마나 대단한지 새삼 느끼게 된다.

사드는 그런 미사일방어체계 중에서도 발군의 정확도를 자랑한다. 그런데 우리는 눈앞의 핵위협에도 불구하고, 그렇게 뛰어난 방어무기를 섣불리 배치할 수 없는 난감한 입장에 빠져 있다. 사드라는 남북 간의 안보문제가 미중 간 패권문제의 층위로 확대될 소지가 있기 때문이다.

사드여, 왜 우리에게 이런 시련을 주셨나이까? 미사일이여, 쿠오바디스Quo Vadis?

미사일방어체계의 역사

미사일방어체계의 등장은 미소 냉전기로 거슬러 올라간다. 당시 세계는 미소의 핵무기가 이룬 상호확증파괴를 바탕으로, '얼음장 같은 평화'를 누리고 있었다. 미소 양국은 서로 더 강한 핵억제력을 보유하기 위해 미사일 잡는 미사일을 개발하기 시작했으나, 기술적 한계와 비효율적인 **미사일 대 요격미사일 교환비**Cost-exchange ratio를 견디지 못하고 탄도탄요격미사일제한조약ABM Treaty을 맺어 그런 미사일을 '안 만들기로' 상호합의했다. 어차피 서로의 미사일을 못 막을 바에는 쓸데없는 데 돈 쓰지 말고 사이좋게 상호확증파괴 체제로 돌아가자는 다소 황당한 합의였다.

미사일 대 요격미사일 교환비
공격미사일 한 기를 격추시키기 위해 필요한 방어미사일의 개수를 의미한다.

전구탄도미사일
사거리 300킬로미터 이상 3,500킬로미터 이하인 탄도미사일. 사거리가 전술탄도미사일보다는 길고, 전략탄도미사일보다는 짧다.

그러던 1983년, 미국의 레이건 대통령은 웅대한 계획을 선포한다. 우주 무기를 이용해 소련의 대륙간탄도미사일을 요격한다는 전략 방위 구상Strategic Defense Initiative, SDI(일명 '스타워즈 계획')이었다. 하지만 어마어마한 투자 규모에 비해 연구 성과는 미진했고, 그 시작은 심히 창대했으나 나중은 미약한 꼴로 1993년에 폐지되고 말았다. 이후 클린턴 행정부는 ICBM 대신 **전구탄도미사일**Theater Ballistic Missile, TBM의 방어에 초점을 두고 탄도미사일방위구상Ballistic Missile Defense, BMD을 추진했고, 부시 행정부는 BMD를 현재 명칭인 미사일방어체계Missile Defense, MD로 명명했다.

현재 미국의 미사일방어체계는 중층적-중첩적으로 운영된다. 외기권 요격을 담당하는 지상발사요격미사일Ground Based Interceptor, GBI(최대고도 2,000킬로미터), 고고도 요격을 담당하는 해상발사 SM-3미사일(최대고도 500킬로미터), 중고고도 방어를 담당하는 사드미사일Terminal High Altitude Area Defense, THAAD(최대고도 150킬로미터), 저고도 방어를 담당하는 패트리어트미사일PAC-3(최대고도 40킬로미터)로 구성된다. 각 미사일마다 요격할 수 있는 고도가 다르듯이, 요격할 수 있는 미사일의 종류 또한 다르다. 가령 GBI는 ICBM을, 사드와 SM-3는 중거리탄도미사일IRBM, 준중거리탄도미사일MRBM, 단거리탄도미사일SRBM을, PAC-3는 MRBM, SRBM을 요격할 수 있다.

최근에는 미국이 항공레이저Airborne Laser도 개발 중인 것으로 알려져 전 세계에 천조국의 위엄을 다시 한 번 뽐냈다. 앞으로 미사일이라는 창을 막을 수 있는 방패가 더욱 늘어남에 따라 미사일, 나아가서는 핵무기의 방정식이 새로 쓰이게 될 가능성도 있다.

하지만 먼 미래 얘기보다 일단 당장 눈앞에 직면한 사드 문제부터 살펴보자. 본격적으로 사드에 대해 파헤치기 전에 항간에 떠도는 사드 관련 소문부터 깔끔하게 정리하고 가보자.

사드에 대한 오해와 진실

①사드는 공격용 무기이다?: X

사드는 미사일 요격용 방어무기이다. 게다가 표적 미사일에 물리적으로 충돌하는 힛투킬Hit-to-Kill 방식을 사용해 탄두를 싣지 않기 때문에, 공격용 미사일로 사용하기는 무리이다.

② 사드는 모든 미사일을 격추할 수 있다?: X

앞서 설명했듯이 사드도 150킬로미터라는 고도 한계가 있고, 마하 40 이상의 속도로 떨어지는 ICBM은 요격할 수 없다. 또 이름에서 알 수 있듯이 '종말'단계, 즉 떨어지는 미사일만 요격할 수 있다. 가장 많이 보이는 오해 가운데 하나가 중국이 미국 본토로 미사일을 쏠 경우 한국의 사드가 이를 격추할 수 있다는 주장인데, 터무니없는 이야기이다. 이를 실현하기 위해 미국은 상승단계요격Boost-Phase Intercept, BPI 기술을 개발 중이긴 하지만, 성공까지는 아직 멀었다는 것이 정설이다.

③ 사드의 레이더로 중국 전역을 감시할 수 있다?: △

사드 레이더는 탐지거리 2,000킬로미터의 전방배치요격모드Forward-Based Mode, FBM와 탐지거리 700킬로미터의 종말요격모드Terminal Mode, TM, 두 가지 버전으로 생산된다. 한국에 배치될 레이더는 당연히 종말모드이기 때문에 중국까지 탐지거리가 미치지 못한다. 전방모드로 손쉽게 조정할 수 있다는 얘기도 나오는데, 일단 맞는 말이기 때문에 △를 줬다. 8시간 정도면 모드를 전환할 수 있다고 한다. 하지만 전방모드에서는 사격통제장치가 작동하지 않기 때문에 사드가 요격의 기능을 상실한다. 터렛이 컴샛으로 바뀐다고 볼 수 있겠다. 미국이 과연 북한 미사일 요격 능력을 포기하면서까지 레이더를 돌려 중국을 감시하려고 할지는 독자의 판단에 맡기겠다.

④ 한국의 사드는 미국 본토 방어용이다?: △

②에서 설명한 이유로 인해 사드는 한반도 외 다른 지역에 떨어지는 미사일을 요격할 수 없다. 따라서 한국에 배치된 사드는 한국(과 주한미군)을, 일본에 배치된 사드는 일본(과 주일미군)을 방어하기 위함이지, 미국 본토를 방어하기 위함은 아니다(미국 본토 방어에는 한국이나 일본과 비교도 안 될 정도로 많은 자산이 할당되어 있다). 다만 유사시 레이더를 전방모드로 조정한다면, 중국 전역에 대한 탐지능력을 향상시켜 전반적인 미국의 미사일방어 능력에 도움이 될 수 있음은 사실이

므로, 마지못해 △를 줬다.

⑤ 중국은 한반도를 감시하고 있지 않다?: X

중국은 2017년 1월 네이멍구 지역에 초지평선(OTH) 레이더를 설치했다. 한국의 일거수일투족을 환히 들여다보고 있는 것이다. 한국은 여기에 항의한 적이 없다. 주일미군은 2006년과 2014년에 사드 레이더를 배치하며 이미 중국 전역을 탐지권에 두었다. 중국은 미국이나 일본에 보복은커녕 항의조차 한 적이 없다.

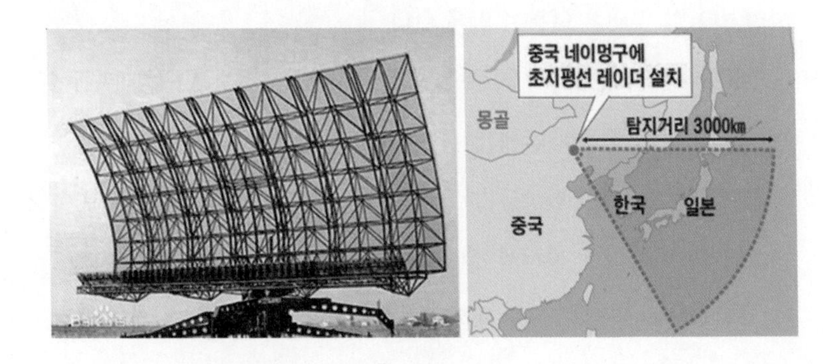

⑥ 사드 레이더는 인체에 치명적이다?: X

레이더로 인한 전자파 유해성은 검증된 바 없으며, 레이더의 빔 방사 각도가 공중을 향한다는 점을 고려할 때 인체에 직접적인 위해를 미치지 않음이 여러 차례 확인되었다.

이러한 여섯 가지 오해는 말 그대로 팩트에 대한 오해에서 비롯된 것이다. 하지만 팩트로는 재단할 수 없는 큰 오해가 아직 남아 있다.

"사드로 모든 미사일을 격추할 수 없기 때문에 사드는 어차피 효과가 없다"라는 문제이다. 이는 어차피 강도가 총과 칼을 둘 다 들고 있으므로 나는 방탄복도, 방검복도 입을 필요가 없다는 말과 같다. 실제로는 방탄복 위에 방검복을 입어야 하는데 말이다.

북한은 단거리미사일뿐 아니라 중거리미사일을 고각으로 발사해 한국을 타격할 수 있음을 여러 차례의 실험을 통해 보여주었다. 즉, 우리가 직면한 위협은 중층적이다. 뮤탈에는 공1업 머린, 레이스에는 터렛, 가디언에는 사업된 골리앗을 쓰듯이 각각의 위협에 대처하기 위한 최적의 방법은 다를 수밖에 없다.

북한이 단거리미사일을 수백 기 보유한 데 비해 사드 1개 포대에는 요격미사일이 48개밖에 없다는 이유로 사드 무용론을 주장하는 이들도 있는데, 이 또한 하나만 알고 둘은 모르는 이야기이다. 북한이 수백 발의 미사일을 동시에 발사한다는 것은 전면전을 의미한다. 그쯤 되면 미사일방어는 부수적 역할을 할 뿐, 주요 억제력은 선제타격 킬체인을 통해 발휘된다. 한꺼번에 고스트 수십 기가 적진에서 쏟아져 나온다면 누가 가만히 보고만 있겠는가? 당연히 선제적 타격을 위해 병력을 보낼 것이다.

또한 수백 발의 미사일 속에 핵미사일 한두 기를 감추는 '훼이크'를 걱정하는 사람도 있다. 하지만 확률은 적에게도 똑같이 적용된다. 터렛이 빈 오버로드와 유닛이 탑승한 오버로드를 가려가면서 때리지 않듯이, 적의 입장에서도 하필이면 핵탄두가 장착된 미사일이 요격될 가능성을 걱정하지 않을 수 없다. 내가 불안한 만큼 상대도 불안해한다면, 이미 억제에 성공한 셈이다.

여러 오해들을 풀고 보니 사드가 있는 편이 없는 편보다 국가의 안보를 위해 낫다는 생각이 든다. 그렇다면 이토록 방어적이고 효과적인 무기에 대해 중국과 일부 한국인은 왜 그렇게도 부정적인 모습을 보이고 있는가? 반대로 미국과 일부 한국인은 왜 그렇게도 사드를 배치하려고 하는가?

미국의 입장

먼저 미국을 보자. 미국이 사드를 배치하고자 하는 표면적인 이유는 주한미군 및 동맹의 방어이다. 동맹의 본진에 나의 머린, 메딕, 탱크를 배치해놨는데 상대가 핵과 고스트를 가지게 되니, 내 병력과 동맹의 본진을 지키기 위해 터렛 정도는 박겠다는 것이다. 일면 당연한 논리이고, 한미동맹의 입장에서는 반대할 명분이 딱히 없다. 반대할 경우 미국 입장에서는 더 이상 자국의 병력을 적의 위협에 노출시키면서까지 한국을 지킬 이유가 없어지고, 철수를 결심하는 것이 당연한 수순이다. 미국의 입장에서 봤을 때, 사드 배치 결정은 지극히 합리적이고 정당한 결정인 것이다.

문제는 사드 배치로 인해 파생되는 여러 부수적 피해는 고스란히 한국이 감당해야 할 몫이 된다는 것이다. 중국의 경제 보복도 그렇지만, 그보다 더 큰 문제는 터렛이 깔리는 순간 자동적으로 그 터렛과 주변 지역이 표적이 된다는 것, 미국이 나중에 추가로 터렛 배치를 강요할 때 이를 반대할 근거가 약해진다는 것, 북한의 핵위협이 사라져도 터렛은 그대로 남아 있다는 것이다. 그러나 현재로서는 이러한 지엽적이고 장기적인 피해보다, 북한의 핵이 가져올 수 있는 참화가 더욱 크기에, 동맹국인 한국 입장에서는 미국의 사드 배치 권고를 물리칠 이유도, 그럴 만한 명분도 없는 것이다.

표면적인 이유 말고, 사드 배치의 이면에 감춰진 미국의 진짜 속내는 미국식 MD체제의 확장과 한미동맹을 지렛대로 한반도 내 영향력을 강화하는 데 있다고 '추측'해볼 수 있다. 미국은 반세기 이상 누린 패권의 경험을 통해 미국이 단독으로 수행하는 전략적 움직임이 지극히 위험하고 비효율적임을 알고 있다. 그래서 냉전기에는 나토를 창설해 소련에 공동 대응하기 위한 전선을 형성했고, 테러와의 전쟁 때도 항상 영국이나 캐나다 등의 동맹국과 함께 행동한 것이다.

그런 미국의 다음 목표가 중국임은 공공연한 사실이다. 미국은 중국의 확장을 견제하기 위해 아시아판 나토를 구상하고 있다. 좌익수에 인도, 우익수에 일본, 외야수에 호주를 둔 드림팀 말이다. 그리고 한국이 그 팀에서 포수 역할을 해주기를 은근히 기대하고 있다. MD체제 편입은 미국이 제시하는 대對중국 드림팀 입단의 종신계약서요, 사드는 그 계약서에 서명하는 펜이다.

중국의 입장

다음은 중국이다. 중국은 한국에 배치된 사드가 공격무기가 아니라는 것도, 우리가 북한의 위협 때문에 배치한 사드가 설령 중국 동북 지역까지 관측할 수 있도록 전방 배치되더라도 한국 영토를 낱낱이 감시하는 자국이 반대하기에는 명분이 부족하다는 것도 잘 알고 있다. 그런데 경제 보복까지 해가면서 찌질해 보일 정도로 사드를 반대하는 이유는 도대체 무엇일까?

여기에는 두 가지 측면이 있다. 첫째는 핵전략적인 측면이며, 냉전기에 레이건이 스타워즈 계획을 발표하자 소련이 격한 반응을 보인 이유와도 같다. 가장 위력적인 무기인 핵무기가 사용되지 않는 이유는 앞서 언급한 '공포의 균형' 때문일 뿐, 다른 어떤 이유도 아니다. 소련은 스타워즈 계획을 그 균형을 깨뜨리는 행위로 간주했다. 즉, 테테전에서 양쪽이 레이스로 200을 채워서 어느 한쪽도 섣불리 움직이지 못하는 상황인데, 한쪽에서 본진에 터렛을 박기 시작한다면 다른 쪽은 공격 능력을 상실하게 되므로, 적진의 터렛 공사가 완료되기 전에 공격을 감행할 수밖에 없다는 것이다.

하지만 미국은 한반도 외에도 곳곳에 사드를 비롯한 미사일방어체계를 이미 운용한 지 오래되었으며, 중국 또한 이 사실을 모르지 않는다. 중국 역시 사드에 비견되는 러시아제 미사일방어체계를 도입한 바 있고, 지금도 자체 기술 개발에 박차를 가하고 있다. 이렇듯 이미 미사일방어가 전통적 핵전략의 단항식을 다항식으로 바꾸어버린 상태에서, 주한미군과 한국이라는 지엽적인 대상을 보호하기 위한 사드에 중국이 보이는 반응은 과민반응이라 할 만하다. 중국이 반대하는 진짜 이유는 국제정치적인 측면이 크다.

중국은 한반도 사드 배치가 미국이 자국을 봉쇄하기 위한 움직임이라고 판단한다. 특히 제1도련선을 완성하는 데 가장 직접적인 장애물이 한반도에 근거지를 둔 한미동맹이기 때문에 더욱 그렇다. 북한뿐이 아닌 한반도 전역을 중화의 전통적 세력권으로 간주해온 중국으로서 사드 배치는 심리적으로도 양보할 수 없는 싸움이다. 다만 힘이나 명분으로는 사드를 제거할 방도가 없기 때문에, 경제 보복과 압박을 통해 한국의 자포자기를 종용하고 있는 것이다.

둘째는 중국의 대한국 무역수지가 오랫동안 적자를 기록하고 있었다는 점 또한 눈여겨볼 필요가 있다. 중국 정부로서는 어떻게든 한국으로의 외화 유출을 관리할 필요가 있었는데, 사드가 울고 싶은 중국의 뺨을 때린 것이라는 해석도 있다. 정치적인 이유와 경제적인 이유가 동시에 작용하여 사드 보복 움직임을 추동했다는 것이다.

이러한 중국의 스탠스에 주파수를 맞춰 사드를 기회 삼아 반미 시위를 주도하려는 좌파 세력도 있고, 반대로 충분한 지식 없이 무조건

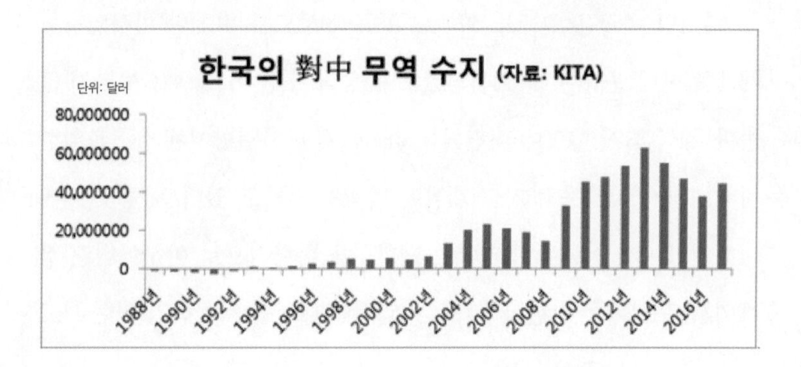

적이고 무비판적으로 사드를 수용해야 한다고 주장하는 우파 세력도 있다는 것이 우리 입장에서는 가장 큰 문제라 하겠다.

대안

그렇다면 한국에 대안은 없는가? 나는 있다고 본다. 사드를 배치할 거냐 말 거냐로 계속해서 싸우는 것은 미중의 패권다툼 사이로 우리 스스로 대가리를 밀어 넣는 것처럼 어리석은 행위이다. 이미 한미 간 합의에 의해 배치하기로 한 것을 물리는 것은 국제적 관례상 옳지 않으며, 기왕 하기로 결정한 거 빨리 하는 편이 낫다. 북핵이라는 실존적 위협을 마주한 상황에서 국민이 납득하기에도 사드 배치가 철수보다 유리하다.

문제는 중국이다. 중국은 미국과의 전략적 이해관계가 걸려 있기 때문에, 우리가 아무리 많은 친중파 국회의원들을 중국으로 보내 설득한다 하더라도 더 많은 것을 요구하면 요구했지, 사드를 묵과할 리 만무하다. 중국이 워싱턴에서 뺨 맞고 서울에 와서 화풀이하지 않도록 하기 위해서는 조금 더 근본적인 해결책을 모색할 필요가 있다. 바로 북핵이라는 뜨거운 감자를 중국에게 던져버리는 것이다.

즉, “한반도 비핵화에 유의미한 진전이 생길 경우, 사드를 미국 본토로 철수시킨다”라는 단서조항을 포함시키는 것이다. 사드가 영구적으로 돌아가는 터렛이 아니라, 북핵문제만 해결되면 언제든 철수할 수 있는 골리앗임을 보여주는 것이다. 중국에는 사드 논란의 근원인 북핵문제 해결을 위해 대북 영향력을 행사할 유인을 제공함과 동시에, 한국이 미국과 중국의 요구 사이에서 일방적으로 미국의 요구만 을 받아들이지 않았음을 주지시킴으로써 면을 살려줄 수 있다.

반대로 미국의 MD체제에 영구히 손발이 묶여 끌려가는 사태를 미연에 방지하는 효과도 기대할 수 있다. 미국에 한미동맹이 북한발 위협에 공동으로 대응함은 당연하지만, 필요 이상으로 미중 패권다툼에 휘말릴 생각은 없음을 확실히 전달하는 것이다.

결론을 내자면, 현재의 안보 상황, 국제법적 정당성, 논리적 타당성과 상식을 놓고 봤을 때 한국이 사드를 반대할 이유가 없다. 하지만 미중 패권경쟁의 일환이라는 전체적인 프레임을 볼 때, 미국은 미국대로, 중국은 중국대로 이해득실이 걸려 있는 문제이기 때문에, 우리가 어떤 국가를 따라가야 할지는 더욱 긴 안목과 조심스러운 관점에서 접근해야 할 문제이다.

확실한 점은 미국과 중국의 자존심 싸움에 한국의 국익을 훼손할 필요가 없다는 것이다. 한국 내부에서 '남남갈등'을 일으킬 이유는 더더욱 없다. 그래서 당장의 위협을 회피할 수 있는 방안이 '사드 단서조항'이라는 것이다.

일각에서는 '사드가고 평화오라'라는 구호가 들려온다. 냉엄한 국제정치의 현실을 볼 때, 지나치게 이상주의적인 발상이 아닐 수 없다. 주변의 검투사들은 모두 좌판에 칼을 깔아놓고 칼을 고르는 중인데, 나 혼자서만 말로 해결하자며 그나마 옆집에서 받아온 방패마저 내던지는 격이다. 가야 할 것은 사드가 아니라 북핵이다. 그리고 평화는 우리가 오라고 한다고 오는, 그런 만만한 녀석이 아니다.

미사일의 종언

핵무기가 인류 역사상 가장 무서운 무기로 꼽히는 이유는 무시무시한 위력에 있다. 하지만 아무리 무서운 무기라도 미사일과 같은 핵무기 투발수단이 없다면 그 위력을 발휘하지 못한다. MD체제는 이러한 약점을 노린다고 할 수 있다.

미사일은 현대전의 지배자이다. 미사일 없는 전쟁은 이제 상상도 할 수 없다. 그런데 〈스타워즈〉나 〈스타트렉〉 같은 SF영화에서는 좀처럼 미사일을 찾아보기가 힘들다. 레이저와 양자무기가 그 자리를 대신한다. 우연의 일치일까? 〈스타크래프트〉에서도 인류의 후손인 테란은 터렛, 골리앗, 레이스, 발키리 등 미사일을 사용하는 유닛을 많이 지닌 반면에, 인류보다 훨씬 진보한 기술을 지닌 프로토스는 미사일을 사용하는 유닛이 거의 없다. 이는 단지 설정에 불과할까? 아니면 미래에는 미사일이 사라지게 될 것이라는 암시일까?

미래를 들여다보기 위해 역사를 활용해보자. 오스트랄로피테쿠스부터 현생 인류까지, 모든 영장목Primate 사람과Hominidae에 속하는 동물을 시대순으로 배열해보면, 우리의 후손들이 어떤 생김새로 진화할지 그려볼 수 있다. 아마도 팔다리는 가늘어지고, 두뇌의 용적은 커질 것이다. 마찬가지로 교통 및 통신 수단은 날이 갈수록 빨라질 것임을 알 수 있다. 같은 방식으로 무기의 진화를 꿰뚫는 양상도 발견할 수 있지 않을까? 나는 이런 궁금증을 바탕으로 미국의 한 싱크탱크에서 연구를 진행하였고, 두 가지 법칙을 찾을 수 있었다. 그 내용에 대해 자세히 전하고 싶지만, 지면 관계상 간단히 정리하도록 한다.

첫 번째 법칙은 단위화력 증가의 법칙이다. 간단히 말해서 시간이 갈수록 무기체계의 화력은 강해진다는 것이다. 단위화력은 다음과 같은 공식을 통해서 구할 수 있다.

단위화력(Fs)=살상력(P)×사정거리(D)×
연사속도(R) ×정확도(A)

이 공식에서 핵무기는 살상력(P)을, ICBM은 사정거리(D)를 무한대에 가깝게 끌어올렸고, 이 둘을 합친 핵 ICBM은 현존 최강의 무기가 되었다.

두 번째 법칙은 탄두질량비 감소의 법칙이다. 모든 무기체계는 활과 화살, 총과 총알, 미사일과 탄두처럼 동력을 제공하는 동력부와 실제로 살상력을 행사하는 탄두부로 나눌 수 있다. 이 법칙에 의하면 시간이 지남에 따라 무기의 전체 질량에서 탄두부의 질량이 감소한다. 이는 최소한의 노력(질량)으로 최대한의 효과(살상력)를 내기 위한 자연스러운 현상이라고 볼 수 있다.

하지만 미사일은 이 법칙에 위배된다. 예를 들어 대표적인 지상공격 미사일인 토마호크의 경우, 탄두부가 450킬로그램, 동력부가 1,600킬로그램으로 0.28이라는 탄두질량비를 보인다. 이는 3.47킬로그램짜리 AK-47 소총 대 7.9그램짜리 7.62밀리미터 탄환의 탄두질량비가 0.002에 불과함을 볼 때 상당히 높은 탄두질량비이다. 사거리와 탄두의 폭발력을 높이기 위해 경제성을 희생한 대가이다. 쉽게 말해

미사일이 가장 효과적인 무기일지는 몰라도, 가장 효율적인 무기와는 거리가 있다는 것이다. 미사일을 대체할 수 있는 보다 효율적인 무기가 나타난다면 미사일이 도태될 수도 있음을 뜻하기도 한다.

그렇다면 그 빈자리는 무엇이 메우게 될까? 현재로서는 레일건과 레이저가 될 가능성이 높아 보인다. 레일건은 화약이 아닌 전자석의 원리로 10킬로그램 정도 되는 쇳덩이를 마하 10의 속도로 발사하는 신무기체계로, 탄두의 폭발력 없이 쇳덩이의 충격량만으로 웬만한 미사일보다 파괴적인 효과를 낼 수 있다. 가격, 안전성, 저장성 측면에서 미사일보다 월등히 낫다. 레이저무기는 빛의 속도로 요격할 수 있다는 장점을 살려서 미사일을 잡는 용도로 쓰이기 시작했다. 레일건이 미사일의 공격 역할을, 레이저가 미사일의 방어 역할(MD)을 책임지게 되면 언젠가는 정말 미사일을 찾아보기 힘든 날이 올지도 모르겠다.

테란은 핵이 있고 프로토스는 없다. 어쩌면 핵무기의 베스트프렌드인 미사일에 대한 방패가 개발되면, 핵의 위상도 함께 낮아지게 된다는 암시일지도 모른다. 물론 그때가 되면 인류는 핵보다 더 뾰족한 창을 발명하겠지만 말이다.

〈스타〉에서 게임만큼이나 재미있는 볼거리가 게임의 스토리, 즉 세계관이다. 우주를 배경으로 펼쳐지는 방대한 스케일의 시나리오와 프로토스, 저그, 테란 세 종족의 다양한 영웅과 악당, 그들의 사랑, 우정, 배신은 영화화하기에도 벅찰 정도로 많은 내용을 담고 있다. 과연 우주의 대서사시라 불릴 만하다.
더욱 흥미로운 점은 스토리가 굉장히 철학적인 질문을 많이 던진다는 것이다. 선악의 대립처럼 1차원적인 물음이 아닌, 종교, 죽음, 희생, 생명 등의 고차원적인 주제를 관통한다. 그래서 마지막 장은 특별히 이러한 이야기를 위해 할애할까 한다.
먼저 모든 종족의 창조주 격으로 등장하는 '젤나가'라는 종족을 통해 〈스타〉의 전체적인 세계관에 대해 논한다. 그 후 테란을 통해 4차 산업혁명과 인류의 미래를 조명하고, 프로토스를 통해 종교에 대해 이야기하며, 저그를 통해 진화에 대해 논한다.

보너스 장

THERE IS NO COW LEVEL

테란으로 보는 4차 산업혁명

〈D'où Venons Nous? Que Sommes Nous? Où Allons Nous?(우리는 어디에서 왔는가? 우리는 누구인가? 우리는 어디로 가는가)?〉

-폴 고갱 作, 1897

때는 23세기 초. 지구의 인구는 270억으로 불어나 지구는 포화 상태가 된다. 21세기 이후 급격한 정보화와 공업화의 진행으로 제3세계 국가들도 핵무기를 보유하게 됨에 따라 단극적·양극적 패권은 사라지고, 군벌과 종교 집단이 발호하며 인류는 혼란에 빠진다. UN은 무력하게 무너지고, 세계적으로 범죄가 횡행한다.

이러한 아비규환에 대응하기 위해 조직된 기구가 있었으니, 바로 UPL United Power's League (국제열강연맹)이다. UPL은 '진보적 사회주의'를 표방하며 혼돈에 지친 인류를 규합하고, 어느새 지구 인구의 90퍼센트 이상을 통제하는 거대 조직으로 성장한다. 그리고 혼란의 재발을 방지한다는 구실로 범죄자, 돌연변이, 신체 개조 인간, 종교인 등을 '대정화'라는 미명하에 숙청한다. 무려 4억 명가량이 학살된다.

천재 과학자 라우스 박사는 태양계 외 우주식민지 개척을 목적으로 이 중 4만여 명을 차출해 네 대의 초거대 수송선에 태워 보낸다. 하지만 이 강제 이민자들은 본래 행선지였던 '간트리스 VI'라는 항성계로 가던 중 사고를 당해 코프룰루 구역 Koprulu Sector 이라는 외딴 곳에 불시착하게 된다. 이 과정에서 수송선 한 척이 산화하고, 나머지 세 척의 이주민들은 각각 테란 연합 Terran Confederacy, 칼모리안 조합 Kel-Morian Combine, 우모자 보호령 Umoja Protectorate 으로 발전한다.

이들 중 타소니스 행성에 정착한 테란 연합은 수송선과 슈퍼컴퓨터를 보유하고 있었기 때문에 다른 행성에 비해 빠르게 발전할 수 있었고, 이를 통해 다른 두 세력을 제치고 코프룰루 구역 내에서 패권세력으로 자리 잡는다. 하지만 평화도 잠시, 인류는 얼마 안 가 코프룰루 외곽에 위치한 차우사라 Chau Sara 행성에서 저그라고 불리는 괴물과 조우하게 되는데…

이상이 테란의 역사에 대한 간략한 설명이다. 테란의 스토리에서 눈여겨볼 부분들이 있다. 첫째, 테란이 인류의 후손으로 설정되었다는 점이다. 즉, 인류의 미래에 대한 이야기를 다루고 있다. 둘째, 인구 포화가 지구적 문제로 대두된다는 점이다. 셋째, 인구 문제의 해결책으로 인구 감축을 택했다는 점이다. 인류도 테란처럼 인구 포화라는 문제에 직면하게 될까? 현재 지구 인구는 70억 명으로, 아직까지 포화를 걱정할 단계는 아닌 듯하다. 하지만 어쩌면 우리는 다른 이유 때문에 생각보다 빨리 이 문제를 걱정해야 될지도 모른다. 바로 4차 산업혁명이다.

4차 산업혁명

최근 들어 4차 산업혁명이 핫이슈로 떠오르고 있다. 두 번째 정보혁명이라고도 불리는 4차 산업혁명은 인공지능, 사물인터넷, 빅데이터, 모바일 등 첨단 정보통신기술이 기존 산업과 서비스에 융합되어 경제·사회 전반에 혁신적인 변화가 나타나는 차세대 산업혁명으로, 초연결성과 초지능성을 특징으로 한다.

초지능이란 인간의 지능을 초월하는 인공지능을 말하며, 초지능이 등장하는 시점을 '특이점singularity'이라고 한다. 특이점을 지나면 인공지능이 창출한 정보를 인간의 지능으로는 이해하지 못하는 상황이 발생할 수 있다. 초연결이란 사람과 사람, 사람과 사물, 사물과 사물이 자유로이 정보를 공유하고 연결되는 것으로, 모두가 인터넷이라는 '방주'에 동승하는 상황을 암시한다.

로봇은 4차 산업혁명과 초연결·초지능 사회의 직계자손이자 산파가 될 것으로 보인다. 이미 많은 산업분야에서 자동화가 진행되고 있고, 그 중심에는 인공지능에 기반을 둔 로봇이 있다. 인간보다 영리한 기계들이 인간 사회, 그리고 인체와 연결되어 인간의 역할을 대신하는 사회가 성큼 다가온 것이다.

이제는 오히려 로봇이 대신할 수 없는 일을 찾기가 더 어려운 듯하다. 인간에 의한, 인간을 위한, 인간의 활동인 문화예술 분야 정도만이 유일한 보루로 남게 되고, 다른 모든 영역은 기계가 대체하게 될 가능성이 높다. 기계는 인간이 하는 모든 행위를 더 빨리, 더 싸게, 더 완벽하게 수행할 수 있기 때문이다. 그리고 4차 산업혁명을 끝으로 기계가 유일하게 대체할 수 없었던 '사고'의 기능까지 인공지능이 대신할 수 있게 되면, 인간은 지구상에서 '머리가 그다지 나쁘지 않은 생물' 정도로 전락하고 말 것이다.

유발 하라리 Yuval Noah Harari 박사는 인간이 4차 산업혁명을 통해 신의 영역으로 진입하게 될지도 모른다고 얘기한다. **스티븐 호킹**Stephen Hawking 박사는 반대로 인공지능의 등장이 인류 멸망으로 이어질 수 있다고 우려한다. 한편 나 같은 무지렁이는 인간이 승천도 멸망도 안 하고, 그저 지금보다 조금 더 편한 삶을 살게 될 것

유발 하라리
이스라엘 태생의 인류학 교수로, 세계적인 베스트셀러 『사피엔스』, 『호모 데우스』 등의 저자이다.

스티븐 호킹
영국의 이론물리학자로 루게릭병에도 불구하고 블랙홀 등을 연구해 뛰어난 업적을 남겼다.

이라고 생각한다.

과연 정답은 무엇일까? 4차 산업혁명은 인간을 더욱 풍요롭게 할까, 빈곤하게 할까? 자유롭게 할까, 옥죄일까? 번창하게 할까, 멸망시킬까? 인공지능이라는 진화의 변주곡에 맞춰 인간은 어떤 춤사위를 출 것인가?

4차 산업혁명의 결과

4차 산업의 가장 큰 축복이자 저주는 인간이 노동에서 해방된다는 것이다. 기계 덕분에 일 안 하고 모두가 행복하게 놀고먹을 수 있으니 인생이 얼마나 즐겁겠냐만, 아쉽게도 이는 기계를 보유한 사장님들이나 누릴 수 있는 즐거움일 것이다. 기계가 나의 일만 덜어주는 게 아니라, 나의 월급도 가져가기 때문이다.

4차 산업혁명이 야기할 가장 큰 변화는 인간 노동력의 가치 하락이다. 기계가 일을 대신해주니 노동력의 수요는 감소하는데, 기계한테 일자리를 빼앗긴 사람은 늘어나니 노동력의 공급은 증가하고, 그 결과 가격은 배로 하락하게 되는 것이다. 그 끝에는 '실업 증가-소비 감소-기업 파산-실업 증가'라는 시장실패로 이어지는 전형적인 과정이 기다리고 있을 것이다.

이미 패스트푸드 점포에서는 무인계산기가 설치되는 추세이다.

따라서 4차 산업혁명이 아무런 제약 없

이 지속된다면 빈부격차는 더욱 심화될 것이고, 이는 어마어마한 정치적·사회적 청구서가 되어 날아들 것이다. 칼 마르크스Karl Marx가 일찍이 예견한 자본주의의 몰락이 기계에 의해 실제로 발생할지도 모르는 상황이다. 세계적인 구조조정과 대공황이 다시 발생하지 말라는 법이 없다. 테란의 역사는 바로 이러한 미래 인식에 바탕을 두고 있다.

3차 산업혁명

컴퓨터 및 인터넷의 발달로 촉진된 산업혁명으로, 정보혁명이라고도 한다.

혹자는 **3차 산업혁명** 당시에도 똑같은 우려가 있었으나 기우에 그쳤다는 점을 들며 4차 산업혁명 후에는 그 상황에 맞는 일자리가 새로 생겨날 것이라고 주장한다. 하지만 4차 산업혁명은 3차 산업혁명과 완전히 다르다. 3차 산업혁명만 해도 '사고'는 온전히 인간의 영역이었다. 컴퓨터가 사람 대신 연산하고 기억할 수 있었을지 모르나, 생각해주지는 못했다. 하지만 인공지능의 등장으로 기계는 능동적으로 무언가를 분석하고 새로이 창조할 수 있는 '인간적인' 능력을 얻게 되었다. 따라서 새로 일자리가 생기더라도 그 일자리 또한 로봇이 차지할 가능성이 높다.

인간 노동력의 가치 하락은 인간 본연의 가치를 훼손할 위험성도 내포한다. 기계한테 밀리기 시작하는 순간, 인간은 기계를 수용하고 활용하느냐, 아니면 기계의 발달을 인위적으로 제약하느냐의 갈림길에 직면할 것이다. 전자를 택한 사람들은 기계의 힘을 빌려 후자를 택한 사람들보다 경쟁에서 우위에 서게 될 것이다. 테란은 사이보그 등 기계를 받아들인 사람들을 일방적으로 숙청하는 길을 선택했다. 현실 세계에서 이와 같은 조치는 심각한 윤리적 문제로 이어질 소지가 있다.

결론적으로 4차 산업혁명은 기존의 그것과는 전혀 다른, 새로운 이데올로기와 윤리관을 강제할 가능성이 높다. 과연 이러한 상황에 대한 해결책은 있는가?

4차 산업혁명의 부작용을 극복하는 방법

4차 산업혁명의 부작용을 해소하기 위해 세 가지 극복 방안과 하나의 도피처를 생각해볼 수 있다.

첫째, 극단적인 자본주의이다. 극심한 양극화를 인정하고, 잘사는 사람은 천수를 누리는 신 같은 삶을 살고, 못사는 사람은 기계가 찍어낸 싼 음식물이나 받아먹는 거지 같은 삶을 연명하는 것이다. 영화 〈엘리시움〉, 〈데몰리션맨〉, 〈설국열차〉에 등장하는 극단적 계급사회를 떠올릴 수 있다. '최대 다수의 최대 행복'을 추구하는 공리주의와 반대로, 이 방안은 '극소수의 극대화된 행복'을 추구하는 사私리주의라 할 수 있겠다.

이 방안은 인류가 여태껏 쌓아온 인본주의를 무너트리는 지극히 비인간적인 처사일뿐더러, 지속가능성도 매우 낮다. 평등의 대원칙하에 1인 1표제를 채택하는 민주주의가 자본주의와 함께 작동하는 한, 극소수의 부유층만을 위한 정책은 거부될 수밖에 없기 때문이다.

둘째, 공산주의적 방안이다. 즉, 자본주의 체제에서 과감히 탈피하고, 공산주의에 기초한 새로운 정치경제 이념을 도입하는 것이다. 테란도 이러한 방식을 택했다고 볼 수 있다. 로봇의 무분별한 도입을 제한하거나 기본임금제를 시행하는 것도 같은 맥락의 정책이다. 노동의 가치를 보장하고 설령 어느 정도 로봇에 의한 자동화가 도입되더라도 시민들이 기초생활 수준은 유지할 수 있도록 기본임금을 보장하는 것이다. 즉, 로봇이 제공할 수 있는 편의를 포기하고, 최대한 많은 사람이 인간다운 삶을 살 수 있도록 하는 것이다.

이 방안은 이미 한 번 공산주의를 무너트린 적 있는 '무임승차free riding' 문제에서 자유로울 수 없다는 단점이 있다. 특히 이미 기계가 주는 편의에 익숙해져 있다면, 일자리 보장보다는 기본임금 인상을 요구하는 목소리가 클 것이고, 국가는 금방 재정절벽에 봉착하게 될 것이다. 또한 문제의 근본 원인이라고 할 수 있는 인구 과잉에 대한 해결책은 아니기 때문에, 언젠가는 소득과 분배 문제에 다시금 봉착할 수밖에 없다는 한계가 있다.

셋째, 인구를 통제하는 방안이다. 결국 4차 산업혁명의 가장 큰 부작용은 인간의 필요성이 줄어든다는 것, 달리 말하면 인간이 필요 이상으로 많다는 것이기 때문에, 인구를 인위적으로 통제하는 방안이 근원적인 해결책으로 대두될지 모른다. 문제는 어떤 방식으로 인구를 줄이냐는 것이다.

어떤 사람은 전쟁과 살육이라는 과격한 방식을 주장한다. 영화 〈킹스맨〉에 등장하는 악당 '발렌타인'처럼 인간을 지구상의 박테리아로 보고 박멸하려는 시도도 있을 수 있고, 음모론에 자주 등장하는 **일루미나티**의 신세계질서New World Order처럼 전쟁과 질병을 통해 인구를 5억 명 정도로 줄이고 유지하자는 황당한 주장도 있을 수 있다. 인류가 수천 번의 전쟁과 두 차례의 세계대전을 통해 조금이라도 교훈을 얻었

일루미나티
'계몽된 자들'이라는 뜻의 라틴어로, 각종 음모론에서 세계의 정치, 경제를 막후에서 조종하는 그림자 정부로 묘사된다.

다면, 이 방안은 SF영화의 주제로만 남게 될 것이다.

강제적 피임(또는 불임)을 통해 인구수를 줄이려는 시도도 생각해 볼 수 있다. 우리가 길고양이의 개체 수를 관리하기 위해 고양이들을 잡아 죽이는 대신 녀석들의 '알'을 까는 것처럼, 공권력이 피임을 강제하는 정책을 펴는 것도 방도라면 방도가 될 수 있다. 중국에서 시행한 산아제한 정책도 비슷한 맥락에서 이해할 수 있다.

우주과학이 빠르게 발전한다면 인간은 포화 상태가 된 지구를 떠남으로써 인구를 통제하는 방법을 택하게 될 수도 있다. 아니면 불필요한 인구를 지구 밖으로 퇴출시킬지도 모른다. 테란은 불필요한 범죄자 등을 우주로 추방해 그들이 새로운 식민지를 개척하도록 함으로써 이 두 가지 방법을 동시에 택했다고 볼 수 있다.

마지막으로 하나의 도피처를 찾을 수 있을지도 모른다. 바로 사이버공간이다. 영화 〈매트릭스〉나 〈써로게이트〉의 세계관과 같다. 우울한 잿빛 현실에서 탈출해 인간의 모든 욕구와 쾌락을 대신 충족시켜줄 수 있는 가상세계로 발길을 돌리는 것이다. 뇌과학이 궁극적으로 발달할 경우 영화 〈트렌센던스〉처럼 아예 인간의 의식을 컴퓨터로 이식하게 될지도 모른다. 그렇게 되면 우리는 말 그대로 '초연결' 사회를 이루게 될지도 모른다. 개개인의 의식이 그물망처럼 연결되어 사고와 감각을 공유하게 되는 것이다.

그 연결을 통해 인간은 서로를 완벽하게 이해하는 이상사회를 건설할 수 있을까? 우리는 강제된 이타주의를 부작용 없이 감당할 만큼의 영적 수준에 도달했을까? 그 연결을 우리는 종교라고 부르게 될까?

FOOD FOR THOUGHT 젤나가로 보는 〈스타〉 세계관

〈스타〉 스토리를 제대로 이해하기 위해서는 먼저 '젤나가'라는 제4의 종족, 아니 제0의 종족에 대해 얘기할 필요가 있다.

젤나가는 〈스타〉에서 프로토스와 저그를 창조한 종족으로 등장한다. 이들은 생명의 '무한한 순환infinite cycle'을 위해 우주를 유랑하며 생명을 파종하는 역할을 수행한다. 우주의 모든 생명이 어떤 지적 생명체에 의해 만들어졌다는 '지적 설계설'이 〈스타〉의 기저에 자리하고 있는 것이다.

하지만 정작 젤나가는 신처럼 불멸의 존재가 아니고 언젠가는 죽는 생물이기에, 우주의 영원한 생명을 위해 어떠한 방식으로든 재생산reproduce을

할 필요가 있었다. 이들은 지구상의 생명체들처럼 암수 한 쌍이 짝을 짓는 것이 아니라, '순수한 형태purity of form'라는 성질을 지닌 종족과 '순수한 정수purity of essence'라는 성질을 지닌 종족을 결합시켜 새로운 젤나가를 만드는 방법을 택했다. 대신 우주에 생명의 씨앗을 뿌린 후 절대 개입하지 않고, 이 두 종족이 젤나가를 찾아올 수 있도록 각각 계시를 남긴 후 오랜 수면에 들어갔다.

그런데 젊은 젤나가 중 하나인 아몬이 타락해버린다. 아몬은 스스로 젤나가가 되었으나 생명의 무한한 순환을 혐오하기 시작했다. 그의 눈에는 '무한한 순환'이 영원한 고통의 굴레로 보였다. 그래서 순수한 형태와 순수한 정수를 인위적으로 합친 강력한 혼종hybrid을 생산해 다른 모든 젤나가를 죽이고 생명의 순환을 마무리할 계획을 세웠다. 다른 모든 젤나가가 마지막 순환 주기를 만들기 위해 은하계Milky Way Galaxy에 생명의 씨앗을 뿌린 후 잠들었을 때, 아몬은 몰래 도망쳐 자신의 수족이 될 종족들을 찾아다녔다. 처음 발견한 종족이자 순수한 형태를 가진 종족이 프로토스, 그다음 발견한 순수한 정수를 가진 종족이 저그라는 것이 〈스타〉 세계관의 설정이다.

결론적으로 〈스타〉는 빛과 어둠, 삶과 죽음, 선과 악이라는 이원론적 구도에 바탕을 둔 게임이지만, 세 종족과 다양한 캐릭터가 잘 버무려져서 배신과 의리, 증오와 사랑, 삶과 죽음을 관통하는 거대한 우주적 서사시를 연출했다.

프로토스로 보는 종교

진리임에도 증명될 수 없는 명제가 존재한다.

- 괴델의 제1불완전성 정리

체계의 무모순성은 그 체계 안에서는 증명할 수 없다.

- 괴델의 제2불완전성 정리

아득한 옛날, 아이어라는 행성에 사는 원시적인 종족이 있었다. 그들은 우수한 신체 능력과 원초적인 초능력psionic을 지니고 있었으며, 초능력을 통해 텔레파시로 생각을 공유할 수 있었다.

그러던 어느 날, 우주를 여행하던 창조주 종족인 '젤나가' 중 타락한 자인 '아몬'이 이들을 발견했다. 아몬은 이 종족의 정신 능력을 눈

여겨보며, 유전자 조작을 가해 급속도로 진화할 수 있도록 도왔다. 그 덕분에 이 원시 종족은 강력한 초능력 링크를 바탕으로 아이어 전체에 통일된 문명을 꽃피우기에 이른다. 만족한 아몬은 첫 번째 자손이라는 뜻으로 '프로토스Protoss'라는 이름을 주었고, 수천 년 동안 아이어에 머무르며 젤나가의 선진 과학과 문물을 프로토스에 전수해준다.

하지만 지능이 급속도로 발전하면서 프로토스는 교만해졌고, 부족 간 다툼이 잦아졌다. 급기야 각 부족들이 초능력 링크를 끊어버리는 사건이 발생하고, 아몬과 추종자들은 프로토스의 진화 실험을 실패라고 규정하며 실망감을 안고 아이어를 떠난다.

고대 프로토스에게 젤나가는 신과 다름없었기 때문에, '신'에게 버림받았다고 생각한 프로토스들은 서로 다른 부족에게 책임을 돌리며 '끝없는 전쟁Aion of Strife'이라 불리는 내전에 돌입한다. 오랜 내전이 계속되던 중, '카스Khas'라는 이름의 현자가 나타나 부족 간의 초능력 링크를 재연결하는 방법을 터득하고 이를 다른 프로토스들에게 전수한다. 복원된 연결은 '칼라Khala'라고 불렸다. 칼라를 바탕으로 프로토스의 여러 부족은 다시금 화해하고, 내전은 종식된다.

이후 프로토스는 신정神政이 아닌, 심판관/기사단/노동자라는 세 계급에 기반을 둔 분업 사회를 만들고 전 은하에 걸쳐 제국을 만들어 갔다. 그러던 중 외딴 세계에서 나타난 전혀 다른 두 종족을 발견하게 되는데…

프로토스는 〈스타〉에서 가장 오래된 종족인 만큼, 가장 발달된 능력을 보유하고 있다. 밸런스 문제 때문에 게임에 나타나지는 않지만,

스토리상으로는 마음만 먹으면 행성 하나쯤은 그냥 없앨 수 있고, 정신 능력만으로 일반적인 지구인쯤은 우습게 죽일 수 있는 종족으로 묘사된다. 그런 프로토스조차 '하등'한 테란처럼 오랜 내전을 겪고, 불신과 반목의 시간을 보낸다. 오히려 선천적으로 가지고 있던 텔레파시 능력마저 거부하며 더 깊은 반목의 수렁 속으로 빠져들었다. '칼라'라는 종교를 되찾기 전까지 말이다.

프로토스와 종교

프로토스의 세계관을 보면 인간이 믿는 여러 종교의 경전과 상당히 유사한 내용을 담고 있음을 알 수 있다. 타락한 젤나가 '아몬'은 성경에 나오는 타락천사 루시퍼Lucifer를 연상시키고, 최후의 선한 젤나가이자 생명의 '무한한 순환infinite cycle'을 지키는 '우로스Ouros'는 고대 그리스에서 무한과 순환을 상징하는, 자신의 꼬리를 물고 있는 뱀 '우로보로스Ouroboros'를 연상시킨다. 우로스의 힘을 받아 반인반신伴人半神인 캐리건이 우주를 구한다는 결말은 창조주의 권능을 부여받은 메시아가 도래해 인류를 구원한다는 유대교의 신앙과 비슷하다.

타락한 젤나가와 선한 젤나가의 싸움은 이원론적 유일신 세계관을 지닌 고대 페르시아의 조로아스터교와 닮았다. 아몬이 '무한한 순환'을 끊기 위해 프로토스-저그를 섞은 혼종 괴물들을 동원해 다른 모든 젤나가를 죽이려고 한다는 설정은 악신惡神 로키를 필두로 한 거인족의 습격으로 신들의 세계가 멸망한다는 북유럽 신화의 라그나뢰크Ragnarök와 닮았다. 생명의 순환이 무한히 반복된다는 설정은 불교에서 말하는 우주의 성주괴공成住壞空, 인간의 생로병사生老病死 원리와 맞닿아 있다.

무한과 윤환의 상징, 우로보로스.

피조물의 교만에 창조주가 실망하고 떠난다는 내용이나, 선지자가 나타나 피조물에 내재된 선을 끌어낸다는 내용도 모두 세계의 다양한 종교에서 자주 등장하는 모티브이다. 특히 신이 교만한 인류를 벌하기 위해 각 민족이 다른 언어로 말하게끔 만들었다는 바벨탑의 신화는 프로토스가 서로를 이해할 수 있는 텔레파시 능력을 잃게 되며 맞는 '끝없는 전쟁'과 유사하다. 인간의 영성에 선함이 깃들어 있음을 믿고 그 선함으로 다시금 하나 되게 하는 구세주 예수 그리스도의 역할은 잃어버린 텔레파시 능력(칼라)을 다시 연결시켜주는 선각자 '카스'의 역할과 유사하다. 카스가 현실의 종교에서 예수, 부처, 마호메트, 공자에 비견된다면, 칼라는 사랑, 자비, 이타심, 인仁이라고 볼 수 있다. 즉, 칼라 그 자체가 프로토스에게는 종교의 가르침과도 같은 것이다.

프로토스의 세계관은 모든 인간이 이기심을 버리고 내면의 선한 목소리에 눈뜰 때 비로소 인류가 구원에 이를 수 있다는 기독교적 교리와 상당히 유사하다. 그래서인지 프로토스의 스토리에는 '광신자

zealot', '중세 기사단원templar', '교황 선출단conclave' 등 기독교적 색채가 짙은 단어들이 많이 등장한다.

이렇듯 프로토스와 〈스타〉의 세계관은 종교적 함의들로 점철되어 있기 때문에 우리에게 종교철학에 대해 생각해볼 만한 화두를 많이 던진다. 인간은 왜 종교를 만들었을까? 종교의 부작용은 없는가?

종교와 이기주의

프로토스는 선천적으로 초연결 능력을 지닌 종족으로 묘사된다. 컴퓨터나 인터넷 따위의 기술적 도움 없이도 오로지 영적 능력만으로 다른 프로토스와 네트워크를 이루고 교감할 수 있다. 뒤통수에 레게 머리처럼 붙어 있는 '신경삭'이라는 기관이 영적 소통을 가능하게 하는 안테나 역할을 한다(영화 〈아바타〉에 등장하는 나비Navi족의 머리카락이 꼽아야 연결되는 유선랜이라면, 프로토스의 신경삭은 무선 와이파이라고 할 수 있겠다).

한편 인간은 남의 속을 알 수 있는 능력이 없다. 내가 무슨 생각을 하는지 상대가 모르고, 상대가 무슨 생각을 하는지 내가 모르기 때문에 앞서 '경제·경영' 편에서 본 '죄수의 딜레마'가 영원히 딜레마로 남을 것이다. 남이 무슨 생각을 하는지 알 수가 없기 때문에, 선천적으로 이기적인 존재들일 수밖에 없는 것이다.

이기주의는 개인의 입장에서는 아무 문제가 되지 않지만, 사회 전체, 즉 '군체'의 입장에서는 굉장히 불리한 요소이다. 먼저, 이기적 개체가 극단적인 힘을 거머쥘 경우 군체는 위기에 처하게 된다. 독재자는 개인의 생존을 위해 자기 민족까지 희생시킬 수 있는 사람들이다. 하물며 다른 민족은 말할 것도 없다. 히틀러나 스탈린처럼 수백만, 수천만 명을 희생시킨 독재자들이 한 세기에 몇 명씩만 나왔어도 인류는 오래전에 멸종했을 것이다.

더 큰 문제는 이기적인 개체가 권력을 그릇된 방향으로 행사할 경우, 나머지 개체들은 자신을 희생하면서까지 항거할 의지를 갖지 못한다는 것이다. 본인의 안녕이 전체의 생존보다 우선하기 때문이다. 항거하기는커녕, 오히려 그릇된 권력에 동조하기가 쉽다는 것을 **한나 아렌트**Hannah Arendt는 '악의 평범성banality of evil'을 들어 설명했고, **스탠리 밀그램**Stanley Milgram은 실험을 통해 직접 보여준 바 있다.

한나 아렌트

독일 태생의 유대인 철학자로, 파시즘과 전체주의에 대해 통렬히 비판했다. 전직 나치 장교에 대한 전범재판에 참석한 뒤 『예루살렘의 아이히만』을 발표하여 가장 비인륜적인 범죄가 그저 상부의 명령에 순응한 지극히 평범하고 정상적인 사람들에 의해 자행될 수 있다고 주장했다.

스탠리 밀그램

예일대학교 심리학과 교수로, 평범한 사람들이 권위에 복종해 얼마나 잔혹해질 수 있는지를 심리실험을 통해 보여주었다. 학생 역할의 연기자가 문제를 틀릴 때마다 피험자가 전기 충격의 전압을 올리도록 지시했는데, 예상과 달리 무려 65퍼센트의 피험자들이 최고 전압(450볼트)까지 올렸다.

침입자 장수말벌을 공처럼 에워싸서 마찰열로 '익혀 죽이는' 꿀벌들. 군체를 위해 희생하는 개체의 대표적인 예이다.

결국 인간이 종교를 만들게 된 이유는 이기심으로 인한 한계를 극복하기 위함이라고 볼 수 있다. 도덕, 규범, 국가 등의 관념적이면서도 구속력 있는 시스템을 만든 이유도 마찬가지이다. 프로토스는 서로를 이해할 수 있는 칼라라는 종교와 시스템이 있는데, 인간은 그렇지 못하기 때문에 때로는 개체보다 군체를 먼저 생각하도록 강제할 수단이 필요했던 것이다.

문제는 이 시스템 자체가 변질되거나 과열되는 경우에 발생한다. 군체를 지나치게 중시하다 보니 개체는 아예 아무것도 아니게 되어버릴 수도 있는 것이다. 바로 전체주의와 극단주의라는 망령이 등장하는 순간이다.

전체주의와 극단주의

20세기 인류는 나치즘, 파시즘, 군국주의를 비롯한 전체주의가 불러온 야만과 광기를 직접 목도했다. 21세기에는 극단적 종교에서 다시금 그때의 야만과 광기가 보이고 있다. 국가와 종교라는 시스템의 목표인 탈이기주의가 극단으로 치닫거나, 그 시스템의 목적 자체가 변질될 경우 벌어질 수 있는 일을 전체주의와 극단주의가 보여주고 있는 것이다. 두 경우의 공통점은 무의식적이고 수직적인 맹신이다.

전체주의 시스템하에서는 군체가 개체의 희생을 강요한다. 개개인의 가치판단이 결여되어 거대한 하나가 되어 움직일 뿐이다. 감정이 거세된 디스토피아가 될 수도 있는 것이다. 프로토스의 스토리라인에서도 전체주의의 위험성을 일찌감치 깨닫고 도망친 개인주의자들이 등장한다. 다크템플러로 알려진 네라짐 부족이다. 이들은 칼라에 의한 영적 통일이 개인의 가치와 개성을 훼손한다고 생각하여 스스로 신경삭을 자르고 사쿠라스Sakuras라는 행성으로 도주한다. 타락한 젤나가 아몬이 칼라를 오염시켜 프로토스를 자신의 하수인으로 만들자, 칼라로부터 자유로운 네라짐들이 옛 형제들을 구원하기 위해 발 벗고 나선다. 전체에 의해 강요된 움직임이 아닌, 각 개체들의 자발적 움직임이었다.

그런가 하면 네라짐과는 반대로 오히려 아몬을 숭배하며 그를 따라나선 탈다림이라는 부족도 있다. 이들은 타락자 아몬을 신으로 섬기며 일찍이 **칼라이** 프로토스와는 길을 달리했다. 변질된 종교에 대한 이들의 믿음은 과거에 십자군전쟁이 보여준 어리석음이나 현재 세계가 겪고 있는 극단주의 종교와의 전쟁을 떠올리게 한다. 변질된 종교는 맹신을 낳으며 오히려 군체를 위협하게 되는 것이다.

칼라이
칼라를 공유하는 가장 일반적인 프로토스 부족.

테란과 인류가 개인주의자들이라면, 저그와 프로토스는 종족을 위해 기꺼이 한 몸 희생한다는 점에서 전체주의자들이다. 하지만 질럿은 자기 의지대로 전장으로 달려 나가는 반면, 저글링은 자기가 왜 싸우는지도 모르고 여왕의 명령을 받아 싸운다. 즉, 질럿은 가치를 '위해' 싸우고, 저글링은 여왕에 '의해' 싸우는 것이다. 그래서인지 프로토스 세계관에는 '희생'이라는 단어가 자주 등장한다. 희생이 가능하다는 것은 목숨보다 상위에 두는 가치가 있다는 것인데, 그것이 프로토스에게는 프로토스라는 종족과 칼라라는 종교인 것이다.

결국 우리가 지향하는 방향은 테란처럼 극단적 이기주의도 아니고, 저그처럼 맹목적 전체주의도 아닌, 프로토스처럼 다수와 대의를 위해 희생할 줄 아는 소수가 되는 것이다. 모두가 그런 생각을 가질 때 다수도 소수를 위해 희생하는 그림이 완성된다. 그것이 바로 칼라이며, 진정한 의미의 종교라고 할 수 있겠다.

천재 수학자 쿠르트 괴델Kurt Gödel은 "진리임에도 증명될 수 없는 명제가 존재한다"라는 제1불완전성 정리와 "체계의 무모순성은 그 체계 안에서는 증명할 수 없다"라는 제2불완전성 정리를 수학적으로 증명해냈다. 여기에 종교를 대입하면 "신이 존재하더라도 증명하지 못할 수 있고, 종교에 모순이 없다는 사실은 그 종교의 교리 내에서는 증명하지 못한다"라는 결론이 나온다. 어쩌면 신과 종교는 우리가 영원히 증명하지 못할지도 모른다. 하지만 종교가 우리가 이해하지 못하는 더 높은 차원을 설명하고, 우리 안의 이기심을 억제하며, 공동체의 안녕을 도모하기 위해 생겨난 하나의 형이상학적 시스템이라는 점

은 확실해 보인다. 종교가 공통적으로 이타심, 희생, 자비를 강조하는 이유도 애초에 우리가 이기적이고, 남을 위해 희생할 줄 모르는 무자비한 존재들이기 때문일 것이다.

그렇다면 가장 근원적인 물음을 던질 때가 왔다. 우리는 도대체 왜 싸우는가? 왜 죽을 때까지 경쟁하고 치열하게 살아야 하나? 그 끝에는 무엇이 기다리고 있는가?

저그로 보는 진화

멸종은 법칙이요, 생존이란 그 법칙의 예외이다.

Extinction is the rule, survival is the exception.

-칼 세이건

첫 번째 자손 '프로토스'에 실망하고 떠나버린 후, 아몬과 그의 추종자들은 그들이 무엇을 잘못했는지 생각해봤다. 결론은 프로토스의 영적 능력에 비해 지적·육체적 능력을 너무 급속히 끌어올린 나머지, 그들이 창조주의 제어를 벗어났다고 생각했다.

아몬은 새로운 실험 대상을 찾으러 떠돌던 중, 제루스Zerus라는 행성에서 서식하던 저그라는 애벌레 형태의 기생 생물을 발견하고는 프로토스 때처럼 인공적인 진화를 촉진했다. 저그는 포식 행위를 통해 다른 생명체의 DNA를 흡수하며 더더욱 진화하게 되었다. 만족한 아몬은 저그가 프로토스의 전철을 밟지 않도록 '초월체'라는 지적 생물을 만들어 저그 종족 전체를 지배할 수 있도록 했다. 초월체는 이내 모든 저그 개체를 휘하에 넣어 '군단swarm'이라는 집단 체제를 갖추게 된다.

프로토스의 칼라를 느끼고 긴 잠에서 깨어난 다른 젤나가들은 사태를 깨닫고 아몬의 계획을 막기 위해 제루스로 향했으나 역부족이었다. 아몬은 이미 상당히 강력해진 저그 군단을 보내 젤나가들을 궤멸시켰다. 그 과정에서 오버마인드는 젤나가의 지식을 흡수해 프로토스의 존재를 깨닫게 되고, 프로토스의 유전자를 흡수해서 더 완전해지기 위해 프로토스의 고향인 아이어를 침공하게 되는데…

〈스타〉 스토리상 테란은 과학기술의 발달, 프로토스는 영적 능력의 발전을 통해 진일보한다. 저그는 진화와 변태變態를 통해 발전한다. 첨단 화기와 쉴드 대신 원초적이지만 강력한 발톱과 단단한 갑주를 진화시켜 다른 종족들에게 악몽을 선사한다. 순수한 생체 능력만으로 프로토스의 모행성을 초토화하고 테란을 학살한 것이다.

진화란 어떤 종種이 환경에 적합하도록 수만 세대에 걸쳐 변화해나가는 과정으로, 한 종이 수천만 개체의 죽음을 양분 삼아 유전자를 보존해나가는 과정이라고 정의할 수 있다. 그런

데 저그의 진화 방식은 우리에게 익숙한 진화 방식과는 사뭇 다르다. 각 개체가 곧 새로운 종과 같기 때문이다.

사랑과 경쟁

생물生物은 생명을 가지고 스스로 생활 현상을 유지해 나가는 물체로, 영양·운동·생장·증식을 한다. 생장과 증식을 위해서는 영양을 섭취해야 하며, 그러기 위해서는 운동을 해야 한다.

사람, 동물, 식물, 심지어 하나하나의 세포까지, 지구상에 존재하는 모든 생물은 생존이라는 목표를 공유하고, 이 목표는 경쟁이라는 부산물을 수반한다. 어쩌면 지구뿐만 아니라 우주의 모든 생명체를 관통하는 프로그램이 경쟁일지도 모른다. 풀 한 포기도 옆의 종자보다 더 많은 영양분을 흡수하기 위해 뿌리를 더 깊이 내리고, 더 많은 햇빛을 받기 위해 이파리를 더 높게 쳐든다. 경쟁이 곧 생존이다.

생물은 경쟁에서 이기기 위해 주어진 환경에 가장 알맞은 형태로 진화해왔다. 그런데 진화는 한 세대 내에서 갑자기 나타나는 것이 아니라, 수천 세대에 걸쳐 진행되는 '생존 부적격자 퇴출 작업'에 의해 이루어진다. 생존에 가장 적합한 유전자 외에는 도태되는 적자생존適者生存의 법칙에 따른 것이다.

지구상의 모든 생물은 진화의 수단으로 생식生殖이라는 방식을 택했다. 생식에는 무성생식과 유성생식, 두 종류가 존재한다. 무성생식은 암수 개체의 짝짓기 없이 한 개체가 단독으로 새로운 개체를 형성하는 방법으로, 아메바처럼 자기 몸을 두개로 쪼개거나 곰팡이처럼 포자를 날리는 방법이 있다. 무성생식은 모체의 유전자가 곧 자손의 유전자와 일치하는 자기복제이기 때문에 주변 환경이 조금만 변해도 모든 개체가 적응에 실패할 위험성을 내포한다. 그나마 유전적 돌연변이, 각 개체의 발생학적 차이, 개체가 노출된 환경의 차이 때문에 조금씩 적응해나갈 수 있으나, 진화의 속도가 느릴 수밖에 없다. 그 결과 무성생식을 하는 생물은 대부분 하등생물이다.

유성생식은 암수 개체가 짝짓기를 통해 자손을 낳는 방법으로, 암수가 서로의 유전자를 교환해서 변화하는 환경에 적응하는 데 유리한 새로운 형질의 자손을 낳는다. 자손이 부모에게서 물려받은 한 쌍의 유전인자가 다양한 유전자 조합을 만들어내기 때문에 환경이 변하더라도 빨리 적응할 수 있다. 그뿐 아니라 단순한 생식에 그치지 않고, 부모 개체가 자녀 개체를 외부의 위협으로부터 지켜주는 번식繁殖이 이루어지기 때문에 각 개체의 생존율도 무성생식에 비해 높다. 인간을 비롯한 고등생물들은 유성생식을 통해 진화한다.

성性과 사랑은 경쟁과 진화의 관점에서 상당히 유리한 도구임에 분명하다. 우리한테는 너무나 익숙하고 당연한 원리이지만, 한발 물러서서 생각해보면 두 개체가 서로의 유전자를 공유하는 것만큼 확실한 적응 방법은 없다. 물론 우주 어딘가에는 세 개, 네 개의 성을 지닌 종족도 존재할지 모르지만, 지구상의 고등생물들은 지금까지 암수 양성 시스템하에서 진화해왔다. 그 시스템의 최종 결과물이(현재로서는) 인간이다.

그렇다면 모든 생명이 우리와 같은 방식으로 진화할까?

저그와 진화

한번은 의사인 친구가 이런 얘기를 했다. "만일 전자공학보다 생명공학이 먼저 발달했다면, 우리가 사는 세상은 완전히 달라졌을 것이다." 전자제품을 만드는 대신, 인간의 필요에 맞는 형질을 인위적으로 가공해 생명체로 대체했을 것이라는 다소 황당한 주장이었다. 그렇게 됐다면 우리는 정수기 대신 정수 기능을 갖춘 식물에서 물을 꺼내 먹고, 인공지능 컴퓨터 대신 계산을 기가 막히게 잘하는 인공두뇌를 집집마다 두고 있을 것이다. 아마 생명에 대한 시각 자체가 완전히 바뀌었을 것이다.

자연선택적 진화론

다윈의 『종의 기원』에 처음 등장한 가설로, 환경에 더 잘 적응한 형질이 살아남고 번식함으로써 진화가 일어난다는 주장이다.

저그가 재미있는 점 또한 그 친구의 얘기처럼 우리에게 익숙한 **자연선택적 진화론**과는 전혀 다른 방식의 진화 메커니즘을 보여준다는 것이다. 환경에 맞는 최적의 종이 살아남는다는 자연선택설이 소극적 진화였다면, 저그가 보여주는 진화는 가장 강하고 필요한 유전자를 포식행위를 통해 흡수하는 적극적 진화로 볼 수 있다. 즉, 생존에 필요한 변이를 능동적으로 선택하는 것이다.

〈스타〉 세계관에 의하면 저그는 A형과 B형, 두 종류의 세포를 갖고 태어난다. A세포는 무작위로 돌연변이를 일으켜 다양한 형질을 쏟아내는 역할을 하고, B세포는 그 세포들 중 약하거나 필요 없는 세포를 잡아먹는 역할을 수행한다. 약육강식이 유전자 수준에서도 진행되는 셈이다. 이는 상당히 중요한 함의를 지닌다.

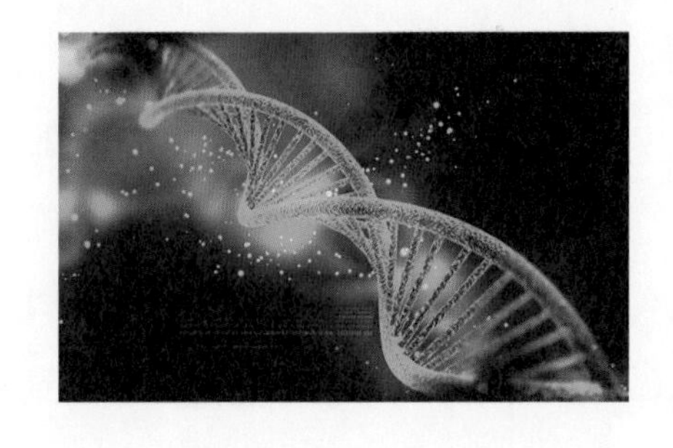

성과 생식에 기반을 둔 지구상의 진화는 결국 개체보다는 유전자에 중심을 둔 접근이다. 유전자가 살아남기 위해 개체라는 기계를 조작한다는 얘기이며, 리처드 도킨스Richard Dawkins를 비롯한 **생물학적 환원론자**들이 주장하는 이론이다. 그런데 〈스타〉의 설정처럼 포식을 할 때마다 개체가 진화를 해버리면 원래 몸 안에 있던 유전자 입장에서는 골 때리는 상황이 된다. 지구상의 모든 생물은 자기 유전자를 남기고 싶어 하는 법인데, 언제 새로 유입되는 유전자에 의해 도태될지 모르기 때문이다. 개체는 계속 살아남고 강해지지만, 한 종(유전자)은 멸종되는 즉시 새로운 종이 출현하는 것이다. 개체는 계속 죽어나가지만 종 자체는 영속하는 지구상의 진화와는 전혀 다른 방식의 생존법인 셈이다.

저그의 궁극적인 목표는 어떠한 환경에도 적응할 수 있는, 더 이상의 진화가 필요 없는 최종 단계에 이르는 것이다. 그 방식으로 우리가 아는 지구상의 생명처럼 번식을 통해 개체를 늘리기보다, 포식을 통해 유전자를 증강

생물학적 환원론자
인간 행동, 사회현상, 진화 등을 오로지 생물학적 요인의 결과로만 보고 해석하는 생물학자 또는 학파.

하는 방법을 택했을 뿐이다.

바로 이 부분에서 저그의 설정이 참신하게 다가온다. 저그는 유전자 단위에서부터 끊임없는 진화와 도태를 반복하며 환경에 적응할 수 있는 최상의 개체를 만들어낸다. 그뿐 아니라, 미래에 다가올 위협에 미리 대비해 과거의 실패에서 배우기 위해 유전자를 선별적으로 저장해놓을 수도 있다. 이렇듯 모든 환경에 적응할 수 있는 궁극의 개체를 달성하기 위한 진화 능력을 〈스타〉에서는 '순수한 정수'라는 개념으로 뽑아낸 것이다.

진화가 필요 없다는 말은 더 이상 생존경쟁에서 이길 필요가 없다는 말이다. 경쟁할 필요가 없다는 말은 생존을 추구할 필요가 없다, 다시 말해 죽지 않는다는 말과 같다. 그렇다면 죽지 않는 불멸의 존재들은 경쟁을 하지 않을까?

죽음과 멸종

모든 생물은 살고자 한다. 그중에서도 인간은 영원히 살고자 한다. '불멸'은 인류의 영원한 숙제이자 지향점이다. 진시황은 불멸의 존재가 되고자 불로불사不老不死의 명약을 찾아 나섰다. 불로不老는 늙지 않는 것으로 영어로는 'biological immortality'(생물학적 불멸)를 뜻하고, 불사不死는 말 그대로 아예 죽지 않는 것으로 신神에게나 해당되는 개념이다.

생물학적으로 영생을 누리는 생물은 자연계에서도 간혹 발견되고 있다. 몇몇 가재류와 해삼류는 유전자의 노화를 방지하는 효소를 만들어내고, 홍해파리는 노화와 회춘을 반복하며 이론적으로 영생을 누릴 수 있다. 〈스타〉의 저그도 마찬가지로 늙어 죽지 않는 종족으로 묘사된다. 크립에서 영양분을 공급받지 못하거나 아예 생명이 끊어지지 않는 한, 저그는 스스로 회복하며 영원히 살 수 있다.

불로가 생존경쟁에서 대단히 이로운 특질이 아닐까라고 단순하게 생각할 수도 있다. 하지만 이는 생각보다 복잡한 문제이다. 늙어 죽지 않으면 유전자 입장에서는 굳이 생식에 에너지를 쏟을 필요가 없어진다. 그만큼 한 세대가 길어지니 진화도 천천히 이루어지고, 갑작스러운 환경의 변화에 취약해질 수밖에 없다. 그에 비해 필멸의 존재들은 죽음이라는 메커니즘을 통해 필요 없는 유전자를 빨리빨리 치워내고 환경에 더욱 적합한 종을 만들어내기 때문에 개체가 죽더라도 종은 영속한다. 이 세상에 늙어 죽지 않는 생물이 그다지 많지 않은 것은 어쩌면 그것이 개체의 생존에는 유리할지도 모르나, 아이러니하게도 종 전체의 생존은 위협하기 때문일 수도 있다. 각각의 개체는 오래 살아남을지 몰라도 종 전체는 멸종에 취약해지는 것이다.

언젠가 횟집 사장님과 이야기를 나눌 기회가 있었다. 사장님은 광어를 바닷가에서 내륙으로 운송할 때 수조에 천적인 아귀를 한 마리 넣는다고 했다. 아무리 식탐 좋은 아귀라도 광어가 크기 때문에 한 마리밖에 먹지 못하지만, 모든 광어가 필사적으로 도망치기 때문에 횟감이 횟집에 도착할 때까지 팔팔하게 살아 움직인다는 것이다.

죽음이란 수조 속의 아귀처럼 좋은 청소부이자 자극제이다. 도태될 유전자를 솎아내며 그 과정에서 진화의 속도를 촉진시킨다. 그 덕분에 살아남은 유전자들은 더 강한 종으로 태어나며 생명의 끈을 이어간다. 아이러니하게도 개체의 죽음이 군체(종)의 멸종을 막는 셈이다.

지금까지 지구에 살았던 50억 종의 생물 중 99퍼센트는 이미 멸종했다고 한다. 죽음이 개체의 종말이라면, 멸종은 종의 종말이다. 한 종 내에서 죽음이 진화를 추동한다면, 지구라는 전 생태계 차원에서는 멸종이 진화를 추동하는 것이다.

멸종은 법칙이요, 생존이란 그 법칙의 예외이다. 우리는 아마 수천억 번째 예외일 것이다. 삶과 죽음은 바다에 내리는 비와 같다. 그 허무하면서도 당연한 회귀의 반복을 우리는 얼마나 잘 이해하며 받아들이고 있을까?